U0361493

国家社科基金重大项目"多卷本《20世纪中国史学通史》"阶段性成果

CHINESE
HISTORY
in the 20th Century

20世纪
中国历史学

（修订版）

王学典　陈峰 ◎ 著

北京大学出版社
PEKING UNIVERSITY PRESS

图书在版编目(CIP)数据

20 世纪中国历史学/王学典,陈峰著. —修订版. —北京:北京大学出版社,2023.2

ISBN 978-7-301-33652-6

Ⅰ.①2… Ⅱ.①王… ②陈… Ⅲ.①史学—研究—中国—20 世纪 Ⅳ.①K092.6

中国国家版本馆 CIP 数据核字(2023)第 004342 号

书 名	20 世纪中国历史学（修订版）
	20SHIJI ZHONGGUO LISHIXUE（XIUDINGBAN）
著作责任者	王学典 陈 峰 著
责 任 编 辑	魏冬峰
标 准 书 号	ISBN 978-7-301-33652-6
出 版 发 行	北京大学出版社
地 址	北京市海淀区成府路 205 号 100871
网 址	http://www.pup.cn 新浪微博:@北京大学出版社
电 子 信 箱	weidf02@sina.com
电 话	邮购部 010-62752015 发行部 010-62750672
	编辑部 010-62750673
印 刷 者	北京汇林印务有限公司
经 销 者	新华书店
	965 毫米×1300 毫米 16 开本 23.5 印张 253 千字
	2009 年 7 月第 1 版
	2023 年 2 月第 2 版 2023 年 2 月第 1 次印刷
定 价	118.00 元

目 录
CONTENTS

引　言

　　中国史学萌芽甚早,源远流长。若从孔子修撰《春秋》算起,至今已两千多年了。《春秋》之后,尤其秦代之后,历朝历代,无不有史,这一现象为世界其他国家民族所无法比拟。据估计,我国现存古籍之中,十之七八可以归入史部,中国史学之兴盛发达由此可见一端。难怪英人李约瑟谓:"在中国传统文化中,历史是万学之母后。"①

　　在中国史学漫长的发展历程中,形成了一些相对固定、清晰的学术传统,代代相继,绵延不绝。一是著史撰史的传统。孔子笔削《春秋》,可以视为著史传统之发端。因为《春秋》已经超越了更早的《尚书》史料汇编的性质,也并非述而不作,只是整理鲁国的史料而已,而是寄寓着自己的政治理想,贯穿着自己的思想观念,因此成为真正意义上的著作。所以孔子自叹"知我者其为《春秋》乎,罪我者其为《春秋》乎!"而司马迁的《史记》则更为典型。他追求"究天人之际,通古今之变,成一家之言"。《史记》囊括从黄帝到汉武帝三千多年的历史,反映社会生活的各个方面,为后世史学的典范。司马迁

---

① 引自陈启云:《治史体悟》,桂林:广西师范大学出版社,2007年,第45页。

之后,撰史修史的活动代代接力,汇成著名的"二十四史",代表了传统史学的正史范式。在正史的纪传体之外,中国古代的历史编纂还存在编年、纪事本末等多种体裁,这些史籍与正史一起构成了史部书籍的主干。上述历史编纂活动,均以一定的思想观念为旨归,或贯通上下古今,或总括一代之人事,都是一种综合性工作。这种历史编纂学的惯例,可以称之为中国史学的史撰传统。中国古代史学史上的标志性作品几乎都隶属于这种传统。

在这一传统之外,中国古代史学还有另一种传统,即考史注史的历史考据学传统,或可简称为史考传统。① 史考不作系统性的大规模著述,而是专门从事具体史书史实的注释考订。与史撰工作关注历史过程和历史现象本身不同,史考工作聚焦于历史的记录,即史料和史书。史考观念同样源远流长,这一观念大概滥觞于春秋战国时期,孟子有"尽信书则不如无书"的说法。公羊、谷梁、左氏传注《春秋》,既有对《春秋》书法的注解,又有对其中史事的考证。三国时谯周撰《古史考》25 篇,对史记中的史实错误进行订正,开考史专著之先河。但此书在宋元之际散佚。史注中的名作首推南朝刘宋裴松之的《三国志注》。其注对《三国志》原书进行补阙、备异、惩妄、

---

① 汉代以后的历史考据学出现了史注、史考等形式。"借鉴儒家经书注解形式转变而来的史注,一般包括训释校勘文字,诠解名物制度典章,以及对史料、史实的考订、辨证、增补、评论等。可以说,史注乃是历史考据学在产生发展过程中的一个重要形式。""史注之外,以史考的形式著为专书考辨古史。"见葛志毅:《史学方法论与传统考据学》,《学习与探索》1990 年第 1 期。历史考据学的发展演变,也参见王俊义:《清代学术探研录》,北京:中国社会科学出版社,2002 年,第 427—435 页;张文建:《论传统史学方法》,《中国史研究》1992 年第 2 期。

论辩，对有关三国的文献史事，颇下了一番广集博采的搜考功夫。《隋书·经籍志》有刘宝的《汉书驳议》、姚察的《定汉书疑》，即最早的考证之作。历史考据学的真正发达是在宋代，这一时期对史料的考订批判达到一个新的水平。[①] 司马光写定《资治通鉴》后，自为《考异》30卷，为考史之模范。史考之业至清乾嘉而大盛，钱大昕的《廿二史考异》、王鸣盛的《十七史商榷》、赵翼的《廿二史札记》，乃其荦荦大者。他们研究版本、校正文字、阐明训诂，考求其中的天文历法、地理沿革、职官制度等内容，解决了不少疑文晦义。乾嘉学者对旧史的清理，不但为利用史料史书提供了莫大的方便，还完善了考证的方法和工具，史考传统由此臻于极致。史考传统与史撰传统平行发展，并行不悖，共同构成中国古代史学的主流。

近代以来，尤其是进入 20 世纪之后，中国的史学传统经历了一系列的改造和重建。古代史学的史撰、史考两种传统都发生了一些变异乃至巨大变异，但这两种传统本身却并未中断，而是均获得不同程度的发展，呈现出新的样态。

古代的史撰、史考两种传统在近代实际上已演变为史观、史料两大派别。史观派注重理论思想，致力于大规模的编史著史工作；

[①]　详参邹志峰，《宋代历史考据学的兴起及其发展演变》，《文献》2000 年第 4 期。王国维在《宋代之金石学》中指出："考证之学亦至宋而大盛。"傅杰编校：《王国维论学集》，北京：中国社会科学出版社，1997 年，第 201 页。

史料派崇尚材料,沉潜于具体史籍史实的细密考订。① 史观派由 20 世纪初梁启超的"新史学"发端,依据进化论、民主观念重构中国历史,在体裁上也有重大突破,推广了章节体。② 唯物史观派踵武其后,以马克思主义改造中国历史体系,编著新式通史成为其主要的存在方式。可以说,史观派的工作是通过编史著史来体现的。史料派始于清季民初罗振玉、王国维的甲骨金石之学,他们主张利用文字材料与实物材料相互参证以考明史实。五四时期胡适、顾颉刚发起的"疑古"运动,突破经学的束缚,以考证为基本手段,展开对史书史迹的审核辨伪,为乾嘉之后考证学的新高。1928 年成立、代表官学正统的中央研究院历史语言研究所,以扩充材料、扩充工具为中心,强调语言学、考古学的地位,同样是考证学的重镇。1949 年后,史料派进入长期的蛰伏沉寂状态。直到 20 世纪 90 年代国学复兴,考证活动再次大张旗鼓地铺开。

---

① 周予同在《五十年来中国之新史学》中将现代史学划分为史观与史料两派,其一偏重"史观"及"史法",其一专究"史料"。周予同:《五十年来中国之新史学》,《学林》第 4 期,1941 年 2 月,收入朱维铮编:《周予同经学史论著选集》(增订本),上海:上海人民出版社,1996 年,第 513—573 页。余英时的《中国史学的现阶段:反省与展望》一文认为:"在现代中国史学的发展过程中,先后出现过很多流派,但其中影响最大的则有两派:第一派可称之为史料学派,乃以史料之搜集、整理、考订与辨伪为史学的中心工作;第二派可称之为史观学派,乃以系统的观点通释中国史的全程为史学的主要任务。"余英时:《中国史学的现阶段:反省与展望》,《史学与传统》,台北:时报文化出版公司,1982 年,第 1—29 页。

② 黄克武指出:在近代中国史学发展上,学者们持续地对主张"史料即史学"之科学史学加以批判,形成了一个不容忽略的发展趋向,梁启超的思想是这一思路的重要源头。见《百年之后当我说我:梁启超史学思想的再反思》,杨念群、黄兴涛、毛丹主编:《新史学——多学科对话的图景》,北京:中国人民大学出版社,2003 年,第 70 页。

　　分别承袭史撰、史考两种传统的史观、史料两大派别长期以来并非和平共处、相安无事，而是由于意识形态因素的强力介入一直处在冲突对立之中。百年中国史学史，可以说是史料派与史观派的对抗史。在这场世纪较量中，在某些极端时期，两大史学阵营中的学人几乎谁都不拿正眼看对方，谁得势就压对方，入主出奴，是丹非素。20世纪初，"新史学"思潮来势迅猛，摧枯拉朽，沿循传统路径补史考史的活动被视为旧学之残余，成为革命的对象，在被打倒之列。五四前后，高举科学旗帜的史料派以新面目登上史坛，到二三十年代，已然居于主流地位。有人认为，自1917年蔡元培任北京大学校长时起至1949年止，"疑古学派几乎笼罩了全中国的历史界……当日在各大学中的势力几乎全为疑古学派所把持"①。这种观察与感受当然有问题，因为"笼罩了全中国的历史界"的，不仅有疑古学派，还有或者说更主要的是"史语所派"，把持各大学势力的更不仅只疑古一派。但如把上面引文中的"疑古学派"换成"史料派"，则这种观察和感受就相当准确了。在社会史论战中一度出尽风头的史观派当时的确被排斥在主流学术界之外，他们的文章多发表在当时二三流的杂志上，著作多出版在声望不高的书店，名牌大学也根本没有他们的讲席。更重要的是，他们的成果受到主流学术界的蔑视。1945年出版的由史料考订派主持撰写的《当代中国史

---

　　①　徐旭生：《中国古史的传说时代》（增订本），北京：科学出版社，1960年，第22—27页。

学》一书,编者自认为是一部 1840—1945 年百年史学史的总结。在这一总结中,史观派几乎没有任何地位,除肯定了郭沫若的《中国古代社会研究》外,没有任何一位史观派学人和史观派的著作(即使产生了重大社会影响)入围,甚至有的章节直接把史观派学人看作"宣传家"而非"学问家",认为他们的研究除了"贡献混乱"外,没有其他值得一提的,显示出史料考订派的傲慢与自负。

但随着一场翻天覆地的社会大变动的到来,史学界也乾坤倒转。史观派从边缘进入中心,从异端变为正统,从"旁门左道"摇身成为主宰。史料派则被一步步地放逐到史学界的边缘,到 1958 年的"史学革命",他们多数又被当作"白旗"拔掉,他们的治学路数和成果也被轻蔑地视为价值不大的"繁琐考据",以致在被当作"繁琐考据"典型——考证洪秀全有无胡子——的例子中受到尽情的嘲弄与奚落。1949 年至 1958 年的历史学可以视为史观派与史料派漫长冲突的余波,而从 1959 年以后史学界的冲突则转化为史观派内部的对抗。这时,史料派已被完全打倒,史观派的内部争端遂上升为主要矛盾。但史料考订派并未完全销声匿迹,在适宜的环境里仍顽强地显示自己的存在。20 世纪 60 年代初,当史观派因"以论带史"的口号颇失颜面时,史料派适时地发出了"论从史出"的呼声为自己的存在辩护。20 世纪 70 年代末 80 年代初,当史观派因"影射史学"而发生信誉危机时,史料派则进而倡导"回到乾嘉去",表达出自己要重返中心的愿望。20 世纪 90 年代以来,随着政治、经济、文化格局的全面变动,学术界重振"国学"的声浪日甚一日,调整学术谱系的呼吁不绝于耳，从 20 世纪 80 年代开始的对王国维、陈垣、顾颉刚特别是陈寅恪等史学大师的纪念活动愈演愈烈……在这一切的背后，是史学界人心的变动，史料派向中心的大步复归，标志着史料派与史观派的抗争进入了一个新阶段。两大史学流派的冲突并没有随着时代的变动而止息。

史料史观两派冲突的根源究竟何在？最根本的可能源于对史学性质的不同认识。对这一问题的不同回答，形成了百年来不同的主要思潮和学派。假如认为"史学只是史料学"，那么就是史料考订派，假如认为史学是寻求规律的科学，最重要的是史观和解释，那么则可能是史观派。对于这一问题的不同理解，也导致了研究门径和方法的不同。将历史学作为史料学和文献学，考证则是最主要的方法；将史观作为史学的生命，则致力于对历史现象和历史过程的解释，就离不开援用社会科学理论和方法。广而言之，综观 20 世纪中国史学的风云变幻、波澜起伏，总离不开一个史学是什么的问题。

那么，我们究竟如何理解"史学"？乾嘉时期的章学诚早已开始思考这个问题了："整辑排比，谓之史纂；参互搜讨，谓之史考，皆非史学。"①所谓"史考"，当是今天的"考证"；所谓"史纂"，当是今天的"编纂"。清季及民初史学界，无论是沿清代考据之学疑古之风，从事古史整理与辨伪者；还是沿清代赏鉴古玩好嗜金石之风，进而为殷墟甲骨流沙坠简之研究者；抑或应用西洋考古、地质、人类等科学

① 《文史通义校注》，北京：中华书局，1985 年，第 524 页。

以从事发掘,而作史前文化之研究者等,都是所谓比次之书,考索之功,即史料的搜集、整理与考证。① 20 世纪五六十年代大陆史学界编纂的《中国近代史资料丛刊》系列,可能相当于章学诚所谓的"史纂",而"千千万万在各种学报中"发表的论文,在人们看来,则"都是史考","不是史学",② 有的学者之所以不赞成单纯的"史考",就是因为不认同"史料即史学"的主张,包括由此衍生出来的"证而不疏"的戒律,认为"在'史学即史料学'的理论支配之下……'证'的范围则退缩到材料的真伪这一点上",而"在这种情形下,真正的史学研究是无从开始的",③ 不仅如此,还会由此产生"太重视小的考证","常常忽略了大问题",以及"对于时代完全不管,为史学而史学,为考证而考证,为学问而学问"等若干流弊。④ 总之,"证据""材料""实证"不等于"史学"。

史学离不开实证,"拿证据来""跟着证据走"当然是史学的戒律。但是,"拿证据来""只是研究历史的必要条件,却不是充分条件",⑤ 或如张荫麟所言:"理想之历史须具二条件:(1)正确充备之资料;(2)忠实之艺术的表现。"⑥ 实证研究只能证实或证伪某些"名

① 金兆梓:《通史新诠》,《新中华》第 4 卷第 19 期(1936 年 10 月)。
② 余英时:《史学、史家与时代》,《文史传统与文化重建》,北京:生活·读书·新知三联书店,2004 年,第 129 页。
③ 余英时:《中国史学的现阶段:反省与展望——〈史学评论〉代发刊词》(1979 年),《文史传统与文化重建》,第 365 页。
④ 余英时:《史学、史家与时代》,《文史传统与文化重建》,第 123 页。
⑤ 唐德刚:《胡适杂忆》,北京:华文出版社,1992 年,第 147 页。
⑥ 张荫麟:《论历史学之过去与未来》,《学衡》第 62 期(1928 年 3 月)。

物训诂"中的问题及史事的搜求与确定等局部的或范围有限边界清晰的问题,如竹书《周易》、帛书《周易》与传世《周易》的异同等问题。问题一旦超出这一范围,就不是实证方法所能解决而非得援用一定的学理来说明不可,这就进入了解释的层面——在这一层面上非"史观"即较大规模的"预设"不能为功。且不说一些大型问题如确定社会形态不是"拿证据来"所能应付,即使是一些中型甚至小型问题也非"拿证据来"所能完全奏效。如孔子诞生的时间问题可以实证,儒学长期主导中国社会的原因问题却是"实证"不出来的。回答这种小型问题,亦必须要么援用"唯心史观",要么依据"经济决定论",要么借用马克斯·韦伯的相关概念。这也就是顾颉刚当年所坦言的:"我感觉到研究古史年代、人物事迹、书籍真伪,需用于唯物史观的甚少……至于研究古代思想及制度时,则我们不该不取唯物史观为其基本观念。"①

历史学的首要任务当然是收集和考订资料,但历史决不等于资料,包括那些至为准确的资料——历史存在于资料的背后。可以说,真正的历史研究开始于资料全部考订准确清楚之后。把史料学等同于历史学,就是把手段等同于目的,把前提等同于派生物,把砖瓦砂石等同于房屋,把布帛针线等同于衣服,把五谷杂粮等同于美酒,把猪羊狗牛等同于佳肴,把桑叶等同于蚕丝,说"史学只是史料

① 罗根泽编著:《古史辨》第 4 册《顾颉刚先生序》,引文据《顾颉刚古史论义集》第 1 卷,北京:中华书局,1988 年,第 241 页。

学"，事实上是对史学本身的取消。"只有充分的记录，不算历史的真实；必有充分的解喻，才算历史的真实。"①"真正的历史只有当历史学家穿越时间的屏障开始解释活生生的人时才得以存在。"②那么，"史学"究竟是什么呢？那就是"以人为中心""以生活为中心""以时代为中心"的历史研究，也就是说，"真正的史学，必须是以人生为中心的，里面跳动着现实的生命"。③ 换言之，史学不是以"史料"为中心的历史研究，而是以"历史"本体为中心的历史研究——历史本体就是现实人生，而这，既需要"史料"，也需要"史观"也即"理论"——作为历史本体的现实人生没有某种"理论"作参照与工具是永远无法说明的。20 世纪，各种社会科学理论之所以风起云涌，一派繁荣，原因即在于此。"史学"究竟是什么，也许我们今天也不能定于一是，但"史学"之中必须既包含史料，也包含史观，还包含方法，则已无须多说，殆无疑义。总之，史料与史观、考据与义理、实证与阐释、思想与事实、见识与功力、综合与分析、宏观与微观、抽象与具体，犹如鸟之双翼、车之两轮，缺一便无法构成完整的史学。

不幸的是，20 世纪的中国史学大部分时光都是在对史学性质内涵的偏颇理解中度过的，执两用中的为学取向始终未占主流。不同学派主要是两大学派的对立于是不可避免，他们的冲突和融合构成中国史学发展的总体图景。因此，本书对 20 世纪中国史学的追

---

① 《李大钊史学论集》，石家庄：河北人民出版社，1984 年，第 210 页。
② 〔德〕卡西尔：《人论》，甘阳译，上海：上海译文出版社，1985 年，第 246 页。
③ 余英时：《史学、史家与时代》，《文史传统与文化重建》，第 123、124、129 页。

踪描述，也是以史观、史料两大学派的离合为基本框架的。当然，学派流变不能等同于全部学术史，学派归属也不能展现学人的完整面目，甚至学派本身带有后见之明的色彩，与当时学术、学人的实况存在一定出入。因此有学者对分派论学持审慎态度。① 然而，学术史叙事却离不开派别的区分。通过划分流派来梳理学术史几乎成为一种惯例，历来如此，中外皆然。不划派根本无法叙事，至少是无法很好地叙事，否则将难以处置、驾驭如此繁多、芜杂的文献、事件和人物。学术史不同于一般的论著目录索引，简单的堆积罗列并不合格，而尤其需要清晰分明的脉络线索。这个线索当然只能是学术的"薪火相传"、知识的承上启下、学问的师生授受，分派叙述的必要性

① 桑兵指出分派以及全用派分看学术的流弊：其一，将彼此联系的人事割裂对立，如史料史观，虽有侧重，并无偏废。派系易将一人之学肢解。其二，无视多数不能纳入派系的学人，目光集中于旁逸斜出的极端偏向，而忽略语不惊人的常态与中间道路。他也提出克服这些弊端的方法：1. 首先须考察学派被指认出来的历史过程，以及后来人如何将之用于描述该派学人的学行和组织谱系。2. 应在与他派的联系和区别等相互关系中考察与把握其特性。不宜全用派分眼光看待学人的所有学行，尤其要注意派内差异和派外联系。3. 在近代学术发展变化的来龙去脉中认识学派的历史位置。不强分派系，不忽略身处派系之外的学人。4. 通过研究近代学术流派，达到超越学派看学术变动以及超越学术看学人与思想界及全社会的关系。以上意见对学派研究达到全面深入细致无疑是极为重要的。参见桑兵：《中国思想学术史上的道统与派分》，《中国社会科学》2006年第3期。另有学者主张从学派研究转向学术理路的考察。所谓学术理路，是指治学者遵循的治学逻辑、路径，所认同的治学重心、目标定位、价值标准，所依本的思维方式和操作方式。学术派别就是大致遵守相同学术理路的学者的集合体。学术理路是学术派别形成的内在学理依据，学术派别是学术理路的人格化的群体体现。相较于学派，学术理路似是更为根本、更内在的。与学派强调对立不同，学术理路更关注共存互容；与学派强调人的因素不同，学术理路聚焦于学之本身；与学派因时因人而兴废不同，学术理路亘古长存。详见何晓明：《学术理路与史学生态》，《学术月刊》2008年第5期；何晓明：《学术理路的梳理是学术史研究的核心》，《史学月刊》2011年第1期。不过，学术理路与学派的关系毕竟太过密切，尤其是生命力长久、可为后人法式的学派。学术理路究其实仍是一种弱化的学派。

由此产生。

学术史中的"学派"，人们通常在以下三种意义上使用：一是在实体的意义上；二是在"同门"的意义上；三是在工具和方法的意义上。前两种由于存在比较明确的形式上的联系或精神上的传承，相对容易达成共识。如"年鉴学派"与"兰克学派"就早已为学界公认。最可能引发争议的是第三种纯粹"方法"和"工具"意义上的"学派"，这主要是在学术史上徒具"学派"之名而并无"学派"之实的学术群体，换句话说，一些以这派那派命名的学术群体在当时当世可能并不以本名存在，甚至有的本名仅是后世的人们出于某种方便所赋予的某种称呼而已，再进一步说，那些名号众多的"学派"，许多仅充当了一种学术史家的叙事工具，它们自己并非当时当世的学术史事实本身。比如，在讨论两汉学术史时，人们常常使用"今文经学派"和"古文经学派"的概念，实际上，这两个概念也是后人对治学路数不同的两群学者的指称，而且这两路学者存在并争斗了约四百年，其成员既不同时，也不同地，根本称不上是什么真实的"学派"，它们只是史家的叙事工具而已。但不能不承认，析分出今、古文学派后，两汉的学术史叙述起来更方便了。后来著名的"乾嘉学派"，可能也是如此。所以，运用"学派"这一概念工具进行学术史考察本身无可厚非，而且非常必要，问题的要害在于是否能够运用得当，最终有利于学术史脉络的把握和认知，而不是妨害学术史真相的呈现。

这里必须申明，本书是在相对意义上使用史观派、史料派的概念的,切不可作绝对化的理解。史观派、史料派是相对的,只是一种大致的区分,主要就其主导倾向而言。无论对哪一学派来说,史观、史料无疑都是历史研究中的两个基本要素,但对不同的学派而言,史观与史料毕竟有主次之分、轻重之别,正是这种同中之异,使我们能够将他们分别划入不同的阵营、路线。史观、史料两派的区分从不意味着史观派毫不理会史料考据,史料派与史观理论完全绝缘。再者,两派是在动态发展中相互扭结、渗透的。史观派有倾向于重视史料考据的阶段,如20世纪40年代中后期;史料派也有关注史观理论的时期,如1949年之后。况且,在某一时间段,一些学者处于中间状态、临界状态,立场徘徊游移、定位相对模糊的情形也不鲜见。还有,我们使用的"学派"这一概念工具,类似于马克斯·韦伯所说的"理想类型"。概念的内涵是从对象身上的某些特征提取、抽象出来的,但这些特征综合成这个概念的内涵后,就作为对象的重要特征而被强调了。这种概念并非对象的真正定义,而是一种观念的构造。只有借助于这种观念构造,才能将复杂现象秩序化。由于它只是分析经验的概念工具,与经验事实不会完全对应重合,因此无需由经验整体去证实或证伪,并不排除例外现象的存在。因此,我们不应望文生义,将史观、史料两派的区分做僵化的、绝对化的理解,非要将一种观念与它所处理的对象严格对应。那样,就无异于胶柱鼓瑟,尽失历史本身繁复变化之妙。

还需要说明的是,本书在论述20世纪的中国史学时,除以史观派、史料派为基本分析工具之外,还特别使用了"新史学"与"新汉学"一组概念。这与史观、史料两派的区分并不冲突,它们之间大致存在一种对应关系。"新史学"与"新汉学"分别代表了史观与史料两派所塑造的两种不同的学术形态,或者可以称之为两种不同的"范式"。只不过,自然科学范式之间的不可通约性、互斥性对于史学不尽适用,不同史学范式可以并行互补,可以轮回交替。[①] 清末梁启超的"史界革命"、唯物史观派史学以及20世纪80年代复兴的社会史,构成"新史学"的谱系,五四以来以胡适、顾颉刚、傅斯年为代表的新历史考证学、20世纪80年代的古籍整理以及90年代以后的国学复兴,则同属"新汉学"的脉络。

与史观、史料两派的世纪较量相呼应,"新史学"与"新汉学"也经历了一场百年轮回。"新史学"肇始于20世纪初以梁启超和国粹派为首领的"史界革命",它以西方民主政治观念为准绳,以欧日文明史学作参照,猛烈抨击传统正史,努力塑造一种旨在培育新国民、以社会民众为主体、主张与各种社会科学联合共治的新史学。不过,"新史学"不久就随着辛亥革命的成功而功成身退,逐渐转入低潮。然而,真正将"新史学"挤向边缘而几至断流的是1917年后"新汉学"的兴起。以胡适、顾颉刚为领袖的"新汉学"内承乾嘉汉学的考据传统,外接西方的科学精神,将文籍考订之学推进到一个新境域。20世纪20年代"新汉学"迅速蔓延,一举取代"新史学"成为主

---

① 美国学者麦金太尔在讨论文化问题时已指出新旧范式之间存在共融性和承继性。〔美〕阿拉斯戴尔·麦金太尔:《谁之正义? 何种合理性?》,万俊人等译,北京:当代中国出版社,1996年,第473—474页。

流派。至 1928 年傅斯年主持的史语所创立，"新汉学"正式成为官学正统，达到巅峰状态。此为"新史学"与"新汉学"的第一次交替。

第二次交替开始于 1929 年后唯物史观派的崛起。唯物史观派接替梁启超成为"新史学"的传人，它的亮相意味着"新史学"的重生。到了 20 世纪三四十年代，在唯物史观派的挑战和冲击下，"新汉学"出现下滑和分化。1949 年后随着新政权的建立，唯物史观派摇身变为主宰者，"新史学"成为主流。在新的语境下，"新汉学"急剧萎缩，至 1958 年"史学革命"宣告集体陷落。不过，史考传统仍在艰难地维系着，史料考订整理工作没有完全中断，只是由于唯物史观的笼罩而不得不呈现出一种新面目。"文革"期间唯物史观派新史学趋于完全意识形态化，事后"新汉学"趁机出来平衡和矫正，1980 年前后"回到乾嘉去"一度抬头。但是直到 1989 年，唯物史观派新史学的核心地位一直未曾动摇。

20 世纪 90 年代，"新史学"与"新汉学"的第三次交替启动。在多种因素的合力作用下，唯物史观派出现下沉，"新史学"的旗帜转移到复兴的社会史手中。同时，随着"国学热"的涌动，实证传统的地位空前提高，"新汉学"再度泛起。不过，这已是它在史学领域内最后的回光返照。最终，"新汉学"自立门户为文献学，找到了自己的学科归属；社会史研究所代表的"新史学"成为历史学的主流。"新史学"与"新汉学"实现划界分治，它们长达一个世纪的争夺拉锯遂告终结。

由于上述基本线索的存在，本书对 20 世纪中国史学发展进程的勾勒和描述，主要立足于这一时段各派史家对史学内涵的不同理解，以及由此造成的理念、方法、门径上的分歧，进而就这种差异对史学建设所产生的实际效果加以考量评估。也就是说，本书所从事的，不是一般性的概述或综述，不是百年成果展，而是从"问题"出发、以"问题"为中心的专门研究。既然是围绕特定的问题而展开，就肯定会有所取舍，特别是有所牺牲、有所遗漏，不可能包罗这一时段内所有的学者和著作。或许，在这幅学术地图中，相当一部分学者难以搜寻到自己的位置，这实属遗憾和无奈。毕竟，我们只是从某一角度对 20 世纪中国史学发展轮廓进行的素描，而不是企图构建一幅包含所有细节的全息图像。

此外，本书的考察并非单纯从学术史、史学史内部进行的，还兼及学术史演进的外部语境。"学术史"从来不是"学术"一方单独写就的，而是"学术"与"社会"双边互动共同执笔的。在这个问题上，一位西方历史学家的认识似乎最为到位。在回答"历史是什么"这一问题时，这位历史学家说，历史"是现在跟过去之间的永无止境的问答交谈"，是"过去的事件跟前进中出现的将来的目标之间的对话""是今天的社会跟昨天的社会之间的对话"。因此，"历史学家的著作是多么密切地反映出他所工作于其个的那个社会"，以至于可以把他们写的历史看作是"由时间与地点在内的环境塑造成的"。所以，他主张：在研究史学之前，应先研究史家，在研究史家之前，应先研究时代与社会环境。① 如果这些看法可以接受，那么由此而得出的一个结论便是：史学史特别是史学思想史研究的社会学取向不仅是绝对必要的，而且，在理解某些学术史的大关节、大转折时，社会学考察还应处于基础地位。这里事实上已牵扯到学术的"内史"与"外史"之间的关系问题。以决定论的观念，将学术史的演化完全看作是消极的、被动的、次要的、派生的，固然存在偏颇，但在"重估观念在历史进程中的作用"的思潮影响下，又将学术史的变迁完全视为主动的、自动的，将"学术"本身看作可以脱离社会与时代因素制约的"自足体"，也有着同样的或同等程度的问题。这里的关键是划清学术史研究中的"外缘理路"与"内在理路"之间的边界与限度。在某种既定学术"典范"确立之后的常态时期，从纯知识的角度所作的内在考察当然是主要的；当新旧"典范"交替、学术方向转折的革命时期，将史学研究作为一种社会活动，主要从社会学的角度所作的外在考察则应当是十分必要的，虽然内在考察这时也必不可少。

　　因此，本书的基本思路之一，就是努力将一些史学史上的问题特别是那些关键问题置于社会史的视域中、作社会史维度的处理。社会转型、时代思潮、重大事件、政治冲突、思想论战、历史转折等外在因素，是通过什么渠道和机制内化为史学存在的学术基质的？ 换言之，史学变迁在多大程度上受制于"制度变迁"？ 史家通过著述究

---

① 〔英〕卡尔：《历史是什么？》，吴柱存译，北京：商务印书馆，1981年，第28、135、57、42—44页。

竟是如何反映他所工作于其中的那个社会的？我们如何才能从史家对遥远社会的描述与评价中，剥离出他所生活于其中的那个社会来？不理清上述问题，则不足以透彻地理解与把握史学在20世纪的中国所发生的变迁。传统正史的式微，"新史学"的出现，"古史辨"派的兴起，"史语所"谱系的生成，"唯物史观派"主流地位的奠定，特别是50年代"五朵金花"的盛开、80年代和90年代学术风气的嬗替等，均非"内在理路"所能充分说明。20世纪的中国从根本上说不是一个承平的世纪，而是一个从社会到经济、从政治到思想、从文化到学术均与"传统"发生巨大裂变的世纪，是一个各种"主义"与社会理念纷纷登场各显神通的世纪。在这样一个"变也得变，不变也得变"的历史大势面前，特别是在几度出现的"亡国灭种"的威胁面前，民族、阶层和个体生存方式与生存机会的选择，老实说，始终处于积极的地位，包括史学在内的学术转型与发展，在更多的时间内，不能不具有从属的性质。所以，从"外缘理路"来思考与论说20世纪中国史学，至少是有着某种最低限度的历史合理性的。[①]

当代西方史家伊格尔斯说：历史学"是必须从实践着它的那种

[①] 例如，关于近代以来义和团运动的研究与评价，这一"思想史"范畴内问题的考察，必须置于对这一期间"社会史"考察的基础之上。百年以来，占支配地位的对义和团的评价意见，主要不是来自学术本身，而是源于对中国现状与未来走向的判断。所以，把义和团评价的考察放在"社会史""思潮史"范围内比放在"学术史"范围内可能离真相更近。参见王学典：《语境、政治与历史：义和团运动评价50年》，《史学月刊》2001年第3期。同时，微观史学社会学的研究也不可忽视。考察史家的地理分布、社会出身、家学渊源、师承关系、人际交往、生计来源、个人气质等因素对史学发展的影响，将使史学现象得到更细致、更透彻的阐释。详见王学典：《关于加强"史学社会学"研究的初步设想》，《文史哲》1995年第3期。

社会文化的与政治的整体结构之中加以考察的","一部史学史只考虑到历史学规范内部的因素乃是不可能的","不可能把一部史学史和各种体制以及进行学术工作的社会的和思想的环境分隔开来"。①他本人在考察 20 世纪西方史学流变时,也贯彻了这一思路。伊格尔斯所阐明并身体力行的应是学术史研究中的一条通则。我们在面对和处理 20 世纪中国史学这一对象时,同样难以逾越。

---

① 〔美〕伊格尔斯:《二十世纪的历史学——从科学的客观性到后现代的挑战》,何兆武译,沈阳:辽宁教育出版社,2003 年,第 21—22 页。

早期阶段：“新史学”与 “新汉学”的交替 (1900—1929)

1. 梁启超的“史界革命”：“新史学”的发轫

2. 胡适、顾颉刚的“新汉学”勃兴与“新史学”的隐没

3. “新汉学”的正统化：史语所的设立

1. 梁启超的"史界革命"："新史学"的发轫

对于源远流长的中国史学来说，20 世纪不是一个普通的世纪，不是 3 世纪、5 世纪，也不是 17、18 世纪，它是中国史学史上一个新纪元的开端。不管此后的历史延伸多久——不管延伸 30 世纪还是 40 世纪，人们都会把 20 世纪的历史学作为自身的起点，而把此前的历史学当作自己的"史前史"，或仅仅当作史料使用。20 世纪是中国史学一次新的日出。

20 世纪中国史学由"新史学"思潮开篇。"新史学"具有自身的发展轨迹，也有独立的内涵特征。①

————————

① 对以梁启超为代表的"新史学"思潮的研究，下列成果较具代表性：俞旦初《简论十九世纪后期的中国史学》(《近代史研究》1981 年第 2 期) 以及《二十世纪初年中国的新史学思潮初考》(连载于《史学史研究》1982 年第 3、4 期和 1983 年第 2 期)，后均收入俞氏著《爱国主义与中国近代史学》，北京：中国社会科学出版社，1996 年；胡逢（下转第 23 页）

梁启超 1901 年的《中国史叙论》和 1902 年的《新史学》等文拉开了清季"史界革命"或"新史学"运动的序幕。梁启超、章太炎、刘师培、邓实等人,激烈批判传统史学,同时提出一套新史学的设想和方案。当其时也,日本的"文明史学"(histories of civilization,日文英译 bummeishiron)正在风行。"文明史学"产生于明治初年,受法国基佐(Guizot)和英国巴克尔(Buckle)的文明史著作以及斯宾塞社会学理论影响,代表人物为福泽谕吉和田口卯吉。它以"鼓动世道之改进,知识之开化"为宗旨,激烈批判封建史学,主张研究人类文明进步的因果关系,以取代帝王为中心的、偏重政治权力记载的旧史学。戊戌变法的总设计师康有为早在变法前的 1897 年,就已在其所著《日本书目志》中列出若干日本文明史著作,作为其大弟子的梁启超不可能不留意到。而梁启超也在发表《新史学》的同年,在《新民丛报》上发表《东籍月旦》,向国内介绍日本书籍,其中对文明

(上接第 22 页)祥等:《中国近现代史学思潮与流派(1840—1949)》,北京:商务印书馆,2019 年;蒋俊:《中国史学近代化进程》,济南:齐鲁书社,1995 年;邹国义:《梁启超新史学思想探源——代序言》,〔日〕浮田和民讲述、邹国义编校:《史学通论四种合刊》,上海:华东师范大学出版社,2007 年。特别值得注意的是,张越最近的研究指出,中国近代史学的开端不同于中国近代史的开端,鸦片战争后至 19 世纪末,中国史学的变化程度与影响力度,总体上并不超出乾嘉史学及以往古代史学的其他时代,这一时期传统史学主体并无根本性变化,难言具有近代史学意义的转变。从学科意义上形成一个新的史学发展阶段,其标志应该是史学自身包括历史观、研究理念、研究视角、课题意识、研究方法、史料观念等方面都有程度不同的转变,而这样的转变要等到 20 世纪初期梁启超发表《中国史叙论》和《新史学》而形成的"新史学"思潮的出现。参见张越:《论中国近代史学的开端与转变》,《史学理论研究》2017 年第 4 期。

史学作了专门介绍,表示十分推崇。[1]

梁启超等人受日本文明史学的启发,不但从理论上重新规定了历史学的性质、目的、范围和对象,而且进行了编撰新史的初步尝试,推出了一批"中国通史""中国历史教科书"性质的作品。其中,1904—1906年出版的夏曾佑《最新中学中国历史教科书》是最为著名的一部。1903—1904年东新社出版的曾鲲化的《中国历史》也风行一时,1905—1906年刘师培编的《中国历史教科书》也有不小的影响。此外还有1903年商务印书馆编印的《中国历史教科书》、蒋荫椿编《历代史要》,1904年陈庆年编《中国历史》,1907年吕瑞庭、赵徽璧编《新体中国历史》,1909年徐念慈编《中国历史讲义》等。它们都在内容与形式上与旧史相区隔,洋溢着"新史学"的理念和方法。这场"史界革命"宣告了延续两千年的传统史学的终结。

以梁启超为代表的"新史学"特征可以作如下概括:从历史观或历史本体论上看,新史学是反王朝体系或打破王朝体系的。王朝体系的最大弊端,是"知有朝廷而不知有国家","二十四史非史也,二十四姓之家谱而已","二十四史真可谓地球上空前绝后之一大相斫书也",二十四史"皆为朝廷上之君若臣而作","以为舍朝廷外无可记载故也"。[2] 而真正的历史不应该是"君史",应该是"民史",换句

---

① 胡逢祥:《二十世纪初日本近代史学在中国的传播和影响》,《学术月刊》1984年第9期。

② 梁启超:《新史学》,《梁启超选集》,上海:上海人民出版社,1984年,第278—280页。

话说,历史的真正创造者不是帝王将相,而是普通国民:"重在一朝一姓兴亡之所由"者,"谓之君史","重在一城一乡教养之所起"者,"谓之民史",[①]而中国旧史"则朝史耳,而非国史;君史耳,而非民史;贵族史耳,而非社会史",[②]因而他们主张应写一部"普通民史"来取代占统治地位的"君史"。1902 年,陈黻宸指出:"史者,民之史也,而非君与臣与学人词客所能专也。"他说:"史者,天下之公史,而非一人一家之私史。"他还设计出一种重视民史的新通史方案,其中有"平民习业表、平民风俗表、义民列传"等内容。曾鲲化编的《中国历史》即非常重视民众在历史上的地位。1904 年,以"民史氏"自居的邓实从理论和实践两方面就撰述民史进行了初步尝试,并著成《民史总叙》1 篇和《民史分叙》12 篇。

如果说从历史观上看,梁启超等人已完成了一场带有颠覆性的"史学革命",乃至凿开"写自下而上的历史"之先河的话,那么,从方法论上看,新史学的主张者们则同样充当了"以社会科学治史"的首倡者。他们呼吁:历史学必须跨用地理学、地质学、人种学、人类学、语言学、群学(社会学)、政治学、宗教学、法律学和经济学,特别是其中的统计学方法等"与史学有直接之关系"者,还必须借鉴伦理学、心理学和逻辑学以及天文学、物理学、化学、生理学等"与史学有间

---

① 梁启超:《变法通议·论译书》,《梁启超全集》第 1 册,北京:北京出版社,1999年,第 47 页。

② 邓实:《史学通论》,《政艺通报》第 12 期(1902 年 8 月 18 日)、第 13 期(1902 年 9月 2 日)"史学文编"。

接之关系"的成果。他们甚至已意识到，"史学者，合一切科学而自为一科者也，无史学，则一切科学不能成，无一切科学，则史学也不能立"，在这"一切科学"中，"法律学，教育学，心理学，伦理学，兵政学，财政学，术数学，农工商学者"，是史学必须"兼及"者，而作为史学之"首重"和"总法"者，则是"政治学、社会学"。① 汪荣宝认为，"世运渐进，学术之分科亦如工艺之分业，源一流百，互相会通，凡今日众多之科学，通观之，无不有昆弟伯叔之关系，断无一种之学术，不借他学之应援而独立自存者也。史学之范围，既极广博，从而其求援于他学之点亦与为多焉。"② 章太炎在 1902 年 7 月致梁启超的信中曾说："酷暑无事，日读各种社会学书，平日有修《中国通史》之志，至此新旧材料融合无间，兴会勃发。"③ 其时章氏方译毕岸本能武太的《社会学》，可见他已将社会学书籍的译读与《中国通史》的编写结合起来思考了。他的《訄书》中，有不少文字便是运用社会学观点和方法写成的。自章太炎、严复、梁启超、刘师培等人开始，史学与社会学等学科交叉融合的趋势已经发端，他们开跨学科研究之先路。④

无论是历史观上的革命，还是方法论上的革命，落脚点只有一个，就是尽力把历史学纳入救世的轨道，所以，从著史旨趣上来看，梁启超等新史学的倡导者们反对那种不食人间烟火的所谓"为学问

---

① 《陈黻宸集》下册，北京：中华书局，1995 年，第 676—677 页。
② 汪荣宝：《史学概论》，《译书汇编》1902 年第 9、10 期。
③ 《章太炎来简》，《新民丛报》1902 年第 13 号。
④ 关于梁启超在跨学科研究方面的作为，可参见石莹丽：《梁启超与中国现代史学——以跨学科为中心的分析》，北京：中国社会科学出版社，2010 年。

而学问"的为学立场,毫不避讳地主张"学以致用":"历史者,以过去之进化,导未来之进化者也。……而史家所以尽此义务之道,即求得前此进化之公理公例,而使后人循其理,率其例,以增幸福于无疆也。"①在他们看来,"历史之天职"在于"记录过去现在人群所表现于社会之生活运动与其起源、发达、变迁之大势,而纪念国民之美德,指点评判帝王官吏之罪恶",从而"使后人龟鉴之、圭臬之"。② 一句话,"史学者,……国民之明镜也,爱国心之源泉也"。因此,"史界革命不起,则我国遂不可救"。③

如此看来,清末民初的"新史学",从历史观上看,带有"反封建"的启蒙性质;从方法论上看,带有跨学科的现代性质;从为学旨趣上看,带有重致用的功利性质。

以梁启超为代表的"新史学",以革命为旗帜,在主观上是要截断传统而另起炉灶,事实也是如此,它基本上与中国传统学术,特别是传统史学无缘,它的出现只能意味着中国史学传统的中断。④ 从整个清代史学,特别是晚清史学的发展大势看,尽管它也一直处在不断的调整和转变的历程之中,但这种调整和转变仍严格限制在传

① 梁启超:《新史学》,《梁启超选集》,第 287 页。
② 横阳翼天氏(曾鲲化):《中国历史》,"中国历史出世辞"首编第二章四"进化",东新译社,1903 年。
③ 梁启超:《新史学》,《梁启超选集》,第 277 页。
④ 孙江认为,"新史学在中国的诞生是近代中西遭遇的产物,也是古今中国学术思想断裂和持续努力的结果"。参见孙江:《后现代主义、新史学与中国语境》,杨念群、黄兴涛、毛丹主编:《新史学:多学科对话的图景》,北京:中国人民大学出版社,2003 年,第 672 页。

统学术的框架之内,而且基本看不到任何能够生成后来"新史学"的因素。"新史学"的出现严格说来是一场学术突变。学术史家公认,晚清学术界出现了两股思潮,一是经学上兴起了今文运动,二是史学上的西北史地研究很快被"西洋史地"研究所压倒。就史学的后一倾向而言,从"西北史地"研究是无论如何也无法自然而然、顺理成章地过渡到"西洋史地"研究上来的。所以,"西洋史地"研究的热潮在清末的出现,完全是外力所致,是时势剧变的结果。实际上,自鸦片战争后,国人就渐渐放弃了自尊自大的心理,到了英法联军之役,外人以少数军队直捣京师,朝野震动,渐感到非接受西洋文化不足以立国,于是,一般士大夫对于西洋学术,兴趣陡增,西学在此之后甚至也成为大众的关注焦点。① 甲午战后,西学书籍,特别是"西洋史"更是成批涌入中国。② 其中,最负盛名的是《泰西新史揽要》,此书为"晚清所有翻译西方历史书籍中销售量最大、影响最广的一部"③。《万国史记》出版后也行销一时,"读书界大概人手一编"④。还有一部"大受一般学者之欢迎"的《万国史纲》,当时被称作"欲知万国文明之变迁,且研究二十世纪之新史体者,不可不人手一编"。⑤

---

① 齐思和:《晚清史学的发展》,《齐思和史学概论讲义》,第 242 页。
② 1896 年,梁启超在《西学书目表》中"史志"目下收录的世界史译书仅有约 25 种;而顾燮光《译书经眼录》(1934 年刊本)所收录的出版于辛亥期间的史志译书已达 125 种,在数量上超过其他门类,如"法政""学校""交涉"以及声光电化等自然科学各学科,排在全书之首。
③ 熊月之:《西学东渐与晚清社会》,北京:人民出版社,1994 年,第 597 页。
④ 齐思和:《晚清史学的发展》,《齐思和史学概论讲义》,第 243 页。
⑤ 《万国史纲》再版广告,《中外日报》1904 年 3 月 24 日。

这些史籍像播下的种子一样终于要破土抽芽了:"我国史家因读了新翻译过来的西洋史书,渐感觉到西洋史籍编制的方法,史事的选择,远胜过我国的旧史学",他们因此认为"中国传统的史学"也"大有改造的必要"。[①]梁启超及其所代表的所谓"新史学"思潮遂应运而生。所以,无论是"反王朝体系"的历史观,还是"以社会科学治史"的方法论,抑或是用发现"公理公例"来造福民族国家的为学旨趣,都与中国传统史学迥异。所以,"新史学"的出现是对中国史学传统的中断,换句话说,"新史学"完全可以看作是"西洋史"在中国的全盘移植。

这正如余英时所指出的,"中国历史学的发源地其实是东京","重要的中国史家像梁启超和章太炎"20世纪初曾在那里"接受到日本'文明历史学'的影响",因此"中国史家也开始随着日本的前例,根据西方历史模式来再建构和再诠释中国历史"。[②]

经过这场"史界革命"的洗礼,人们大都认识到,以往延续两千年的正史格局难以维系了,以探求人群社会的进化为目的,突破单一的政治史模式,拓展研究范围,更新研究方法,诸如此类的新观念已经深入人心。但轰动一时的"新史学"思潮大约在辛亥前后就逐渐衰退了。其原因,具体说来与以下几点相关:

(1)"新史学"并非一场单纯的学术运动,而是当时政治运动的

---

① 齐思和,《晚清史学的发展》,《齐思和史学概论讲义》,第248页。

② 参见余英时:《历史女神的新文化动向与亚洲传统的再发现》,见余英时:《文化评论与中国情怀》(下),桂林:广西师范大学出版社,2006年,第61页。

一部分。这是问题的要害所在。"新史学"自始至终与救亡图存和社会变革紧密地捆绑在一起。梁启超在《新史学》中说:"史界革命不起,则吾国遂不可救,悠悠万事,惟此为大。新史学之著,吾岂好异哉?吾不得已也。"[①]《新史学》用"文明"进化的框架与视点,来建立起具有政治意涵的"国民史学","新史学"与他的"新民思想""国家观念"是相互配合、相互关联的。[②] "新史学"强烈的批判意识,其政治意义大于学术意义,现实意义大于历史意义。[③] 曾鲲化的《中国历史》也意在阐扬民族主义理念,为排满革命开道。这样,政局变动势必会直接波及史学。起初政治需要催生和助长了"借经术以文饰其政论"的"新史学"。而随着民国的成立,政治革命大体告一段落,原来旨在推动革命的"新史学",其影响力和号召力自然大大减弱,难以维持此前的热烈场面,无形中就要谢幕退场了。

(2)"新史学"是一项前无古人的事业,"新史学"无论就学问还是学人而言均无法与传统对接,中国的史学传统乃至整个学术传统内部几乎没有任何能够自然顺延到"新史学"的因素,也就是说,梁启超们是在创造一种全新的历史,是在开创一种前所未有的崭新的学问。开宗立派,"为史界辟一新天地",可能就是历史赋予"新史

---

① 梁启超:《新史学》,《梁启超选集》,第 304 页。

② 黄敏兰:《梁启超〈新史学〉的真实意义及历史学的误解》,《近代史研究》1994 年第 2 期,第 219—235 页。王汎森:《晚清的政治概念与"新史学"》,《中国近代思想与学术的系谱》,石家庄:河北教育出版社,2001 年,第 165—96 页。

③ 张越:《新旧中西之间——五四时期的中国史学》,北京:北京图书馆出版社,2007 年,第 32 页。

学"的使命。说"新史学"是一种没有基础和积累的新创造,这里有一个有力的佐证,这就是梁启超的《新史学》发表之后,当时的学界曾流行过一种中国"无史"论。[①] 梁氏曾说:"于今日泰西通行诸学科中,为中国所固有者,惟史学。"[②]但为何他们又称中国"无史"呢?因为他们心目中的"史"是"民史"而非"君史",是"国家史"而非"朝廷史",是"社会史"而非"贵族史",换句话说,作为正史的"二十四史"在他们看来根本就不是"史"!"新史学"的这种"无史论",对于中国的史学界固堪称石破天惊,但相对它的源头、日本的"文明史学"而言,则又似小儿学语了。福泽谕吉在批判封建史学时,曾激烈提出:"到目前为止,日本史书大都不外乎说明王室的世系,讨论君臣有司的得失,或者像说评书者讲述战争故事那样记载战争胜负情况。就是偶尔涉及与政府无关的事,无非是记载一些有关佛教的荒诞之说,是不值得一看的。总而言之,没有日本国家的历史,只有日本政府的历史。"[③]这番议论是否听来很耳熟?他们的意见是否准确另当别论,但"无史"论至少告诉了我们这样一个事实:"新史学"除了它的日本源头之外,是无学统可承的,是没有自身历史的,是真正意义

---

①　1902 年 1 月,陈黻宸于《独史》一文中反复强调:"于乎,中国之无史。""于乎,我中国之无史久矣。"(参见《陈黻宸集》上册,北京:中华书局,1995 年,第 566—568 页)与此同时,曾鲲化说:"中国有史乎? 何配谈中国有史乎?"(参见曾鲲化:《中国历史的出世辞》,见蒋大椿编:《史学探渊》,长春:吉林教育出版社,1991 年版,第 596—597 页)。关于此一问题的透彻论述,是王汎森的《晚清的政治概念与"新史学"》一文,见王汎森:《中国近代思想与学术的系谱》,石家庄:河北教育出版社,2001 年,第 165—196 页。

②　梁启超:《新史学》,《梁启超选集》,第 227 页。

③　〔日〕福泽谕吉:《文明论概略》,北京编译社译,北京:商务印书馆,1959 年,第137 页。

上的"无史"。即使"新史学"的日本源头"文明史学"，又何尝不是从法国的基佐和英国的巴克尔处牙牙学语呢？因此，我们不妨说，"新史学"之于中国自身的史学传统，是无基础的，是平地起高楼。所以，时移势异，昙花一现之后，它只能归于消歇。再以跨学科研究而言，此时这一工作主要是为满足大学历史课程讲义的编写和教学的实施。若从学术研究的角度考量，社会科学化远非当时中国学术界所能承受。[①]

（3）虽然缺乏一定的基础和积累，但如果方法得当，假以时日，"新史学"还是有可能创造出自己赖以立足的基础的。但是，在这方面，"新史学"又恰好存在着致命的缺陷。梁启超本人在回顾晚清"新学"的传播时曾有过痛切的反省："新思想之输入，如火如荼矣。然皆所谓'梁启超式'的输入，无组织，无选择，本末不具，派别不明，惟以多为贵，而社会亦欢迎之。"最不幸的是，晚清思想界的输入新学运动，并非直接面对西方，而基本是通过日本中转的。"西洋留学生殆全体未尝参加于此运动。运动之源动力及其中坚，乃在不通西洋语言文字之人。坐此为能力所限，而稗贩、破碎、笼统、肤浅、错误诸弊，皆不能免。故运动垂二十年，卒不能得一健实之基础，旋起旋落，为社会所轻。"[②]在齐思和看来，梁氏不谙西文，他对于西洋史学的认识，不过是依据几本中日翻成的教科书，而这些通俗读物并不

① 桑兵：《近代学术转承：从国学到东方学》，《历史研究》2001年第3期。
② 梁启超：《饮冰室合集》专集第34卷，北京：中华书局，1989年，第71—72页。

能代表近世西洋史学研究的方法和理论的趋势。所以他对新史学的介绍,颇为肤浅空泛;他对于西洋人研究历史的方法,更是茫然得很。他不知道近世西洋史学是建设在专题研究之上。教科书并非专门著述,也不能代表近代西洋史学研究。专门研究是要依据史料从专题研究作起的。梁氏不明通俗读物与研究著作之别,而号召天下研究整个的通史,结果他自己用了这"治史所持之器",并无成绩,而他人用这方法来治史也不会有成绩的。① 齐氏的分析可谓一语中的。

（4）领军人物的转变也是"新史学"衰落不可忽视的原因。梁启超本人曾自我反省说:启超由于太无成见,所以务广而荒,每一学稍涉其樊,便加论列,故其所述者,多模糊影响笼统之谈,甚至纯然错误,及其自发现而自谋矫正,则已前后矛盾矣;由于太无成见之故,又往往徇物而夺其所守,每治一业,则沉溺焉,集中精力,尽抛其他,历若干时日,移于他业,则又抛其前所治者。② 1902—1904 年梁启超完成的《论中国学术思想变迁之大势》一文竟为后起的"新汉学"播下火种。他在此文的"近世之学术"一节中指出,清代的考据学具有西方学术的所谓"科学精神"。所以张荫麟说:"胡适自言其立志治中国思想史,实受先生此文之影响,则六、七年后'新汉学'之

① 齐思和:《近百年来中国史学的发展》,《燕京社会科学》1949 年第 2 期。
② 梁启超:《清代学术概论》,见《梁启超论清学史二种》,第 73 页。

兴起先生盖导其源矣。"①张荫麟所言不虚。梁启超 1922 年的《中国历史研究法》以史料工作为重点，被认为与体现兰克方法的《史学原论》同调。1923 年梁启超在东南大学演讲时，明确提出，当代人应该接续清人的考证研究，治"新考证学"。他说："这种工作，前清'乾嘉诸老'也曾努力作过一番，有名的清学正统派之考证学便是。但依我看来，还早得很哩。他们的工作算是经学方面做得最多，史学子学方面便差得远，佛学方面却完全没有动手呢。况且我们现在做这种工作，眼光又和先辈不同，所凭借的资料也比先辈们为多。我们应该开出一派'新考证学'，这片大殖民地，很够我们受用咧。"②另外一些核心分子章太炎、刘师培等虽然没有中断其学术生涯，但思想已发生转变，批判锋芒衰减，流露出向传统回归的迹象，无意继续

---

① 素痴（张荫麟），《近代学术史上之梁任公先生》，《大公报》1929 年 2 月 11 日，见《追忆梁启超》，第 106 页。胡适后来承认他个人受了梁先生无穷的恩惠，第一是《新民说》，第二就是《中国学术思想变迁之大势》。"《新民说》诸篇给我开辟了一个新世界，使我彻底相信中国之外还有很高等的民族，很高等的文化；《中国学术变迁之大势》也给我开辟了一个新世界，使我知道《四书》、《五经》之外中国还有学术思想。"但他又说中间缺了三个要紧的部分，使他很失望，后来突发野心，心想自己若能替梁任公补作这几篇缺了的中国学术思想史，岂不是很光荣的事业？"这一点野心便是我后来的《中国哲学史》的种子。"胡适：《胡适自传》，合肥：黄山书社，1986 年，第 49 页。

② 《治国学的两条大路》，《饮冰室合集·文集》第 39 卷，第 110—118 页。王晴佳在他的英文史学史著作《在历史中发明中国：五四的史学取径》中亦注意到，到了 20 世纪 20 年代，梁启超的激烈观点似有转变，"他在传统中观察到，许多名著在史学表达上仍闪耀着文采的光芒，在对材料的考证中显示出高度的敏感。换言之，尽管中国史家欲对过去进行新诠释的努力遭到了政治压抑，但他们在历史学方法论上却似颇为先进"。Wang, Q. Edward. *Inventing China through history: The May Fourth approach to historiography*. SUNY Press, 2001, pp. 17-18.

高举"史界革命"的大旗。[①]　一个学派的领袖人物如此,又如何吸引追随者以形成一个稳定的团队,造成一个在学术圈发挥持久影响力的学派,从而锲而不舍地沿着既定的方向做大做强呢?"新史学"的多数参与者,在革命成功后星散四处,除少数几人外基本在学术界销声匿迹。所以,"新史学"一时后继乏人、无法深入,不为无由。[②]

时至20世纪20年代,"新史学"尽管风光不再,尤其受到主流学术界的冷落,但没有完全中断,而是成为一种潜流。首先,梁启超尽管没有在身后留下一个成型的学派,但梁氏门徒传承乃师衣钵,继续其未竟之业。据梁氏门人回忆,梁门弟子甚多,[③]这些人中不少成为知名学者。他们虽未必将梁氏之学增益扩张,发扬光大,却也能薪火相传,维持不坠。其次,新史学退潮后,梁启超等先驱者的作

---

　　①　辛亥后梁启超、章太炎的转变,可参见张岂之:《中国近代史学学术史》,北京:中国社会科学出版社,1996年,第221—224页。

　　②　刘永祥对此持有新的看法,认为"新史学"在"五四"之后并未终结,而是形成了与新历史考证学和马克思主义史学派齐头并进的史学流派。梁启超在"五四"以后并未发生根本转向,而是对早期新史学予以深化发展,完成了史学体系的构建。与此同时或之后,一大批学者沿着这一路径,在理论建设和具体研究两个方向同时展开,标志着新史学从早期思潮和学派雏形正式演变为一大史学流派,主要代表人物有萧一山、张荫麟、吕思勉、周予同等。这一派的理论主张自成体系,其要点为:重视在史观统摄下对历史加以解释;坚持在求真前提下的史学致用观;崇尚系统性的大规模"著史",主张突破政治史范畴,描绘社会生活全貌;倡导跨学科治史方法等。刘永祥:《重写20世纪史学史的思考——以"新史学"的传承和发展为例》,《河北学刊》2013年第4期。不过,作为一个学派而言,不但要有共同学术旨趣和理念方法,学派成员之间的互动呼应也是一个要件。而"五四"之后以梁启超为精神领袖的"新史学"研究者更多处在一种各自为战的状态,缺乏足够的向心力和凝聚力,称之为学派不免牵强。

　　③　周传儒:《回忆梁启超先生》,《广东文史资料》第38辑,广州:广东人民出版社,1983年。

品俱在,仍散发着巨大的学术魅力,成为青年学子的基本入门读物,其观念逐步常识化得以继续熏沐后学而绵延不绝。例如,读书求学时期的吴晗、周谷城、吕思勉等人都受到其影响。黎东方在投考清华国学研究院前已将梁著《中国历史研究法》读过数遍。[1] 梁氏的治学方法启发了后来的众多学者。1941年吕思勉作《史学上的两条大路》谈到梁启超时指出:"现在行辈较前的史学家,大多数是受他的影响的。""他每提出一问题,总能注意其前因后果,及其和环境的关系,和专考据一件事情,而不知其在历史中的地位的,大不相同,所以其影响学术界者极大。"[2]梁氏散布的具有民主启蒙性质的新史学观更是为人们普遍接受。即使后来新汉学派的主帅胡适也因袭了梁启超对传统旧史的批判立场。他在《中古文学概论序》中提到:"做通史的人,于每一个时代,记载几个帝王的即位和死亡,几个权臣的兴起和倾倒,几场战争的发动和结束,便居然写出一部史来了。但这种历史,在我们今日的眼光里,全是枉费精神,枉费笔墨。因为他们选择的事实,并不能代表时代的变迁,并不能写出文化的进退,并不能描出人民生活的状况。"[3]1928年3月,顾颉刚创办《民俗》周刊,号召"打破以圣贤为中心的历史,建设全民众的历史!"以至杨堃认为:"若不加上'民俗'两字和放在《民俗》周刊之内",就会被学

---

① 详参夏晓虹编:《追忆梁启超》,北京:中国广播电视出版社,1997年,第396页。

② 《吕思勉遗文集》,上海:华东师范大学出版社,1997年,第469页。

③ 《胡适文存》二集卷四,见季羡林主编:《胡适全集》第2卷,合肥:安徽教育出版社,2003年,第795页。

术界"认为是一篇新史学运动的宣言"，中大所开展的民俗学运动"原是一种新史学运动"。① 这就同时为"新史学"日后的复兴埋下伏笔。

另外还有重要的一点，新史学的血脉在大学历史教学中延续下来。这在现代学术发展中是一项不可小视的因素。1920 年，朱希祖接掌北京大学史学系后，开始按照"历史科学是以社会科学为基础的"理念大幅度调整课程设置。他主张一二年级应着重政治学、经济学、社会学、法律学等基础学科，并辅之以生物学、人类学及人种学、古物学等科目，尤重社会心理学。各种社会科学占了一半，史的部分，中外皆有。朱希祖积极推动社会科学化，源于德国史学家兰普勒希特（Lamprecht）的"新文化史"、历史哲学家美利斯（Mehlis）的"普遍史"和美国史学家鲁滨逊（J. H. Robinson）的"新史学"的主张。在他看来，美国的鲁滨逊主张历史的时间连贯性，而德国的兰普勒希特和美利斯主张空间的普遍性，二者殊途同归于社会科学，将美国和德国的学说兼收并蓄，即可达到史学完善的目的。② 朱希祖为贯彻其史学科学化的构想，延揽归国学人或是与其志同道合之人，如李大钊、陈翰笙和李璜等人，进入北大史学系讲学，皆以当时流行的西方史学观点为讲授内容。其他如厦门大学、广东大学的

---

① 杨堃：《关于民俗学的几个问题》，《社会科学辑刊》1982 年第 2 期。
② 朱希祖：《新史学·序》，鲁滨逊：《新史学》，上海：商务印书馆，1924 年。

史学系的课程安排也有类似的归趋,社会科学科目占了相当大的比例。[1]

日后被视为美国"新史学"代言人的何炳松亦为朱希祖所延揽,他于 1913 至 1916 年间在美国留学期间已经受到鲁滨逊的影响,在北大教书时,何炳松直接使用鲁滨逊的《新史学》为教材,其后他将此书译为中文,1924 年付梓成书,其时他已离开北大,在商务印书馆就职。朱希祖为之作序。陈衡哲 1920 年来到北大历史系任教,与何炳松同时期,她开出的参考书目中也有鲁滨逊的其他著作如《欧洲史阅读》(*Readings in European History*)。[2] 何炳松借讲授、翻译《新史学》的机会,积极宣传鲁滨逊的新史学思想,在五四后产生过很大影响。何炳松译著还有另外一层意义:此前对西方史学理论的介绍,多通过翻译日文书籍间接而行,自何译后,译界的做法多取西方史学原著直接翻译。何炳松本人翻译了《中古欧洲史》《近世欧洲史》,长期被用作大学教科书,鲁滨逊学派其他成员的著作继

① 参见刘龙心:《学科体制与近代中国史学的建立》,罗志田主编:《20 世纪的中国:学术与社会》(史学卷),济南:山东人民出版社,2001 年。

② 陈衡哲的研究者、丹麦汉学家金波(Denise Gimpel)虽注意到陈与何在学术观点上的同气相求——陈在 1927 年的《西洋史》第六版序言中,还特意向何炳松致谢他的学术影响——但毋宁将陈对新史学的接受归于胡适小圈子的影响。金波援引过王晴佳所造的一个概念词汇——王认为由于杜威 1919—1921 年的中国之行,在 20 世纪初的中国知识界,存在一种"哥伦比亚时尚"(Columbia Fad)——提出陈衡哲既与哥大出身的胡适交往密切,则其注意到鲁滨逊学说在哥大的流行是必然的。Gimpel, Denise. *Chen Hengzhe: A Life Between Orthodoxies*. Lexington Books, 2015, pp. 101-103. 这一逻辑其实比较牵强,陈衡哲在学术理念上无疑与何炳松更接近,这很大程度上是由她从事西洋史的定位决定的。何炳松在 30 年代中期因参与《中国本位的文化建设宣言》(又称《沪上十教授宣言》),与以《独立评论》为阵地、坚持"全盘西化"的胡适进行了一场大论争。

《新史学》后，也纷纷被翻译成中文。①

　　蒋廷黻在清华大学也有类似的举措。1929 年春，蒋廷黻任清华大学历史学系主任，推行“历史学和社会科学并重，历史之中西方史与中国史并重，中国史内综合与考据并重”的方针②。为什么要学习政治、经济、哲学、文学、人类学等社会科学呢？因为“中国历史已成一种国际的学术。日本人和法国人尤其对于中国史学有贡献。他们研究的方法和结果，我们不能不知道。其他人文学术，大能帮助我们了解历史的复杂性、整个性，和帮助我们做综合工夫”③。为什么要兼重外国史呢？蒋廷黻认为，外国史学，尤其是西洋史学，有许多地方可资借鉴，“在史学的分析方面……如考据校勘等等……我们的史家确有能与西洋史家比拟的人；但在史学方法的综合方面，我们的史学简直是幼稚极了”，“一定要学生兼习西史，学到能领会西洋史家大著作的程度。同时我们也希望每门西史课程就是史学方法的一个表演和一个练习”④。至于考据与综合并重，是为打破已往的以专治一书为治史的学风，“我们有某书的注疏考证，而没有

---

① 　如桑戴克（Lynn Thorndike）的《世界文化史》（1930 年中文版）、巴恩斯（Harry Elmer Barnes）的《新史学与社会科学》（1934 年中文版）、海斯（Carlton Hayes）的《欧洲近代政治社会史》等。何炳松、谢巍、何淑馨：《何炳松纪念文集》，上海：华东师范大学出版社，1990 年，第 64 页。

② 　何柄棣：《读史阅世六十年》，桂林：广西师范大学出版社，2005 年，第 68 页。

③ 　蒋廷黻：《历史学系的概况》，《清华周刊》第 41 卷第 13—14 期“向导专号”，1934 年 9 月 1 日。蔡乐苏：《蒋廷黻与清华大学历史学系课程新模式的建立》，《北京社会科学》2004 年第 4 期。

④ 　蒋廷黻：《历史学系概况》，《清华暑期周刊》1933 年“迎新专号”。

一个时代或一个方面的历史;我们有某书的专家,而没有某一时代或生活的某一方面的专家。实在治书仅是工具学。我们虽于工具求其精,然而史家最后的目的是求了解文化的演变。所以清华的史学系,为要达到这个目的,除兼重西史及社会科学外,设立的课程概以一时代或一方面为其研究对象。"①总起来说,清华历史系所倡导的是一种既有"新汉学"的细密风格又不失"新史学"的恢弘气象的学风。尽管学校的教育与学术研究有所区别,但前者提供的学术训练对后者起着很强的型塑作用则无可置疑。在社会科学化的史学教育模式下成长起来的学者,自然较易在学术研究中援用社会科学方法。出身清华历史系的何炳棣说自己的一生治学路向是在清华确定的,在留美归国后更加坚定地认为"治国史须应用西洋史及社会科学观点方法长处"。由于不佩服乾嘉考据及认为 20 世纪前半期欧洲汉学无助于了解国史重要课题,所以在哥大论文完成之前就已下决心不走汉学之路,"力求打进社会科学的园地"。② 他还说:"30 年代清华历史系这种高瞻远瞩,不急于求功,但力求逐步达到世界最先进史学水平的政策,在当时是独一无二的,蒋氏治学方针至今对国内历史系仍极富参考价值。不图近利,而收实效,终有大成。"③不过这是后话。这种社会科学的训练,为下一代学者重拾当

---

① 蒋廷黻:《历史学系的概况》,《清华周刊》第 41 卷第 13—14 期"向导专号"(1934 年 9 月 1 日)。清华大学校史研究室:《清华大学史料选编》第 2 卷(上),北京:清华大学出版社,1991 年,第 336—337 页。

② 何炳棣:《读史阅世六十年》,第 368 页。

③ 吕文浩:《蒋廷黻在清华历史系》,《文史精华》1999 年第 3 期。

年"新史学"的理想做了重要铺垫。①

2. 胡适、顾颉刚的"新汉学"勃兴与"新史学"的隐没

在各种因素的复杂作用之下,"新史学"思潮衰落了,代之而兴的是胡适所推动的"新汉学"运动。

1919 年 12 月,胡适在《新青年》发表《新思潮的意义》一文。这篇阐明新文化运动宗旨的名文提出"研究问题,输入学理,整理国故,再造文明"的纲领。胡适把"整理国故"列为新思潮的四大纲领之一,纳入新思潮的轨道,是"研究问题"和"输入学理"之外,为了达到"再造文明"目的提出的对于旧文化所应采取的立场和手段。胡适以"重新估定一切价值"概括新思潮的基本精神,主张抱持一种"评判的态度",即"对于旧有学术思想的一种不满意,和对于西方的

---

① "新史学"的遗产辐射到中国以外的东亚思想领域。随着梁启超的著述被大量翻译为韩文,他的"史学革命"论给韩国史学界也带来了巨大影响。韩国民族主义历史学家申采浩(Sin Chae-ho)是梁启超的重要译介者,他受梁启超启发,经历了从儒家思想到社会达尔文主义的信仰转换。仅梁启超《意大利建国三杰传》一文,就出现了申采浩的 1907 年译本和周时经的 1908 年译本两种。见 Pernau, Margrit et al. *Civilizing Emotions: Concepts in Nineteenth Century Asia and Europe*. OUP Oxford, 2015, p. 272. 申采浩之外,玄采、李相益、安国善、朴殷植、张志渊等近代韩国文人都非常推崇梁启超,也都积极参与了梁文梁书的译介工作。〔韩〕文大一:《梁启超在"开化期"韩国的影响》,《青岛大学师范学院学报》2011 年第 3 期。伊格尔斯、王晴佳和苏普里娅・穆赫吉合著《全球现代史学史》,这三位国别和文化背景截然不同的学者,都留意到申采浩与梁启超的相似性,反对儒家史学,宣扬史学书写之于民族救亡的重要性。Iggers, Georg G., Q. Edward Wang, and Supriya Mukherjee. *A global history of modern historiography*. Routledge, 2013, pp. 223-224.

精神文明的一种新觉悟"的态度,来从事"整理国故"的工作。[①] 这标志着"整理国故"作为一面学术运动的旗帜正式扬起。

1923 年 1 月,北京大学《国学季刊》创刊,主编胡适撰《发刊宣言》,其中提出要从三方面来推进国学研究:"第一,用历史的眼光来扩大国学研究的范围。第二,用系统的整理来部勒国学研究的资料。第三,用比较的研究来帮助国学的材料的整理与解释。"同时他还强调说:"国学的使命是要大家懂得中国的过去的文化史,国学的方法是要用历史的眼光来整理一切过去文化的历史,国学的目的是要做成中国文化史。"中国文化史,即民族、语言、文字、经济、政治、国际交通、思想学术、宗教、文艺、风俗和制度。"我们现在治国学,必须要打破闭关孤立的态度,要存比较研究的虚心。第一,方法上,西洋学者研究古学的方法早已影响日本的学术界了,而我们还在冥行索途的时期。我们此时正应该虚心采用他们的科学的方法,补救我们没有条理系统的习惯。第二,材料上,欧美日本学术界有无数的成绩可以供我们的参考,比较,可以给我们开无数新法门,可以给我们添无数借鉴的镜子。"[②]胡适代表国学门同人指示了研究国学、整理国故的方向、途径和方法。

"以科学方法整理国故"的运动由此拉开帷幕。1919 年以后,以胡适为代表的大批新文化人,开始转向"整理国故"。整理国故运

---

① 胡适:《新思潮的意义》,《新青年》第 7 卷第 4 号(1919 年 12 月 1 日)。
② 胡适《国学季刊发刊词》,《国学季刊》第 1 卷第 1 号(1923 年 1 月)。

动是对清代三百年国学研究进行反思和扬弃的基础上进行的,这场运动实际上是以科学为表、汉学为里,可以称之为"新汉学"运动。因此,胡适的《新思潮的意义》和 1923 年的《国学季刊发刊宣言》两文就成为"新汉学"运动的纲领和宣言书。

1919 年胡适出版的《中国哲学史大纲》则是"新汉学"的典范之作。该书指出:研究哲学史的目的有三:一是"明变",即"使学者知道古今思想沿革变迁的线索";二是"求因",即"寻出这些沿革变迁的原因";三是"评判",即"使学者知道各家学说的价值"。胡适认为,要做一部"可信的中国哲学史",应采取以下几个步骤和方法:首先是史料工作。具体方法是:"第一步须搜集史料,第二步须审定史料的真假,第三步须把一切不可信的史料全行除去不用,第四步须把可靠的史料仔细整理一番",使"一家一家的学说,都成有条理有系统的哲学"。在完成这项史料整理工作后,开始进行更高层次的深入研究,具体做法是:先"把各家的学说,笼统研究一番,依时代的先后,看他们传授的渊源、交互的影响、变迁的次序",达到"明变";然后"研究各家各学派兴废沿革变迁的原故",即"求因",最后是对各家学说的价值进行评判。在"评判"问题上,胡适主张"用完全中立的眼光、历史的观念,一一寻求各家学说的效果影响,再用这种种影响效果来批评各家学说的价值"。[①]

显而易见,胡适将史料工作即"述学"放在了哲学史研究的首要

①　胡适:《中国哲学史大纲》,上海:上海古籍出版社,1997 年,第 22—23 页。

位置上。至于"明变""求因""评判"这哲学史的三个目的，胡适只做到"明变"的一部分工作，没有达到"求因""评判"两个目的。基于疑古辨伪的立场，胡适突出强调了史料批判的重要性。他说："中国人作史，最不讲究史料。神话官书，都可作史料，全不问这些材料是否可靠。却不知道史料若不可靠，所做的历史便无信史的价值。"甚至认为：审定史料乃是史学家第一步根本工夫。西洋近百年来史学大进步，大半都是由于审定史料的方法更严密了。[①]这样，史料就成为史学研究的生命所系，史料考订成为须臾不可离的一项要务。哲学史作法的要义即在于此。

胡适的这一主张在《中国哲学史大纲》中得到充分贯彻，关于考据的文字足足占了约三分之一的篇幅，即是明证。冯友兰比较胡适的《中国哲学史大纲》和自己的《中国哲学史》的异同时，认为两书的基本区别之一就是"汉学"与"宋学"的不同。[②]"汉学"注重文字的考证、训诂，轻视对文字所表达的义理的了解、体会。这正是《中国哲学史大纲》的方法特征。后来甚至有研究者认为，胡著不是"哲学史"，只是一部"诸子杂考"一类考证之作。因为它的"大部分工作都是用于考订史实，对于先秦诸子的年代及子书中的伪造部分，都用了很大力量去考证，但对这些哲学思想或理论的内容，却未能作任

---

① 胡适：《中国哲学史大纲》，上海：上海古籍出版社，1997 年，第 11、14 页。
② 冯友兰：《三松堂自序》，《三松堂全集》第 1 卷，郑州：河南人民出版社，1985 年，第 202 页。

何有深度的阐释"。①由于考证内容的存在,胡著哲学史的资格都要受到质疑,可见史实考证在这部书中的地位是多么突出了。② 胡适不过是以著史的名义考史而已。

　　《中国哲学史大纲》的成功之处在于新学眼光与旧学路径的巧

---

　　① 劳思光:《中国哲学史》,台北:三民书局,1981年,第2、3页。

　　② 《中国哲学史大纲》基于的是胡适在哥伦比亚大学的博士论文《先秦名学史》。根据胡适博士论文的英文名"The Development of the Logic Method in Ancient China"准确完整的译名应为"中国古代哲学方法之进化"。胡适的博士文凭实获得于1927年,但在1917年《先秦名学史》的主体已经完成。那么,英文学术界是如何看待《中国哲学史大纲》及其影响的呢?陈荣捷的评价可资代表。1946年,美国汉学家、芝加哥大学教授宓亨利(Harley F. MacNair)主编的《中国》(China)一书由加州大学出版社出版,此书分为六大部分:文化背景、历史与政治发展、哲学与宗教、文学艺术与教育、经济与重建、回顾与前瞻;各部分又分为若干章节,共34章,内容涉及中国各方面的情况,相当于一部小型百科全书。编者宓亨利最大化地动用人脉资源,邀集33位作者——11位来自中国,22位来自西方——他们都是中国研究各个领域的顶尖人才,可谓名家荟萃。顾钧:《七十年前,中外名家汇聚〈中国〉》,《中华读书报》2016年12月14日。其中,陈荣捷执笔撰写第三部分"哲学与宗教"八个章节中的两个:"宋明理学"和"现代哲学的趋势",而该部分的"中国思想"一章正是由胡适撰写的。在"现代哲学的趋势"一章中,陈荣捷以重笔写到胡适:"由于胡适是这场运动的中心人物,对他的哲学的考量能够反映出(杜威实用主义)这一学派的精神。他声称他自赫胥黎处学到了如何怀疑,自杜威处学到了如何思考。其结果是,他获得了对人生和宇宙的自然主义概念,以及以'社会的不朽论'来代替传统的'立德立功立言'的信仰。胡适亦步亦趋地追随杜威,他相信真理为一种工具,随环境而变易;他相信自然法不过为种种假说,它们唯能立足一时,直到更为令人满意的假说出现。他提倡'多研究些问题,少谈些主义'……他的《中国哲学史大纲》……作为一部先驱作品,含有很多大胆的理论。有些——如孔子的逻辑系统和庄子的进化论——是站不住脚的。另外一些,如对墨子的科学方法和对新式墨家逻辑的发现(在胡适之前无人能理解),则是永久性的贡献。《中国哲学史大纲》的出版革命了中国哲学的研究法。胡适通过'明变'、'求因'和'评判'完成了这项工作。他在古代中国哲学中所看到的'实用主义',多于其真实的存在。此书毕竟是为某种目的而写的。"Chan Wing-tsit:"Trends in Philosophy", in Harley Farnsworth MacNair eds., China, University of California Press,1946, pp. 315-316.《中国》一书虽然在战后出版,但其联络组织和分头写作却是在二战中完成的。考虑到成书时期胡适如日中天的学术地位和身为驻美大使的政治地位,以及陈荣捷与胡适同隶属于《中国》写作组,则陈荣捷对胡适《中国哲学史大纲》的评价,总体实在不算高。

妙配合,尽管单就某一方面来说它都有所欠缺。学问中人更加推许胡适对传统学术的再造和发扬。其中表现出的"清儒方法"被梁启超视为"有正统派遗风"①,也为蔡元培所激赏:认为他"禀有'汉学'的遗传性","其了解古书之眼光,不让于清代乾嘉学者"。② 余英时认为《中国哲学史大纲》这部著作在进行了一场"思想革命"的同时,还在国故整理的范围内进行了一次"史学革命"或称"考证学革命"。③ 这一"典范"地位的取得主要依凭其"科学方法"。胡适从清代学者的考证方法中体悟出科学精神,又从赫胥黎、杜威等西哲那里提取思想资源,形成一种中西合璧的"科学方法"。胡适的这一方法落实到史学领域,即是模仿自然科学研究经验的新考据学。《中国哲学史大纲》正是胡适展示其科学方法、创立新典范的最重要的一部作品。

胡适此书产生了极大轰动和极大后果。说它产生了极大轰动,是指此书出版不到两个月即再版,到1922年已出第8版。说它产生了极大后果,是指《中国哲学史大纲》引起的变革,不局限于哲学史本身,而是波及当时整个文化思想领域特别是古典学领域。毛子水谓是书:不只是对读者讲中国古代的哲学,亦告诉读者研读一切

---

① 梁启超:《清代学术概论》,《饮冰室合集》八·专集第34卷,上海:中华书局,1936年,第6页。
② 《中国哲学史大纲·卷上》蔡元培序,商务印书馆,1919年。蔡元培:《答林君琴南函》(1919年3月18日),《蔡元培全集》第3卷,北京:中华书局,1984年,第271页。
③ 参见余英时:《中国近代思想史上的胡适》(台北:联经出版事业公司,1994年)及书后附录的《〈中国哲学史大纲〉与史学革命》一文。

古代书籍的门径。从做学问方法的观点讲,这本书在我们的学术界可以说是划时代的。[①] 就历史学而言,这部书更重要的是观念上的启蒙作用。它使人们开始意识到,历史学必须建立在可信的材料的基础上,只有追求历史的真实,才是科学的历史学,正是在这一基础上,才产生了顾颉刚的"古史辨"及其论战。而围绕"古史辨"所展开的论战,则是一场轰轰烈烈、大张旗鼓的"新汉学"运动。

1923 年 5 月 6 日,顾颉刚趁胡适让其暂时主持《努力》周报所附月刊《读书杂志》之际,将此前的半封书信,以《与钱玄同先生论古史书》为题刊出。在信中,顾颉刚的"层累地造成的中国古史"说正式出台。此说包含以下三个层面上的内容:第一,"时代愈后,传说的古史期愈长"。譬如,周代人心目中最古的人王是禹,到孔子时始有尧舜,到战国时有黄帝神农,到秦时三皇出来了,汉以后才有所谓盘古开天辟地的传说。顾氏于是形成一个假设:"古史是层累地造成的,发生的次序和排列的系统恰是一个反背。"第二,"时代愈后,传说中的中心人物愈放愈大"。第三,在勘探古史时,我们即使"不能知道某一件事的真确的状况,但可以知道某一件事在传说中的最早的状况"。[②] 1923 年 6 月 10 日,《读书杂志》第 10 期发表了钱玄同的《答顾颉刚先生书》,谓顾颉刚所说"'层累地造成的中国古史'一个意见,真是精当绝伦","希望先生用这方法,常常考查,多多发明,廓清云雾,斩尽葛藤,使后来学子不致再被一切伪史所蒙"。钱玄同

---

① 毛子水:《适之先生对学术界的影响》,《传记文学》第 28 卷第 5 期(1976 年 5 月)。
② 《古史辨》第 1 册,上海:上海古籍出版社,1982 年,第 59—60 页。

还号召进一步"辨伪经"。他指出："'六经'在古书中不过九牛之一毛,但它作怪了二千多年,受害的人真是不少了;它作怪时用的许多法宝之中,'伪书'和'伪解'就是很重要的两件,我们不可不使劲来推翻它。"①

上述信函发表后引起了巨大轰动,遂在《读书杂志》上展开了关于古史的讨论。1923 年 7 月 1 日,《读书杂志》第 11 期发表了刘掞藜《读顾颉刚君〈与钱玄同先生论古史书〉的疑问》、胡堇人《读顾颉刚先生论古史书后》二文对顾文进行严厉批驳。顾颉刚同期发表了《答刘胡两先生书》,进一步提出推翻非信史的四项标准:(一) 打破民族出于一元的观念;(二) 打破地域向来一统的观念;(三) 打破古史人化的观念;(四) 打破古代为黄金世界的观念。这四条原则,是顾颉刚"层累地造成的中国古史"假说的延伸和发展。此后,1923年 8 月 5 日至 1923 年 12 月,《读书杂志》第 12 期至第 17 期又连续刊登了钱玄同、刘掞藜、顾颉刚等人互相商榷的文章。

1924 年 2 月,《读书杂志》刊登了胡适的《古史讨论的读后感》。胡适评价说:"颉刚的'层累地造成的中国古史'一个中心学说已替中国史学界开了一个新纪元了。……在中国古史学上,崔述是第一次革命,顾颉刚是第二次革命,这是不须辩护的事实。"②傅斯年也从国外来信说:"史学的中央题目,就是你这'层累地造成的中国古史'","你这一个题目,乃是一切经传子家的总锁钥,一部中国古代

---

① 《古史辨》第 1 册,第 81 页。
② 《古史辨》第 2 册,上海:上海古籍出版社,1982 年,第 338 页。

方术思想史的真线索,一个周汉思想的镊镜,一个古史学的新大成","你在这个学问中的地位,便恰如牛顿之在力学,达尔文之在生物学"。傅斯年还感叹道:"颉刚是在史学上称王了。"①连郭沫若也在《中国古代社会研究·第三版书后》里写道:"顾颉刚'累层地造成古史',的确是个卓识……他所提出的夏禹的问题,在前曾哄传一时,我当时耳食之余,不免还加以讥笑,到现在自己研究一番过来,觉得他的论辩自然并未能成为定论,不过在旧史料中凡作伪之点大体是被他道破了的。"②在余英时看来,层累说"是文献学上一个综合性的新创造"。③ 总之,"层累说"发挥了极大的爆破力,支配着传统经史研究的若干基本预设和核心观念面临严重危机,原有的古史框架轰然倒塌,从此开始了对传世文献的全面检讨和审查,"古史辨"运动在学界迅速蔓延开来。

　　1923 年由顾颉刚开始的古史讨论,使得一个以"疑古"为标帜的"古史辨派"在中国史坛迅速崛起。1926 年,顾颉刚把这几年来讨论的文章和信函汇聚起来,又加上一篇洋洋洒洒数万言的长序,编成《古史辨》第一册交由景山书社出版。他将所有赞成和反对甚至冷嘲热讽的古史文章都收入《古史辨》中。《古史辨》第一册一经问世,立即风靡学界,一年里重印近 20 次,其影响难以估量。至 1941 年,《古史辨》共出版七大册,收录文章 350 篇,总字

---

① 傅斯年:《谈两件〈努力周报〉上的物事》,《古史辨》第 2 册,第 298 页。
② 《郭沫若全集·历史编》第 1 卷,北京:人民出版社,1982 年,第 304 页。
③ 《顾颉刚、洪业与中国现代史学》,香港《明报月刊》1981 年 5 月号。

数逾 325 万。在此期间，"古史辨派"开始走向学界，将思想的锋芒深入到史学特别是古典学的各个层面，从而成为当时最具影响力的学术派别。多达七册的煌煌巨著《古史辨》，昭示着前后 20 年间这一学派在古代典籍史料的研究、考索、辨伪方面所取得的巨大业绩。

这场具有革命意义的运动，虽以激烈的批判姿态亮相，内里依然背靠传统、植根清学。未曾受过西方学术训练的顾颉刚，在从事"古史辨"的讨论时，主要凭借是胡适提倡的科学方法。甚至整个"古史辨"，都可以视作是运用这种科学武器的一次大型试验。而胡适所谓的科学方法与清代汉学家的治学门径精神相通。在讨论中，顾颉刚、钱玄同等人运用文献考证的手段，鉴定古书的真伪，发现不少古人作伪之点。于是，顾颉刚断言，先秦以前的中国古代史，毫不可信。所谓三皇五帝，只是后人杜撰、想象出来的。顾氏在《古史辨》第 2 册自序中坦承，他的疑古是"清代学者把今古文问题讨论了百余年后所应有的工作"①。所以，无论方法还是观点，"古史辨"大致上是承袭了清代学术的传统。

梁启超等人的"新史学"虽然提供了中国学术史上前所未有的东西，可谓有前途、有未来，但它却很快被后起的"新汉学"所淹没。继之而起的以胡适、顾颉刚、傅斯年为核心的史学形态与"新史学"没有多

---

① 《古史辨》第 2 册，第 6 页。

少共同之处,因此无法共置于一个史学范畴之内。[①] 我们特意用"新汉学"这一概念来指称胡适、顾颉刚、傅斯年所代表的学术范型。

"新汉学"的概念并非笔者首创,而是在学术界由来已久。民国时期,它是一个对五四以来的新考据学比较通行的称谓,胡适本人也不拒绝。后世治学术史者也不断提及或使用此概念。例如,王汎森说,民国时许多人多称胡适"所领导的学派为新汉学或新考据"。[②] 许冠三在其《新史学九十年》一书中更是反复称这一学派为"新汉学"。[③] 应当说,"新汉学"一词更加清晰地彰显出以胡适、顾颉刚、傅斯年为代表的考据学的特质。[④] "新汉学"虽以科学为旗帜,本质上

---

① 关于新史学的讨论,可参看桑兵:《近代中国的新史学及其流变》,《史学月刊》2007 年第 11 期。另有学者强调梁启超对"新史学"与新汉学之间的连续性和继承性。从时间维度来看,梁启超的"新史学"对正值学术成长期的胡适、顾颉刚和傅斯年产生了启蒙性影响。在新历史考证学派思想的成熟期,梁启超的"新史学"已内化、沉淀为他们的一种常识。新历史考证学派在历史研究的理念、思路、方法和路向上与梁启超"新史学"之间存在内在逻辑性与延续性。二者虽处于两个不同时段,聚焦的问题亦有差异,但是旨趣相同、目标一致,走在同一条大路上,均以西方新学理为利器,并从中国传统学术中提取"科学"资源,借此推动中国传统史学的近代转型。参见张峰:《开出一派"新考证学"——梁启超"新史学"对民国新历史考证学派的影响》,《四川师范大学学报》2022 年第 3 期。

② 王汎森:《民国的新史学及其批评者》,见罗志田编:《20 世纪的中国学术与社会·史学卷》上册,济南:山东人民出版社,2001 年,第 54 页。

③ 许冠三:《新史学九十年》,长沙:岳麓书社,2003 年,第 258、470、471 页。

④ 其实,从现代学科体系的眼光来看,"新汉学"和"新史学"不是对等的概念,前者涵盖了广阔的文史领域,后者专指史学一科。与新汉学对应的概念似乎应当是"新宋学"。不过,在西学的冲击之下,在中国现代学术的转型过程中,传统学术的固有形态已经改变,汉宋之学的归宿也各有不同:汉学最终落实为史学,以"古史辨"为典型;宋学则转化为哲学,现代新儒家即其代表。(参见陈少明:《汉宋学术与现代思想》,广州:广东人民出版社,1998 年,第 112—132、149、153、38 页)所以,"新宋学"基本不在本书的讨论范围。

却与乾嘉考证学一脉相承。作为顾颉刚疑古活动主要助手的童书业说:"五四运动的考证学称为'新汉学'","五四运动以后,中国文化的主流仍始终是向着'朴学'一条路线发展的",而且这条线是明末以来的继续,"明末以来,一般学人厌弃理学的空疏,转向经学考据的途径,直到'五四'以后的整理国故运动,都是一条线上的物事";童书业还明确指出,"新汉学"和"朴学",所指都是"文献考据学"。①

"新汉学"具有不同于梁启超"新史学"的特征,有几点值得特别强调:

(1) 清末,"史学界的风气,已由考史变为修史",②而"五四"之后,主流学坛则又由"修史"复归到此前的"考史"。矜尚"考史但不著史"的为学基准,成为胡、傅、顾时代带有笼罩性的学术风气。在这一点上,傅斯年主张可谓最烈:"历史学不是著史:著史每多多少少带点古世中世的味道,且每取伦理家的手段,作文章家的本事。近代的历史学只是史料学。"③他之反对著史,是他反对"疏通",主张对材料"证而不疏""存而不补""材料之外一点也不越过去说"的必然结果。胡适教导吴晗时也持同一基准:"治明史不是要你做一部

① 童书业:《新汉学与新宋学》,见《童书业史籍考证论集》(下),北京:中华书局,2005年,第777—780页。
② 齐思和:《晚清史学的发展》,《齐思和史学概论讲义》,天津:天津古籍出版社,2007年,第245页。
③ 傅斯年:《历史语言研究所工作之旨趣》,见欧阳哲生编:《傅斯年全集》第3卷,长沙:湖南教育出版社,2003年,第3页。

新明史,只是要让你训练自己做一个能整理明代史料的学者。"①这导致了一种推重史考、蔑视史著的学风的形成,以致造成一种可以熟读《汉书》中的每一字句,却不知道整个汉代历史这种并非个别现象的出现。② 正如批评者所言:这些古史的整理者都是些"新汉学家","然而汉学帮助了他们,汉学也限制了他们,他们的优越点适成了他们的终结点,他们止于校勘家了"。③

（2）崇尚归纳,④排斥甚至彻底拒绝演绎,是"新汉学"最鲜明的特征;特别推崇"当以事实决事实而不当以后世理论决事实"的致知门径,⑤则是此特征最突出的表现。此一门径,简明言之,就是拒绝

---

①　罗尔纲:《师门五年记・胡适琐记》(增补本),北京:生活・读书・新知三联书店,1998 年,第 161 页。

②　蒋廷黻在回忆录中提到,20 世纪 30 年代主持清华历史系时,想找一位能教汉代历史的学者,大家都认为杨树达对《汉书》和《后汉书》的各种版本真伪及章句解释"无出其右者",是公认的汉史权威,因此最为合适。但是杨树达教了一年之后,却不能"正确扼要地讲一讲汉代四百年间都发生过什么事"。参见蒋廷黻:《蒋廷黻回忆录》,长沙:岳麓书社,2003 年版,第 129 页。

③　杜畏之:《古代中国研究批判引论》,《读书杂志》第 2 卷第 2、3 期合刊(1932 年 3 月)。

④　在"口述自传"的"青年期逐渐领悟的治学方法"一章中,胡适反复强调"归纳法"的重要:"考据之学,其能卓然有成者,皆其能用归纳之法";他"青年期"所领悟的最主要的甚至唯一的"治学方法"正是"归纳法";"在我当学生时代,我已学得一个基本上是归纳法的治学方法"了,那时"我的首要兴趣便是归纳法","那也是我第一次企图发展我自己的治学方法"。见葛懋春、李兴芝编:《胡适哲学思想资料选》下册,上海:华东师范大学出版社,1981 年,第 134—135 页。

⑤　王国维:《再与林(洁卿)博士论洛诰书》,《观堂集林》卷一,北京:中华书局,1959 年,第 45 页。

梁启超所强调的"公理公例"①,甚至主张废弃哲学,"纯就史料以探史实",②基本预设是"惟有用归纳的方法可以增进新知",③认为"推论是危险的事"。④ 本来,在历史研究中,是否使用理论或应用推论手段,取决于我们到底是对一般现象还是对具体经过感兴趣,"如果我们感兴趣的是一般现象,那么就与理论(经济学理论或其他社会理论)有关,否则,通常就与理论无关"。⑤ 不分青红皂白,一概拒绝理论和演绎,除了退回到乾嘉旧轨上去之外,没有其他出路——这一旧轨的基本信条是"据事直书,是非自见",⑥考史者自"不必横生意见,驰骋议论"。⑦ 治学素反对"空泛宏阔之理论"的陈垣,其弟子甚至在一封信中说自己的一篇文章虽"屡曾删改,仍恨涉史论之嫌,终于弃之箧中",⑧此一厌恶史论的细节,颇足以说明当年北平的学术空气。

---

① 在当时的"新史学"派眼中,以公理公例述往知来才是科学。如严复宣称:"凡学必有其因果公例,可以数往知来者,乃称科学。"《译群学肄言序》,〔英〕斯宾塞:《群学肄言》,上海:商务印书馆,1931年。直到1911年初,王国维撰写《国学丛刊序》,论科学与史学曰:"凡记述事物而求其原因,定其法理者,谓之科学。求事物变迁之迹,而明其因果者,谓之史学""凡事物必尽其真,而道理必求其是,此科学之所有事也,而欲求知识之真与道理之是者,不可不知事物道理之所以存在之由与其变迁之故,此史学之所有事也"。因此"治科学者,必有待于史学上之材料,而治史学者,亦不可无科学上之知识"。

② 傅斯年:《〈史料与史学〉发刊词》,见欧阳哲生编:《傅斯年全集》第3卷,第335页。

③ 顾颉刚:《古史辨第一册自序》,见《顾颉刚古史论文集》,第91页。

④ 傅斯年:《历史语言研究所工作之旨趣》,《傅斯年全集》第3卷,第3页。

⑤ 李伯重:《理论、方法、发展趋势:中国经济史研究新探》,北京:清华大学出版社,2002年,第144页。

⑥ 钱大昕:《十驾斋养新录》卷十三,"唐书直笔新例"条,上海:上海古籍出版社,1996年。

⑦ 王鸣盛:《十七史商榷》,上海:上海古籍出版社,1996年,"序言"。

⑧ 《陈垣来往书信集》,上海:上海古籍出版社,1990年,第621页。

（3）怀抱"为真理而求真理"的治史理念。这一理念的要旨，是把学问本身看得高于一切，甚至高于政府高于社会，看得可以独立于一切，尤其可以独立于社会政治，乃至可以独立于救亡图存："就是外面炮声连天，铅子满地，我们的机关里依然可以做大家认为无用的考据的工作。""殉学和殉国都是个人的兴趣，个人的信仰。"[①]顾颉刚还说："在学问上则只当问真不真，不当问用不用。学问固然可以应用，但应用只是学问的自然的结果，而不是着手做学问时的目的。"[②]这种学问至上、学问神圣、为学问而学问的态度，据说发源于清儒"为经学而治经学"的精神。[③]"新汉学"的为学理念，与把历史"看作爱国心之源泉也"的"新史学"，是大相径庭的。

（4）与"新史学"的提倡者们"以社会科学治史"取向不同，"新汉学家"们则鲜明地主张"以自然科学治史"。这构成二者之间的又一重大差异。在这方面，傅斯年表达得最为直白。他认为："现代的历史学研究，已经成了一个各种科学的方法之汇集。地质、地理、考

---

① 顾颉刚:《北京大学国学门周刊发刊词》，见《中国新文学大系》第 10 集，上海：上海文艺出版社，1981 年，第 172 页。

② 顾颉刚:《古史辨》第 1 册"自序"，上海：上海古籍出版社，1982 年，第 25 页。

③ 梁启超:《清代学术概论》，见《梁启超论清学史二种》，第 80 页。而"新史学"诞生于救亡图存主题已白热化的后维新时代，它的功用主义来源有自。王晴佳分析梁启超的政治理想，认为其建立在"民族国家"的理念之上，共有三大思想源头，分别为社会达尔文主义、自由主义和功用主义。社会达尔文主义已无需再论；在自由主义方面，梁启超多取约翰•斯图尔特•密尔(John S. Mill)的思想；而在功用主义方面，梁则多取杰里米•边沁(Jeremy Bentham)。王晴佳称"在构建现代中国的努力中，他(梁启超)发现了历史"，"尽管《新史学》是梁早期的一部作品，但这部作品是他从民族主义立场对现代中国进行寻求的一部分"，这是以较为委婉的语气肯定梁氏史学的功用性。Wang, Q. Edward. *Inventing China through history: The May Fourth approach to historiography*. SUNY Press, 2001, p. 45.

古、生物、气象、天文等学,无一不供给研究历史问题之工具。"①而在此之前的《〈语言历史研究所周刊〉发刊词》中,作者断言:"语言历史学也正在和其他的自然科学同目的同手段,所差只是一个分工。"②他更在《历史语言研究所工作之旨趣》中高呼"要把历史学语言学建设得和生物学地质学"一样!胡适、顾颉刚、傅斯年这时均弃"社会科学"而取"自然科学",显然是一个基本事实,尽管在程度上仍有不同。胡适们为何离开"新史学"的"社会科学路线"而走向"自然科学路线"?笔者感到,这可能和他们仍然与乾嘉时期"汉学家"一样将精力聚焦于"文本考据"、材料的搜集与整理有关。在这一点上,梁启超从"社会科学"中借用"公理公例"的做法显然于事无补——只要不触及历史本身,"公理公例"可能就派不上用场,"自然科学"特别是其中的所谓"科学方法"可能更为直接更为有用。因为他们已把这一"方法"的内容解释为"拿证据来""跟着证据走",尊重事实,尊重证据,再进一步地说,他们已把所谓的"科学方法"等同于实证方法,等同于"归纳法",甚至等同于"考据学"了。不仅如此,他们还认为,"现代科学法则和我国古代的考据学,考证学,在方法上有其相通之处","清朝的汉学家所以能有国故学的大发明者,正因为他们用的方法无形之中都暗和科学的方法",而且,"钱大昕的古音之研究,王引之的《经传释词》,俞樾的《古书疑义举例》,都是科学方法

---

① 傅斯年:《历史语言研究所工作之旨趣》,《傅斯年全集》第3卷,第7页。
② 《〈语言历史学研究所周刊〉发刊词》,见《傅斯年全集》第3卷附录,第13页。本发刊词的作者有争议,这里暂从《傅斯年全集》大陆版编者欧阳哲生的看法:顾颉刚、傅斯年合作此文。

的出产品"。① 看得出来,假如"新史学"的主张者们通过社会科学的"公理公例"这座桥梁走向国际史学的新潮流的话,那么,胡适、顾颉刚、傅斯年等则通过所谓的"科学方法"这座桥梁走向"乾嘉汉学",并通过对"乾嘉汉学"的"现代化"从而把自身的学问"现代化"。

"新史学"和"新汉学"上述四点观念和方法上的差异,仅具有表层的性质,更深刻或作为本原的分歧实际上源于下面这一点,即梁启超的"新史学"是指向历史本体的,以胡适为代表的历史学,特别是"古史辨"则从一开始就是着眼于历史记录的,前者是对历史本身的研究,后者则可以视为源远流长的"文籍考订学"在现代的延续。②

梁启超在其《新史学》中,曾对历史研究的对象和内容作出过著名的三点界说:"第一,历史者,叙述进化之现象也。现象者何?事物之变化也。"③这里所指当然是一种广义的"历史"。"第二,历史

---

① 胡适:《驳新潮国故和科学精神订误・附识》,见陈崧编:《五四前后东西文化问题论战文选》(增订本),北京:中国社会科学出版社,1989 年,第 169 页。
② 中国台湾学者林毓生对胡适的"科学方法"和"考据倾向"的批评很有代表性。他不但对后者不屑,就连对胡适所提倡的科学方法也全不假辞色。他说:"学术的进展在于重大与原创问题的提出;重大与原创问题提出的时候,不必做功利的考虑,但不是每个纯学术的问题都是重大与原创的问题。从这个观点来看,解答材料问题的考据工作是在严格的学术价值等差观念中层次较低的工作。无论考据做得如何精细,考据本身是无法提出重大与原创的思想性的问题的。不同的学术问题不是因为应用'科学方法'加以纯学术的研究就都同样的重要了。而重大与原创的问题不是应用胡适所谓的'科学方法'可以得到的。"林毓生:《中国传统的创造性转化(增订本)》,北京:生活・读书・新知三联书店,2011 年,第 74 页。值得一提的是,林毓生对胡适学术及思想的批判,与学术门派的"传灯录"有关。林毓生师承的是殷海光道统的自由主义思想和治学路数,他对胡适的不以为然在殷海光处也可以找到源头。
③ 梁启超:《新史学》,《梁启超选集》,第 283 页。

者,叙述人群进化之现象也。"[①]"第三,历史者,叙述人群进化之现象,而求得其公理公例者也。"[②]后两点所指则是狭义的"历史",也即通常所说的人类社会的历史。通过这三点,应该说梁启超初步回答了"历史是什么?"的问题,而无论是广义还是狭义,梁启超这里的"历史"所指,均是对象本身即客观历史本身,"进化"是历史本身的进化,"公理公例"也是历史本身演化的公理公例。包括"新史学"时期人们所关注的"君史""民史""贵族史""朝廷史""社会史"等概念,所指也均是历史本身。但胡适、顾颉刚,包括傅斯年通常所说的"历史"却与以梁氏为代表的"新史学"完全不同:他们的历史主要是指"文献"的演变历程。如果说梁启超等人关心的是"什么是历史"的话,那么,胡适顾颉刚傅斯年关心的则是"什么是历史知识"的问题;如果说梁启超等人的关注点是历史本身的真相的话,那么,胡适等人的关注点则是"关于历史本身的知识是如何可能"的问题。总之,一个在本体论,一个在知识论,差异至为明显。下面,就具体看一下胡、傅、顾等人是如何将"新史学"的"问题"转化为"新汉学"的"问题"的。

其中最为典型的当属胡适的"井田辨"了。1919 年至 1920 年,围绕着"井田制"的有无,在《建设》杂志上展开了一场讨论,这场讨论为胡适所挑起。"井田制"是上古经济史,特别是土地制度史上的

---

① 梁启超:《新史学》,《梁启超选集》,第 285 页。
② 同上书,第 286 页。

问题。如果置于相关社会科学理论,亦即梁启超所说的"公理公例"的参照之下,其存在应该说是无须置疑的。但胡适却在他的"历史演进观"的指导之下,把这个制度史上的问题转化为"文籍考订学"上的问题,也即把"井田制"问题转化为"井田论"问题。在他看来,"井田论是孟子凭空虚造出来的;孟子自己并未曾说得明白,后人一步一步的越说越周密",①从孟子开始,中经《公羊传》《穀梁传》《王制》《韩诗外传》《周礼》《汉书·食货志》和《公羊解诂》等,构成了"一种井田论的演进史"。② 他认为,井田论沿革才是辩论的中心论点,执意要打"考据的官司"。胡适的关注点不在于作为经济制度、土地制度的井田制,而着眼于追寻井田论的演变线索。胡适将经济史问题悄然置换成思想史史料问题来处理的。正如香港许冠三所说,胡适的论证"充其量只是抓紧有关材料由含浑而明确的演变,俏皮地回避或取消了井田制有无的问题。他不只未曾甚至无意认真探讨它的有无,更不用说它原本是个甚么样子了"③。高耘晖更是一针见血地指出:"胡先生只是在考证古书,而不是研究历史,他对于这个问题只有消极的怀疑,而无积极的解释。"④而且,胡适还从中抽象出以下四个环节为内容的古史研究的"根本方法":(1) 把每一件史事

---

① 胡适:《井田辨》,见欧阳哲生编:《胡适文集》第 2 卷,北京:北京大学出版社,1998 年,第 325 页。

② 胡适:《古史讨论的读后感》,《古史辨》第 1 册,上海:上海古籍出版社,1982 年,第 193—194 页。

③ 许冠三:《新史学九十年》上,香港:香港中文大学出版社,1986 年,第 165 页。

④ 《周代土地制度与井田》,《食货》第 1 卷第 7 期。详情参看陈峰:《1920 年井田制辩论:唯物史观派与史料派的初次交锋》,《文史哲》2003 年第 3 期。

的种种记载,依先后出现的次序,排列起来;(2)研究这件史事在每一个时代有什么样子的记载;(3)研究这件史事的渐渐演进由简单变为复杂,由陋野变为雅训,由地方的(局部的)变为全国的,由神变为人,由神话变为史事,由寓言变为事实的过程;(4)遇可能时,解释每一次演变的原因。[①] 很明显,这四个环节全都没超出文献整理的范围。

在把"新史学"的问题转换成"文籍考订学"的问题方面,顾颉刚可以说比胡适走得更远,因为正是他把"古史辨"一步步地变成了"古书辨"。[②] 顾颉刚在这方面不但比胡适走得还远,而且还更自觉更理论化。他治古史的基本理念是"不立一真惟穷流变",换句话说,就是暂时搁置历史本身的真伪问题,只关注记载或材料的变化或"演进",也就是像胡适把"井田制"变成"井田论"那样,把"古史"的真相问题变成了"古史论"的流变问题。早在挑起古史大论战的《与钱玄同先生论古史书》一文中,顾氏就已经很自觉了:"我们要辨明古史,看史迹的整理还轻,而看传说的经历却重。凡一件史事,应当看它最先是怎样的,以后逐步逐步的变迁是怎样的。……我们在这上,即不能知道某一件事的真确的状况,但可以知道某一件事在传说中的最早的状况。"举例来说,"我们即不能知道东周时的东周史,也至少能知道战国时的东周史;我们即不能知道夏商时的夏商

---

① 胡适:《古史讨论的读后感》,《古史辨》第 1 册,第 193 页。
② 顾颉刚:《古史辨第三册自序》,见《顾颉刚古史论文集》第 1 卷,第 213 页。

史,也至少能知道东周时的夏商史"。① 后来他又强调说:"我对于古
史的主要观点,不在它的真相而在它的变化。"②顾颉刚之所以由"古
史辨"走向"古书辨",原因就如同他所反省的:"十余年前……想一
口气把中国古史弄个明白,便开始从几部古书里直接证明尧、舜、禹
等的真相。现在看来,真是太幼稚,太汗漫了! ……我[现在]不敢
普泛的研究古史了,我只敢用我的全力到几部古书上。"③顾在陈述
自己的工作打算时,说他"想一部书一部书做去,如《诗经中的古史》
《周书中的古史》《论语中的古史》……"④作为上古史专家的顾颉刚
的研究重心就不是上古史本身,而是后世文献中的"上古史"。

当 1920 年顾颉刚点校姚际恒的古今伪书考的时候,他说:"我
现在是以古籍的整理为专业的人了。"⑤顾氏甚至自判《古史辨》只
是部材料书",⑥而具有"文籍考订学"的意义。⑦ 从傅斯年的眼光来
看,顾颉刚的工作也属于文籍考订一路。史语所最初筹设文籍考订
组,傅斯年推荐顾氏担任主任。1928 年 12 月,顾颉刚草拟了文籍
考订组工作计划书,其中说:"本组以考订中国文籍,审定其真伪,校
勘其异同,编次其目录,辑录其佚篇,使其各得一真实之历史地位,

① 顾颉刚:《与钱玄同先生论古史书》,《古史辨》第 1 册,上海:上海古籍出版社,
1982 年,第 59—60 页。
② 顾颉刚:《答李玄伯先生》,《古史辨》第 1 册,第 214 页。
③ 顾颉刚:《古史辨第三册自序》,见《顾颉刚古史论文集》第 1 卷,第 273 页。
④ 《古史辨》第 1 册,第 60 页。
⑤ 郑良树:《顾颉刚学术年谱简编》,北京:中国友谊出版公司,1987 年,第 129 页。
⑥ 顾颉刚:《自序》,《古史辨》第 3 册,第 7、3 页。
⑦ 《顾序》,罗根泽编著:《古史辨》第 4 册,第 15 页。

又联带搜集古人之传说以辅助文籍之整理,并以考订之结果刊行古籍之标准本及索引图谱等书以供学者之应用为宗旨。"①这实际上相当准确地反映出了顾颉刚本人的工作内容。难怪后人有这样的评论:"所谓'古史辨'的工作本是从'辨伪'开始,乃是一种史料考订工作。所谓'层累地造成的古史'只能是史料学范畴内的一个命题,用意在使人不要盲目地信从前人关于古史的各种记载,这个命题对于整理周秦两汉时代的记载古史的文献是有用的。"②

总之,不论是胡适还是顾颉刚,在"整理国故"运动中的主张和实践,大都未超出"文籍考订学"的范畴,包括被胡、顾二人作为历史研究"根本方法"的"所谓'历史演进的方法',实质上只是以版本学为核心的史源考辨术的扩充和升级……换句话说,胡适和顾颉刚所着重处理的,其实只是传说或故事版本的翻新变异,而非故事或传说本身所著录、附着或反映的原始事实。"③实事求是地说,他们不是不想研究"原始事实",事实上,他们对许多"原始事实"也作了探究,但由于他们太迷信归纳,排斥"公理公例",以致感到追求"原始事实"的努力不易奏效,干脆放弃,或推到遥远的将来,或以分工为由推给别人。总之,不再以探讨历史本身和"原始事实"为重心,而是

①　《国立中央研究院历史语言研究所文籍考订组工作计划书》,中央研究院历史语言研究所所务档案,元107-1。

②　胡绳:《社会历史的研究怎样成为科学》,见《枣下论丛》,北京:人民出版社,1978年,第145页。关于此问题的讨论,详参王学典、李扬眉:《"层累地造成的中国古史"——一个带有普遍意义的知识论命题》,《史学月刊》2003年11期;李扬眉:《"疑古"学说"破坏"意义的再估量——"东周以上无史"论平议》,《文史哲》2006年第5期。

③　许冠三:《新史学九十年》,长沙:岳麓书社,2003年,第170页。

退而求其次,仅以探讨历史文献、历史记载的变化为限,可以说是胡适、顾颉刚二人共同的治学旨趣。历史学就这样变成取消了历史本身的"历史学"。①

胡适、顾颉刚把历史研究导向文献整理,把历史学变为"史料学",也即变为"文籍考订学",现在看来,这是"五四"时期的史学界对梁启超"新史学"的一种反动。以胡、傅、顾为代表的"五四"史学把自己纳入到"清学"亦即"乾嘉汉学"的轨道。

乾嘉汉学,又称"朴学"或"考据(证)学","有清一代学术,可纪者不少,其卓然成一潮流,带有时代运动色彩者,在前半期为'考证学',在后半期为'今文学',而今文学又实从考证学衍生而来"。②"乾嘉以还,考证学统一学界"③,"考证学以外,殆不必置论"④。而"汉学"中的各派,无论是吴派或皖派,还是所谓的"扬州学派"和"常州学派",它们所着力的对象则一律为"古籍""古书"和"古典"。所以,胡适说:有清三百年的主要学术业绩是"整理古书",而且,"三百年的第一流学者的心思精力都用在这一方面"。⑤ 这种"具有一代特色的专埋在故纸堆里的清代考据之学",之所以被命名为"汉学",因为它是一种"专事追寻汉代经学"的"文籍考订学"。而这种"文籍考订学"之所以受到有清一代的推崇,"是因为汉代学者为我国第一批

①　胡绳:《社会历史的研究怎样成为科学》,见《枣下论丛》,第 144 页。
②　梁启超:《清代学术概论》,见《梁启超论清学史二种》,第 2 页。
③　同上书,第 43 页。
④　同上书,第 25 页。
⑤　胡适:《北京大学国学季刊发刊词》。

整理中国文献资料的人"。① 由此看来,乾嘉汉学运动堪称是汉代之后又一次规模巨大的"古典文献整理"运动。② 而以胡适为领袖的"整理国故",特别是"古史辨",则可以说是这一运动在新的历史条件下的继续。尽管这两种"整理"运动之间有极大乃至本质的不同③,但共同的特点是不出"文献"尤其是"古典文献"的范围。正是在这种意义上,我们把"整理国故"运动视为"新汉学"运动,并认为这一"新汉学"运动与梁启超的"新史学"运动没有任何关联,从而也就不能在任何意义上把它划归"新史学"的范畴。——"新史学"所倡导的是一种历史研究的新范式,而"新汉学"所追求的则是一种"国故"或文献整理的新范式。④ 余英时深刻揭示了胡、顾所掀起的史学革命的考据学本质。在他看来,胡适的"史学革命"是"整理国故"的"革命"或是"考证学革命",这一"革命"之后所建立的史学"典范",也是考证学"典范"。⑤

就总体而言,以胡适为代表的"业考据者"可以说是"乾嘉汉学"

① 刘起釪:《顾颉刚先生学述》,北京:中华书局,1986年,第1、4页。

② "到清代,乾嘉学风盛行,研究整理古籍更成为一个时代的学术主流。"王树民:《曙庵文史杂著》,北京:中华书局,1997年,第391页。

③ 胡适1921年7月在东南大学所作"研究国故的方法"的演讲和此后代表北大国学门所作的《〈国学季刊〉发刊词》最能代表胡适与乾嘉汉学的不同,尤其是"疑古的态度"和"历史的观念"。相关内容可参阅陈以爱:《中国现代学术机构的兴起——以北大研究所国学门为中心的探讨》(南昌:江西教育出版社,2002年)。

④ 对"新汉学"与"旧汉学"即"乾嘉汉学"之间的区别和差异,余英时论之甚详,见《〈中国哲学史大纲〉与史学革命》,见《重寻胡适历程:胡适生平与思想再认识》,桂林:广西师范大学出版社,2004年。

⑤ 余英时:《〈中国哲学史大纲〉与史学革命》,《重寻胡适历程》,第231—232页。

与"欧洲汉学"特别是"巴黎汉学"的交光互影、流风余韵。[①] 不管它们取得了多少骄人的成就,也不管他们多么代表东西方学术的"正统",但这一汉学形态绝不代表当时学术的新方向,绝不能预示国际学术的新潮流,则是可以断言的。民国学术界被崇西求新的风气所笼罩,陷入一切西学皆新学的误区。20 世纪的西方史学及汉学研究正面临着一场巨大变革,中国学者对此虽有一定感知,但多数未能意识到这场变革是质变而非量变,从而将旧传统误认为新潮流。[②]

与外生型的"新史学"相反,"新汉学"的出现则完全可以说是从中国传统学术母体内、尤其是从传统经学母体内逐步演化出来的。

在晚清的学术变动中,经今文学的兴起,特别是成为晚清学术的主流,可以说是当时最重大的学术事件。正是这一事件直接导致了后来所谓"新汉学"的出现,当然这是一个比较漫长的化经为史的过程。周予同认为,清代复兴的西汉今文学派可分为前后两期,前期的今文学崛起于学术自身的原因,后期的今文学实"由环境之变化"也即鸦片战争的刺激"所促成"。轫始于龚自珍,发展于康有为,

---

① 对欧洲汉学,特别是"巴黎汉学"对上世纪二三十年代中国"新汉学"的影响与诱导,桑兵作了系统的梳理,参见《欧美汉学与中国学者》和《伯希和与中国学术界》两文,收入氏著《国学与汉学——近代中国学界交往录》,杭州:浙江人民出版社,1999 年。
② 详见陈峰:《陈寅恪"预流"说辨析》,《清华大学学报》2011 年第 5 期;李伯重:《20世纪初期史学的"清华学派"与"国际前沿"》,《清华大学学报》2005 年第 5 期。

而下迄于崔适,则是后期的处于主流地位的今文学的演变环节。其中,康有为的《孔子改制考》给予中国史学的转变以最大的推动,"我们甚至于可以说,如果没有康氏的《孔子改制考》,决不会有现在的新史学派,或者新史学的转变的路线决不会如此"①。这当然并不是说当时的学界全由"今文派"一家独霸,因为直到1923年,蒙文通还说:"近二十年间汉学的派别很多",有主张汉宋兼治的,也有不辨别今古的……然而"最风行一世的,前十年是今文派,后十年便是古文派。什么教科书、新闻纸,一说到国学,便出不得这两派的范围",而近"二十年间"的学术界,也只是这两派的"新陈代谢"而已。② 时人的这一观察和感受应该说是可信的:清代汉学是作为整体向现代学术施加影响的,也就是说,如同"今文派"一样,"古文派"也同样参与了现代学术的塑造和建构。但"给予中国史学以转变的动力的却是经今文学"③。

那么,经今文学所给予的动力是什么呢?(1)指出了经书中上古史的神话性质,即"三皇五帝"是神而不是人;(2)指出了周、秦诸子所述史事皆为托古改制;(3)开启了后来大规模辨伪的风气,他们对古文经典的怀疑,"正如当时的西方学者怀疑《圣经》,怀疑荷马

① 周予同:《五十年来中国之新史学》,见朱维铮编:《周予同经学史论著选集》(增订本),第519页。
② 蒙文通:《经学导言》,见《经史抉原》,成都:巴蜀书社,1995年,第12页。
③ 周予同:《五十年来中国之新史学》,见朱维铮编:《周予同经学史论著选集》(增订版),第523页。

的史诗,提倡史料批判,具有同样的重要性"。① 今文经学的公羊三世说与西学的进化论相结合而形成一种新的历史观。在新眼光的打量之下,过去之史已是漏洞百出、弊病丛生,必须另创新史,首要之事就是要更新观念,赋予两千余年的历史过程以新精神、新意义。

在周予同看来,"直接受康有为经今文学的启示,而使中国史学开始转变的,计有三人:一是梁启超,二是夏曾佑,三是崔适"。其中,梁"使中国史学开始转变,开始脱离经学羁绊",而使"中国史学完全脱离经学的羁绊而独立的是胡适"及其所开创的"疑古派"。没有康有为当然就没有胡适及其"疑古派",但胡适及其"疑古派"接受的是整个清代经学即乾嘉汉学的遗产,因为"疑古派""继承今文学的思想体系,采用古文学的治学方法,接受宋学的怀疑精神,而使中国的史学完全脱离经学而独立,这在中国学术演变史上是不能不予以特书的"。② 这里所谓接受"古文学的治学方法",主要是指以"疑古派"为代表的"新汉学"几乎仍以乾嘉学派的"实证方法"为基础,在当时,更主要的是指对章太炎及其"学

———————

① 齐思和:《晚清史学的发展》,《齐思和史学概论讲义》,第 237 页。他在另一篇文章中还强调说:"古史辨运动在中国近世史学史上地位与十九世纪初年西洋史家如尼泊(Niebuhr)等人,同垂不朽,都是指出了史学研究的第一步的基本工作,[是]史料的审查。"因此,顾颉刚提出的"'层累的古史观'是驳不倒的"。见齐思和:《近百年来中国史学的发展》,《燕京社会科学》1949 年第 2 期。

② 周予同:《五十年来中国之新史学》,见朱维铮编:《周予同经学史论著选集》(增订本),第 528、542、547 页。

派"考据方法与成果的承受。① 在《中国哲学史大纲》这部"疑古派"的开山之作中,胡适所开列的致谢对象,全是"古文派",其中所点出的在世学者没有康有为而有章太炎。② 尽管如此,"'五四'以后的'古史辨'运动……直接受了今文运动的刺激"③,则是朗如白昼的事实。④ "由今文学胎育出来,而结果却否定今文学,这便是中国现代学术界演变的历程"!⑤ 这一"历程"就是"化蛹为蛾""化经为史"的中国现代史学产生的本土路线,这也就是"新汉学"的产生。胡适承受了今文经学的历史进化观,反对尊经信古,但由于古文经学的引导,他走上了另外一条道路,不致力于重新诠释历史进程,而是从质疑以往的历史记载出发,展开对古籍经典的批判审查。

"古史辨派"特别是顾颉刚本人在这一"化经为史"的过程中起

---

① 罗检秋指出:民初国学领域流派众多,每个学派所发挥的作用也大小不一,如"章太炎学派"是"传承汉学","古史辨派"是"转化汉学",尽管"章太炎派"的底色是崇信古文经学,但五四时期的人们仍采用章门话语如"国故"概念,以期获得学术文化界的认同。见罗检秋:《嘉庆以来汉学传统的衍变与传承》,北京:中国人民大学出版社,2006年,第437、447、453页。

② 胡适:《中国哲学史大纲》,上海:上海古籍出版社,1997年,"再版自序"。

③ 齐思和:《晚清史学的发展》,《齐思和史学概论讲义》,第238页。

④ 陈寅恪说:光绪年间,"其时学术风气,治经尚颜尚公羊春秋,乙部之学,则喜谈西北史地。后来今文公羊之学,递演为改制疑古,流风所被,与近四十年间变幻之政治,浪漫之文学,殊有连系。……西北史地以较为朴学之故,似不及今文经学流被之深广。"见陈寅恪:《朱延丰突厥通考序》,《陈寅恪史学论文选集》,上海:上海古籍出版社,1992年版,第513页。

⑤ 周予同:《五十年来中国之新史学》,见朱维铮编:《周予同经学史论著选集》(增订本),第546页。

到了关键作用。[1] 因为在这一方面,顾颉刚看来最为自觉。[2] 1937年,顾颉刚总结研究古史之意义时说:"换一态度来研究,改正盲从的传统思想,且改经学为史学。"[3]1951 年,顾颉刚在上海诚明文学院讲授《尚书》时,他的教学大纲中的"教学观点"写明:"从物质基础的历史的发展上寻出本书的真相与其演变的历程,使唯心的经学化为唯物的史学。"[4]1957 年,他在《缓斋杂记》(六)的题记中又说:"忆予自大学毕业以来……其所自树之目标,则变经学为史学已耳。至于高瞻远瞩,自审精神、时间有不足,固谦让未遑也。"[5]

众所周知,"顾先生一生学术全部植根于传统的汉学",[6]而汉学的重心是"五经",于"五经"之中,顾氏又特别钟情于"书经",这是因为,《尚书》不仅是"五经"之中地位最尊的一部经典,"是两千年来自

---

① 可参看李吉东:《论顾颉刚的"由经入史说"》,《山东大学学报》2008 年第 2 期。

② 顾颉刚说:"窃意董仲舒时代之治经,为开创经学,我辈生于今日,其任务则为结束经学。故至我辈之后,经学自变而为史学。惟如何必使经学消灭,如何必使经学之材料转变为史学之材料。则其中必有一段工作,在此工作中我辈之责任实重。……清之经学渐走向科学化的途径,脱离家派之纠缠,则经学遂成古史学,而经学之结束期至矣。特彼辈之转经学为史学是下意识,我辈则以意识之力为之,更明朗化耳。"(参见顾颉刚:《顾颉刚读书笔记》第 5 卷,台北:联经出版事业公司,1990 年,第 2788 页)在致友人的信中顾说:"我辈生于今日,其所担之任务,乃经学之结束者而古史学之开创者。此非吾人故意立异,乃自宋至清八百年中积微成著之一洪流,加以西洋科学之助力,遂成一必然之趋势也。"(参见《顾颉刚致吴康 1949 年 4 月 8 日》,顾潮编著:《顾颉刚年谱》,北京:中华书局,1993 年,第 337 页)

③ 顾颉刚:《兰课杂记》,见顾洪整理:《顾颉刚读书笔记》第 4 卷,台北:联经出版事业公司,1990 年,第 1998 页。

④ 顾颉刚:《虬江市隐杂记(一)》,见《顾颉刚读书笔记》第 4 卷,第 2502 页。

⑤ 顾颉刚:《缓斋杂记(六)》,见《顾颉刚读书笔记》第 6 卷,第 4486 页。

⑥ 刘起釪:《顾颉刚先生学述》,第 1 页。

天子直到一般读书人都要读的政治和道德教科书"，更是因为只有《尚书》与历史的关系最为密切，它甚至就是历史特别是上古史本身："尧舜禹汤文武周公"，这一融化在以往所有读书人血液里的君统和道统，就主要是由《尚书》所确立，而"尧典""禹贡"和"皋陶谟"，则是其中的关键篇章，尤其是"尧典"，此篇可以说为读书人提供了关于上古的比较完整的帝王系统和古代制度，"涉及到中国古史的各个方面"，尤为顾颉刚一生所倾力攻治。顾颉刚在"化经为史"中所起的作用可以说全部集中表现在他对《尚书》的清理与转化上。

对作为既是两千多年来所谓"封建"意识形态的老巢，又"关系于两千年历史至巨"的《尚书》，顾颉刚计划从君统、道统、学统和三代王制四个方面来摧毁这个意识形态的总堡垒，这就是他所说的"古史四考"。摧毁君统亦即"三皇五帝""尧舜禹汤"千古一系的是"帝系考"，摧毁道统亦即"三圣传心""尧舜孔孟"所传一道的是"道统考"，摧毁学统的是"经学考"，摧毁三代王制亦即中国理想的政治在夏商周、"古代为黄金世界"观念的是"王制考"，而摧毁的主要办法就是釜底抽薪、历史还原，揭出上古史是层累造成的，实际发生的次序和排列的先后恰成一个反背这一事实。而君统、道统、学统、三王政治，这些对传统社会性命攸关的意识形态内容，既不是建立在"文学"的平台上，也不是建立在"哲学"的平台上，而是立足于帝系即"历史"的平台上，因为假如没有"三皇五帝"、没有尧舜禹汤文武周公这些历史人物，就根本不会有所谓"黄金世界"和"道统"；没有"黄金世界"和"道统"，"封建"的意识形态就将全部坍塌，这就是"古史辨派"考辨"三皇五帝"即考辨古史的意义。一旦认定"尧舜禹"是神话传说而不是真实的古人,经书特别是《尚书》也就失去了其他所有意义而变成一堆纯粹的史料,所谓"化经为史",就是化经书为史料,《尚书》这部曾经的"圣经"就这样恢复了它的古文献汇编的性质。① 对《尚书》的研究也即自然而然地变成了对历史的研究、对历史资料历史文献的研究。传统的汉学也就逸出了"经学"的范畴,成为现代史学的一种形态,特别是其中的一个组成部分。②

"新汉学"何以能取代"新史学"而大行其道、席卷学界呢? 自外部因素而言,首先,史料大发现为新汉学的兴盛提供了直接契机。王国维的《最近二三十年中国新发现之学问》列举 5 项内容:(1) 殷墟甲骨文,(2) 敦煌塞上及西域各地之简牍,(3) 敦煌千佛洞之六朝唐人所书卷轴,(4) 内阁大库之书籍档案,(5) 中国境内之古外族遗文。这些新史料为"新汉学"取得令人艳羡的创获奠定了坚实基础。罗振玉、王国维的甲骨金石之学就是紧密依托新材料而成功的。当日罗振玉初识甲骨文,在《殷虚书契前编序》中录其心绪,感叹"今幸山川效灵,三千年而一泄",而自己有幸得到"汉以来小学家若张、杜、杨、许诸儒所不得见者",遂自誓曰:"且适当我之生,则

---

① 刘起釪:《顾颉刚先生学述》,第 193 页。

② "经学与史学的差别,关键在于后者抛弃了'宗经'的立场,从而也就不以家法为是非,不争正统。"陈少明:《汉宋学术与现代思想》,广州:广东人民出版社,1998 年,第116 页。

所以谋流传而攸远之者,其我之责也夫。"①罗、王二人密切关注甲骨、汉简、敦煌经卷等新材料的发现,并积极取用以为古史研究之辅助,成为开拓性人物,占据学界前沿。姚名达评价王国维时曾谓:"静安先生,禀二百载朴学昌盛之业,值三十年史料出现之富,其所著作,皆有发明,考证至此,极矣。"②此言实际上也道出了"新汉学"派成功的奥秘。正如牟润孙所指出的,考据派"学问之凭借,唯新发现之材料","有材料则有发现,有发现则有文章,名成学立,唯材料之是求"。③

其次是西方汉学的强力诱导。顾颉刚说:"近来欧美日本学者对于汉学的研究,极有贡献,他们的成绩传入中国,很与国内学者以刺激,使中国的史学也随之而进步。"顾颉刚将民国史学的成绩总结为六方面:"一、考古学和史前史的研究,二、中外交通史和蒙古史研究,三、敦煌学的研究,四、小说、戏曲、俗文学的研究,五、古史的研究,六、社会史的研究。"前三项均不曾脱离欧洲汉学的影响。④罗、王之学将晚清民初的国学研究引入欧洲汉学的轨道。"新汉学"派的"整理国故"更与国外汉学的刺激密切相关。1932年制订的《北大国文系课程指导书》明确指出:"近数十年来,各国多有所谓 Sinolo-

① 罗振玉:《殷虚书契前编序》,见甘孺辑述:《永丰乡人行年录》,南京:江苏人民出版社,1980年,第125页。
② 姚名达:《友座私语(二则)》,见《追忆王国维》,第217页。
③ 牟润孙:《记所见之二十五年来史学著作》,《中国史学史论文选集》第2册,台北:华世出版社,1976年,第1130页。
④ 顾颉刚:《当代中国史学》引论,沈阳:辽宁教育出版社,1998年。

gist 者,用其新眼光来研究我国的学问,贡献甚大。日本以文字、历史、地理的关系,其所谓'支那学'的成绩,最近二三十年,尤多可观。老实说,近年来提倡国故整理,多少是受了这种 Sinologist 或'支那学'的刺激而发的。"①当时被国内学者认同且争相仿效的正统西方汉学基本是以语文考据法为主,正与本土学者的治学方法相通。②

从"新汉学"派自身来说,不同于"新史学"的白手起家,"新汉学"的凭藉可谓丰矣、厚矣,这就是人们常说的它有一个"乾嘉的底子"。③ 所谓"乾嘉的底子"主要是经学的底子,而所谓经学的底子主要是考据学,而"新汉学家"们主要是"业考据者"。"民初新史学的渊源是来自清中叶所谓经史考据之学",④胡适的"考据学不能不承认是新汉学的嫡派流传。他事实上是新汉学系的著名学者"。⑤ 所以从这个角度说,"新汉学"的学统和谱系可谓源远流长,其学术资

① 《国立北京大学中国文学系课程指导书(民国 21 年 9 月订)》,北大档案,全宗号:1/案卷号 274。

② "新汉学"派与域外学者的密切交往促进了他们在学术方法上的汇接。比如,王国维、罗振玉 1911 至 1915 年旅居日本京都期间,与内藤湖南密切往还,葛兆光在关西大学图书馆访问内藤文库时,就曾见到《殷卜辞中所见先公先王考》的手稿本,这应是当年王专门抄给内藤阅读的;还有一份从巴黎所藏唐卷子本转抄的《北齐修文殿御览残卷》。葛兆光:《王国维致内藤湖南佚札跋》,见葛兆光主编:《清华汉学研究》第 3 辑,2000 年,第 5 页。罗、王与日本甲骨文研究先驱林泰辅、敦煌文献专家狩野直喜及富冈谦藏、铃木虎雄、神田喜一郎等人的交往,都推助了这批中日学人共同的学术进益。谢崇宁:《王国维的治学与日本汉学界》,《暨南学报(哲学社会科学版)》2011 年第 4 期。

③ 余英时:《史学、史家与时代》,见《文史传统与文化重建》,第 115 页。

④ 余英时:《学术思想史的创建及流变——从胡适与傅斯年说起》,见《文史传统与文化重建》,第 415 页。

⑤ 范文澜:《中国经学史的演变》,见《范文澜全集》第 10 卷,石家庄:河北教育出版社,2002 年,第 71 页。需要注意的是,范这里的"新汉学"概念,指称的是从清初到"五四"这一阶段的"经学史",与本书的使用有异。

源之雄厚,可以说已达到取之不尽、用之不竭的程度,而且,民初的这批"新汉学家"们读书治学的范围又大体与所谓的"乾嘉学派"重合,即主要集中在先秦旧籍上,如果说他们也兼治清学,那是因为清学不过是对先秦旧籍的整理考订而已,通过清学而上窥先秦,才是其本意,胡适、顾颉刚、傅斯年等无不如此,所以,"新汉学家"们运用旧学资源简直可以说是左右采获、如鱼得水。因此,一旦具有了一定的"史"的自觉,一旦接受了新的历史观念即进化观念,他们就能够很容易地将这种旧学转化为史学。犹有进者,从崔述到柳诒徵到余英时,甚至认为乾嘉经学本身实质上就是关于上古三代的史学。崔述说:"三代以上经史不分,经即其史,史即今所谓经者也。"[①] 柳诒徵说:"世尊乾嘉诸儒,以其以汉儒之家法治经学也。然吾独谓乾嘉诸儒所独到者,实非经学,而为考史之学。"而"诸儒治经,实皆考史",其中所考"三礼","尤属古史之制度,诸儒反复研究,或著通例,或著专例,或为总图,或为专图,或专释一事,或博考诸制,皆可谓研究古史之专书","其他之治古音,治六书,治舆地,治金石,皆为古史学尤不待言"。[②] 余英时更明确指出,"在考证的基础上建立起来的所谓'经学',其实主要是古史(所谓'三代')的研究","'经学'实质上即是上古三代的史学"。[③] 也就是说,从乾嘉汉学到"新汉学"是一

---

① 崔述:《洙泗考信录自序》,见《崔东壁遗书》,上海:上海古籍出版社,1983 年,第 262 页。

② 柳诒徵:《中国文化史》下册,上海:东方出版中心,1986 年,第 747—748 页。

③ 余英时:《试论中国人文研究的再出发》,见《文史传统与文化重建》,第 533 页。

个极为自然的过程,就像蚕由蛹到蛾是一个自然的过程一样,这不过是从一个旧的阶段向新的阶段的过渡而已,这就说明"新汉学"的的确确是渊源有自、学有所出。"白手起家"的"新史学"与之相比,真可以说是天壤之别。

这种传统的渊源对一种新兴学术的成长至关重要。正如王国维说:西洋思想"即令一时输入,非与我国固有之思想相化,决不能保其势力"[①]。他们一再强调清代汉学家的功绩,对清儒"非常推崇",就是"为了推动新汉学的复兴"。[②] 这是中西合璧的"新汉学"能够大行其道、横绝一时的不可忽略的原因。[③]

但是,无论"新汉学"的凭藉多么雄厚,出身多么纯正,都并不必然意味着它在民初五六年间就一定能一举取代"新史学"。"新史学"的退场,最直接的原因,可能是胡适的回国和新文化运动的兴起。其中最突出的,当然和胡适最初的治学路径选择有关。

1917 年胡适的回国任教北京大学,乃是 20 世纪中国思想史、文化史和学术史上的一个重大事件。《文学改良刍议》于 1917 年 1 月在《新青年》上刊出,使胡适归国之前即已"暴得大名";提倡"白话文"和主张"文学革命",几乎使"五四"前夕的胡适即已在读书识字

---

① 王国维:《论近年之学术界》,《王国维文集》第 3 卷,北京:中国文史出版社,1997 年,第 36—39 页。

② 蒋俊:《中国史学近代化进程》,济南:齐鲁书社,1995 年,第 60 页。

③ 姜萌指出,"新汉学"典范最大化地承接了中国传统学术,尤其是经学的遗产,也与现代学术对材料的批判审查铆合,最终帮助中国传统学术实现了现代化的转化,为现代史学奠定了一个可以继续发展的基础。姜萌:《从"新史学"到"新汉学"——清末民初文史之学发展历程研究》,北京:人民出版社,2020 年,第 189 页。

者中无人不知,而《中国哲学史大纲》的出版,则使他博得主流学术界的首肯和喝彩,他所挑起的"主义和问题"等论战及其对实验主义的不懈宣传,更使他一时获得青年导师的盛誉。尤其值得注意的是,在胡适归国前后,中国思想界形成了一段空白:在解决人们所最感困惑的中学和西学的异同及其相互关系问题上,当时人们"渴望能突破'中体西用'的旧格局,然而当时学术思想界的几位中心人物之中已没有人能发挥指导的作用了。这一大片思想上的空白正等待着继起者来填补,而胡适便恰好在这个'关键性的时刻'出现了"①。胡适的出现,标志着"西学"在中国的传播进入一个新阶段,这就是所谓"全盘西化"阶段,西学入中从此进入新的一波。此时的胡适,可以说光芒四射,和梁启超当年所享有的那种"言论界之骄子"的地位极为类似:在西潮澎湃的背景下,胡适等于"西学";在"科学"取得了至高无上地位的背景下,胡适又等于"科学方法"的化身;在"自由"与"民主"成为潮流的语境中,胡适还成为"自由"与"民主"的体现。②总之,他在这时的一举一动、一言一行,已足以影响世道人心,更足以转移一时学术之风气。

---

① 余英时:《中国近代思想史上的胡适》,见《重寻胡适历程》,第169页。
② 唐德刚认为,胡适"在中国民主政治史上"具有"自由神像式的崇高地位"(参见唐德刚:《胡适杂忆》,桂林:广西师范大学出版社,2005年,第20页)。唐德刚后来进一步指出"胡适锋头最健、最能颠倒众生"的四大要项就是"科学""民主""实验主义"和"美国模式"(参见唐德刚:《胡适时代,卷土重来——胡适先生逝世二十五周年纪念演讲会讲稿之一》,《史学与洪业》,桂林:广西师范大学出版社,2006年)。2001年,唐氏又在《传记文学》第78卷第1期上发表《民主先生与自由男神——胡适在近代中国文化史上的位置》重申上述观点。

　　而正如人们所普遍看到的:从写作《中国哲学史大纲》起,"胡适的治学途径自始即走上了考据的方向","胡适学术的起点和终点都是中国的考证学","胡适的学术基地自始即在中国的考证学",[①]有人甚至作出了更具体的指认,说胡适"与清代考证学,即汉代古文学所派生的学问,不仅有密切的关系,而且完全接受[了]他们治学的业绩与方法"[②]。他在《中国哲学史大纲·导言》里,谈文字,谈校勘,谈训诂,称誉戴震、王念孙、王引之、俞樾、孙诒让、章太炎以及卢文绍、孙星衍、顾广圻这一班朴学大师且不说,此后,他还连篇累牍,在多篇文章中称颂"清代学者的治学方法",乃至把考据的方法与"科学的方法"划等号,于是,"一时间'拿证据来'的口号满天飞,'科学方法'一转而为'考据学',再转而为'清儒家法'"[③]。

　　"新汉学"就这样蔓延开来,再加上文史两个领域里"红楼梦辨"和"古史辨"的互相激荡、推波助澜,"考据"遂成为占主流地位的学术风气,胡适所在的北京大学尤其如此:"当时北京有所谓京派,讲切实,重证据,为新朴学,新考据。京派主要在北大,北大以胡适为翘楚,他常说少谈政治多读书,拿证据来。表现在史学方面的是整

　　① 余英时:《中国近代思想史上的胡适》《〈中国哲学史大纲〉与史学革命》,《重寻胡适历程》,第187、218、231页。

　　② 周予同:《五十年来中国之新史学》,见朱维铮编:《周予同经学史论著选集》(增订本),第544页。

　　③ 陈平原:《中国现代学术之建立》,北京:北京大学出版社,1998年,第244页。

理国故的国故学、疑古学、古史学。"①这种空气,流风所被,席卷学界,甚至连"新史学"的旗手梁启超都已站立不住,以至也跟着搞起考据来,"他受了胡适之《中国哲学史大纲》的影响",也"忽发什么整理国故的兴会",②甚至"胡适之流偶然有一篇研究一种极无价值的东西的文章,任公也要把这种不值研究的东西研究一番,有时还发表一篇文章来竞赛一下"③。"墨经校释"等工作就是这样开展起来的。而事实上,"任公才大工疏,事繁骛博,最不宜于考据。晚事考据者,徇风气之累也"④。连"新史学"的领袖都已被新朴学所俘虏,"新史学"本身的命运可知。推原溯始,我们不能不说,这一切均和胡适在留学时期即已形成的汉学偏好有关,在这个学术史上的"胡适之时代"(1917—1927),可以说胡适关注什么,学术界都会跟着热什么,⑤"新

① 胡厚宣:《我和甲骨文》,见张世林编:《学林春秋》,北京:中华书局,1998年,第268页。

② 吴稚晖:《箴洋八股化之理学》,见《科学与人生观》,济南:山东人民出版社,1997年,第308页。

③ 周善培:《谈梁任公》,见夏晓虹编:《追忆梁启超》,北京:中国广播电视出版社,1997年,第162页。

④ 张荫麟:《跋〈梁任公别录〉》,见李洪岩编:《素痴集》,天津:百花文艺出版社,2005年,第194页。

⑤ 例如1921年胡适开始研究《红楼梦》后,各种版本的《红楼梦》及相关资料很快汇集起来,其研究成果又影响到蔡元培、顾颉刚、俞平伯等及此后的不少学者,并形成了"新红学"。因此周策纵认为胡适"对新红学的建立是有无比的功绩的"(参见周策纵:《胡适的新红学及其得失》,见耿云志编:《胡适评传》,上海:上海古籍出版社,1999年,第390页)。胡适在文学、史学、"《水经注》研究""禅宗史研究"等领域的影响已多有研究,可参见耿云志编《胡适评传》(上海:上海古籍出版社,1999年)及耿云志、闻黎明编《现代学术史上的胡适》(北京:生活·读书·新知三联书店,1993年)等。

汉学"就这样一步步热起来了。①

　　"新汉学"虽没有"新史学"之"新",但同样充当了中国现代史学产生和发展的动力。这主要体现在"新汉学"推动了"史料观"的巨大变革,此一"变革"在以下三个方面表现得最为突出:一是极大地扩张了史料的范围;二是极大改进了史料考订的工具;三是把固有的"文献"史料放在"历史演进观"的框架之下重新予以价值估定。——后一点最为时人所看重。齐思和在分析"文学革命"和"史学革命"为何易收大功时说:"文学史学,夙为我国所擅长,文学革命,史学革命云者,不过改革旧日之观念,至其要素,初无二致,故其改革也甚易。"②齐氏的感受同时也揭出了另一个基本事实:"新汉学"严格说来是在新的历史条件下对传统经学各个要素的综合和改造,除了"历史演进的方法"之外,支撑"新汉学"的诸多技术要素与"旧汉学"相比"初无二致"。从这个角度看,"新汉学"尽管取得了前不让乾嘉后不见来者的巨大成就,但与"新史学"相比,仍相形见绌。

---

　　①　王晴佳认为,对"科学方法"的热切之情,是整个 20 世纪 20 年代新文化运动时期的特色。几位北大毕业的学子——傅斯年、罗家伦、姚从吾、顾颉刚,都深受此风的影响,他们其后的人生路途虽有所不同——前三人负笈欧美,顾颉刚留在国内,但他们都继续遵循着"科学方法"的道路前行,只不过他们获得方法论灵感的路径不同罢了。这种"科学方法",无论是得之于内——清学传统,还是得之于外——西学,对于他们所起到的作用,基本是殊途同归的。他甚至将并非毕业于北大的陈寅恪也囊括在这个集合之内,这恐怕是由于陈寅恪的中西学问,都带有强烈的考据与实学特色之故。Wang, Q. Edward. *Inventing China through history*: *The May Fourth approach to historiography*. SUNY Press, 2001, p. 19.

　　②　齐思和:《最近二年中国之史学界》,见《齐思和史学概论讲义》,天津:天津古籍出版社,2007 年,第 185 页。

尽管胡适是"新汉学"运动的领袖,尽管"新汉学"运动以"红楼梦辨"与"古史辨"为形式进行得轰轰烈烈,但这里仍存在着一个悖论:"汉学"在这时的所谓繁荣,其所昭示的并不是"中学"的复兴和辉煌,而是"西学"或"西化"的传播和深入已进入了一个全新的阶段。如同上面所说,尽管胡适在他那掀起"史学革命"的《中国哲学史大纲》和其他作品中谈校勘、谈音韵、谈清儒、谈国故、谈国学等,但对读者的感受而言,胡适所谈其实都是"西学"或"西洋的史学方法"。① 顾颉刚即说,1917年胡适所带回来,并对他产生了决定性影响的是"西洋的史学方法"。② "民国六年,胡适之先生归自美,讲中国哲学史于北大,以西洋史学方法,治中国哲学史料","然其所论列,犹限于哲学史也",而自顾颉刚1923年发起古史论战后,"近世史学方法,始应用于我国古史",③古史研究面貌遂为之一变。文学研究上也是如此:胡在文学方面,也作了不少考据文字,如对《红楼梦》《水浒传》《三国演义》《儒林外传》《西游记》《醒世姻缘传》等书的考证,而他所遵循的考证路数,都是"西洋人研究文学史最初步的工作"。另外,胡"又感觉到清代的朴学与近世西洋所谓科学方法相合,遂以现代学术的眼光表扬清代的儒者的治学方法……这都于当时的治学的风气发生了很大的影响"。④ 对此,胡

---

① 见冯友兰《中国哲学史》所附金岳霖审查报告。另见耿云志导读:《中国哲学史大纲·导读》,载胡适:《中国哲学史大纲》,上海:上海古籍出版社,1997年。
② 顾颉刚:《古史辨第一册自序》,见《顾颉刚古史论文集》第1卷,第76页。
③ 齐思和:《最近二年来之中国史学界》,《齐思和史学概论讲义》,第185页。
④ 齐思和:《近百年来中国史学的发展》,《燕京社会科学》1949年第10期。

适有着明确的自我确认：他说自己"关于整理国故的文字"，关于历史考证和文学考证的方法，都"不过是赫胥黎杜威的思想方法的实际应用，我的几十万字的小说考证，都只是用一些'深切而著明'的实例来教人怎样思想"。[①] 胡认为他的《文存》里最精彩的国学方法论包含了两个基本方面："一个是用历史演变的眼光来追求传说的演变，一个是用严格的考据方法来评判史料。"[②]而这两点，全是"西洋的史学方法"。

在"西潮"汹涌的大势下，为何会有"国学"的复兴？上述材料告诉我们，"五四"时代的"国学"或"新汉学"实际上是以"西学"即"科学"附庸的面目和形式出现的。"新汉学"运动实际上是国学领域里的"科学方法"运动，"清儒"的被发现和"汉学"的被尊重，实际上全拜"科学方法"之赐——清代的朴学之所以受到胡适这些"反传统"或"全盘西化"派的垂青，全因为"清代的朴学与近世西洋所谓科学方法相合"。即如胡适自己所说："在历史上，西洋这三百年的自然科学都是这种方法的成绩；中国这三百年的朴学也都是这种方法的结果。"[③]人们这时在中国传统学术里寻找、挖掘"科学"的遗产，实际上是在中国的文史之学中寻找西学的因素，从而在中国的学术传统里寻找与西学的对接点，是把中国的学术西洋化，也即当时所理解

①　胡适：《介绍我自己的思想》，见葛懋春、李兴芝编：《胡适哲学思想资料选》上册，上海：华东师范大学出版社，1981年版，上册，第348页。
②　同上书，第347页。
③　胡适：《治学的方法与材料》，见欧阳哲生编：《胡适文集》第3册，北京：人民文学出版社，1998年，第450页。

的"科学化"。

　　五四时代是"德先生"和"赛先生"的时代，如果说前者主要用来改造中国的社会，那么，后者在当时则主要用来改造中国的学术，特别是中国的文史之学了。这也就是说，"科学"并未在它本来的领域——自然科学——那里发挥应有的效力，甚至在极力提倡"赛先生"的北京大学也是如此。在蔡元培出长北大期间，"预定的自然科学、社会科学、文学、国学研究所"，最后"止有国学研究所先办起来了"，相反，"在自然科学与社会科学方面，比较的困难一点"。① 而这个国学研究所之"国学"，则是典型的"赛先生之'国学'也"。② "科学"竟在离它最远的领域结出了丰硕的果实。出现这种"种瓜得豆"的现象，其故安在？齐思和在 1931 年也曾对此作过说明："新文化运动之目标，本在提倡科学，然十年以来，我国科学无显著之进步，新文化运动之成就，反在文学与史学，种瓜得豆，殆非提倡诸公预料所及矣。窃尝潜思其故，久之始以为文学史学，夙为我国所擅长，文学革命，史学革命云者，不过改革旧日之观念，至其要素，初无二致，故其改革也甚易。至于科学，原非中国所有，其思想之程序，研究之方法在于吾国夙昔之习惯相径庭，加以书籍之缺乏，仪器之不备，进步云云，谈何容易？此岂近十年来中国学术惟史学文学特别发达之

　　① 蔡元培：《我在北京大学的经历》，见《蔡元培选集》第 6 册，北京：中华书局，1988年，第 354 页。
　　② "北京国学研究所之'国学'，赛先生之'国学'也；无锡之国学专修馆，冬烘先生之'国学'也；上海之国学专修馆，神怪先生之'国学'也。"见曹聚仁：《春雷初动中之国故学》下，见许啸天编：《国故学讨论集》第 1 集，上海：上海书店 1991 年影印本，第 95 页。

原因欤?"①总之,以胡适为领袖的这场"新汉学"运动,与"五四"的反传统精神并不相悖,他们所践行的实际上是将汉学西学化,人们这时所追逐的并不是"汉学"本身,汉学实际上只是科学也即西学的"例",汉学的所谓繁荣,是西学在中土长驱直入、更深一步的表现。一句话,国学在这时只是西学已深入中国学术传统内部的表现而已。

　　"新汉学"派致力于对中国学术研究范式的重构,其效应是革命性的,使传统学术陷入空前的危机之中。这引起了文化保守主义学者的强烈不满。章太炎就多次对胡适、顾颉刚的疑古史学提出尖锐批评。1922 年,他在《致柳翼谋书》中将胡适的"疑古"与康有为的今文经说加以关联,"胡适所说《周礼》为伪作,本于汉世今文诸师;《尚书》非信史,取于日本人;六籍皆儒家托古,直窃康长素之余唾。此种议论,但可哗世,本无实证"。"长素之为是说,本以成立孔教,胡适之为是说,则在抹杀历史。"②1924 年又在《救学弊论》中抨击"疑古"之风,视"因疏陋而疑伪造"为一大弊病:"今以一端小过,悉疑其伪,然则耳目所不接者,孰有可信者乎?"③1933 年章氏在无锡师范学校演讲时更将疑古史学称为魔道,断言"必须扫除此种魔道,

<hr>

　　①　齐思和:《最近二年来之中国史学界》,《齐思和史学概论讲义》,第185 页。
　　②　章太炎:《致柳翼谋书》,《章太炎政论选集》下册,北京:中华书局,1981 年,第763 页。
　　③　章太炎:《救学弊论》,《章太炎全集》第5 册,上海:上海人民出版社,1984 年,第102—103 页。

而后可与言学"[1]。章太炎几乎完全否定了新汉学派以所谓科学方法研治古史的价值。1922年的胡适也认为章太炎的创造时代已过去、学术上已经"半僵"了。胡适与章门弟子共同发起"整理国故"运动,但由于学术门径的不同而分道扬镳,最终新汉学派后浪推前浪成为主流。

20世纪二三十年代的学界有南北对立之说,北方以胡适派为代表,南方则以南高派为重镇。南高派在柳诒徵的领导下形成与胡适的新汉学派迥然不同的学风。正如胡先骕所说:"北方之学风,以疑古为时髦,遂有顾颉刚主编《古史辨》之行;一般关于史学之研究,亦集中于史料或小问题之探讨。……南高、东大之史学在柳先生领导之下,则着重在史实之综合与推论,其精神与新汉学家不同。"[2] 1921年,柳诒徵在《史地学报》创刊号发表《论近人讲诸子之学者之失》一文,其中批评胡适说:"胡氏论学之大病,在诬古而武断。一心以为儒家托古改制,举古书一概抹杀,故于书则斥为没有信史的价值。"柳氏对这种国学研究风气深表痛心。柳诒徵认为疑古学者将古书记载失实归结为古人有意作伪是不当的。"古人以信为鹄,初未尝造作语言以欺后世,徒就一二遗编,毛举细故,斥史公之不经,或他人之作伪,岂不冤哉?""史书无一事无来历,其小有出入,乃一时之疏,非故意以误后人,不得执一以疑其百也。"[3]柳诒徵之所以坚

---

①　汤志钧编:《章太炎年谱长编》下册,北京:中华书局,1979年,第930—931页。
②　胡先骕:《梅庵忆语》,子曰丛刊第4辑(1948年)。
③　柳诒徵:《正史之史料》,《史地学报》第2卷第3号(1923年)。

持信古、尊古，不能认同于疑古史学及新汉学，根源在于治学理念的差异，即求真与致用的分歧。[①] 他说："只讲考据和疑古辨伪，都是不肯将史学求得实用，避免政治关系，再进一步说是为学问而学问，换句话说就是讲学问不要有用的。"[②]柳诒徵心目中的史学当世之用即在从历史上求民族复兴之路。[③] 柳氏承袭传统学术的经世致用观而弘扬之，新汉学派则高举为学问而学问的科学求真旗帜，二者的差异不是个别的、表层的，而是顾颉刚所说的"精神上的不一致"[④]。南高派虽与胡适的新汉学派呈分庭抗礼之势，但其传统立场究竟无法抗衡"新汉学"派挟洋以自重的优势，总体上仍处于下风。

3. "新汉学"的正统化：史语所的设立

主要由胡适、顾颉刚所煽起、所推动的"新汉学"运动，历经十年的蔓延、积聚，到 1928 年发生了一场质变，这就是中央研究院历史

---

① 参见李红岩:《中国近代史学史论》，北京：中国社会科学出版社，2011 年，第 309 页。

② 柳诒徵:《讲国学宜先讲史学》，柳曾符、柳定生编:《柳诒徵史学论文集》，上海：上海古籍出版社，1991 年，第 502 页。

③ 柳诒徵:《从历史上求民族复兴之路》，《国风》第 5 卷第 1 期(1934 年)。

④ 见《古史辨》第 1 册，上海：上海古籍出版社，1982 年，第 228 页。

语言研究所(简称"史语所")设立。① 史语所在 1928 年 10 月的组建,标志着"新汉学"正统地位的确立。此前"新汉学"以北京大学为大本营,树立了现代学术研究的标杆,已经具有强大的号召力。但是,北京大学与其他学术机构究其实还是一种平行关系,"新汉学"的显要地位也主要来自非官方的认同。史语所成立后的情形就大大不同了。作为中央研究院下辖机构的史语所具有鲜明的官学色彩,有国家力量作后盾,其权威性和控制力非一般学术机构所能比拟,实际上它是凌驾于其他学术机构之上的。随着史语所的成立,"新汉学"也就成为官学正统,取得垄断地位。从此,"新汉学"派势力大增,迅速进入巅峰时期。

为什么说史语所属于"新汉学"呢? 史语所在组织建制和运作方式上具备了现代形态,这一点毋庸置疑。但在学术路向上,它却

---

① 成立于 1928 年的中央研究院,是一个集自然科学和人文社会科学研究为一体的国家科学研究院,它直属于南京国民政府,其院内组织分行政、研究、评议三大部,从 1928 年成立到 1949 年迁台期间,曾先后组建过包括数学、天文、物理、化学、地质、动物、植物、气象、历史语言、社会、工学、心理学研究所和医学研究所筹备处在内的 13 个研究所。它负责制订执行国家研究计划各类学术法规,统一协调中央与地方研究机构的关系,指导联络全国学术研究,评定奖励各类学术成果,代表中国出席国际学术会议以及担任政府的学术咨询顾问。中央研究院从最初就是政府机构的一个组成部分,院长由政府任命,财政依赖国家供给,研究方向也受国家需要的影响。1935 年中央研究院评议会的出现确立了中央研究院在全国学术界的枢纽地位。作为第一个全国性的学术资格评审机构的中央研究院评议会,担负"决定研究学术的方针,促进国内外学术之合作与互助,受政府委托从事学术研究,受考试院委托审查关于考试及任用人员之著作或发明事项"的责任。它属于国家机构,从经费来源到评议员聘任均由中央政府主持。参见陈时伟:《中央研究院与中国近代学术体制的职业化,1927—1937 年》,《中国学术》第 15 辑。另有徐明华:《中央研究院与中国科学研究的制度化》,《中央研究院近代史研究所集刊》第 22 期下(1993 年 6 月)。

与传统学术仍有着割不断的渊源。史语所侧重史料搜考,传导实证学风,与胡适、顾颉刚的"以科学方法整理国故"没有本质的不同,而且一脉相承,同属于"新汉学"的谱系。

傅斯年本人在学生时代即是章太炎学派的信从者,受到正统汉学的训练。他十分推重清人的朴学方法。在傅斯年看来,"清代的学问,很有点科学的意味,用的都是科学的方法"。虽然,我们不能"误认朴学可和科学并等",但是,我们要"整理中国历史上的一切学问",要探明"中国语言的起源与演变",要建设"中国古代的社会学",那是"非借助朴学家方法和精神做不来"。[①] 清代的学者敢于怀疑,本着"亲历实验的态度",使用"归纳的方法",这些都是科学的精神和方法,和西洋文艺复兴(Renaissance)时代的学问相似。当然,由于研究对象的不同,出现了不同的结果:西洋人将科学精神和方法用在"窥探自然界上",而清人用在"整理古事物上"。[②] 后来,他又经常称道司马迁"若观念比十九世纪的大名家还近代些",称赞欧阳修作《集古录》,下手研究直接材料,"是近代史学的真功夫",对于顾炎武、阎若璩更是推崇备至,号召史语所的学者"保持亭林、百诗的遗训"。[③] 尤其是治古代思想史,"百分之九十是言语学及文句批评,故但严追亭林百诗之遗训,加上些近代科学所付我们的工具而已。

① 《清代学问的门径书几种》,欧阳哲生主编:《傅斯年全集》第1卷,长沙:湖南教育出版社,2003年,第233页。
② 《清代学问的门径书几种》,《傅斯年全集》第1卷,第228页。
③ 《历史语言研究所工作之旨趣》,《历史语言研究所集刊》第1本第1分(1928年10月)。

如有成就看来决不使他像一部哲学史，而像一部文书考订的会集"。① 他早年受乾嘉学者重小学的方法（"由声音文字以求训诂，由训诂以求义理"）影响，以"语言文字为读一切书的门径"②。他本人的许多学术论著，如《性命古训辨证》《夷夏东西说》《大东小东说》等，时时透露出乾嘉汉学的流风余韵。1926年傅斯年在评价顾颉刚的"古史辨"时提出："三百年中所谓汉学之一路，实在含括两种学问：一是语文学，二是史学，文籍考订学。"③傅氏将汉学归纳为语文学和史学，这两方面也正是史语所的工作重点，可见傅斯年主持下的史语所发扬光大的实际上仍是汉学。1933年，傅斯年因史语所经费问题向胡适求助时坦承："这个研究所确有一个责任，即'扩充材料、扩充工具'之汉学（最广义的）。"④这里所谓最广义的汉学与旧汉学、正统汉学不同，也就是"新汉学"了。

史语所历史组主任陈寅恪受德国语文考证学浸润，为传统汉学注入了新鲜血液。陈寅恪掌握多种语言工具，具备了阅读蒙、藏、满、梵、巴利、波斯、突厥、西夏、拉丁、希腊、英、法、日、德等10多种文字的能力。他主张，"治吾国语言之学，必研究与吾国语言同系之

① 《致胡适》，《傅斯年全集》第7卷，第39页。
② 参见毛子水回忆，王为松编：《傅斯年印象》，上海：学林出版社，1997年。
③ 傅斯年：《谈两件〈努力周报〉上的物事》，顾潮编：《顾颉刚学记》，北京：生活·读书·新知三联书店，2002年，第9页。
④ 参见《胡适遗稿及秘藏书信》第37册，合肥：黄山书社，1994年，第409—410页；《傅斯年全集》第7卷，第121页。

他种方言,以资比较解释,此不易之道"①。1923 年他就发觉:"如以
西洋语言科学之法为中藏文比较之学,则成效当较乾嘉诸老更上一
层。"②在《与刘雅叔论国文试题书》中,他复指出:这种方法以同源异
流的语言互相比较,"分析之,综合之。于纵贯之方面,剖别其源流;
于横通之方面,比较其差异"。凡使用此法的学者,"必具一历史观
念",故也称"历史语言比较法"。1927—1932 年间,他在考释佛教
经典和蒙古史料两方面基本上以比较语言学方法为主。实际上,这
与从语言学(小学)入手治史的清儒家法同路。汪荣祖就认为,陈寅
恪"上承清代学风","袭用朴学之精华",③"一贯承袭乾嘉朴学的家
法","陈氏的著作,一如乾嘉诸老的著作,大都是属于考证、疏证、笺
证、考释之类"。④ 陈氏主张在史中求史识,其历史见识高出同侪,但
方法门径并无异质。史语所特约研究员陈垣同样是以史料学为治
学的重心,偏重考据学。他说:"考证为史学方法之一,欲实事求是,
非考证不可。彼毕生从事考证,以为尽史学之能事者固非;薄视考
证以为不足道者,亦未必是也。"⑤陈垣推崇清代汉学,尤其服膺考史
大家钱大昕,"他在史学研究上,一向重视考据,从年轻的时代起,就

---

① 《西夏文佛母大孔雀明王经夏梵藏汉合璧校释序》,《金明馆丛稿二编》,上海:上
海古籍出版社,1982 年,第 198 页。

② 《与妹书》,《金明馆丛稿二编》,第 311 页。

③ 汪荣祖:《五四与民国史学之发展》,萧延中、朱艺编:《启蒙的价值与局限》,太
原:山西人民出版社,1989 年,第 191 页。

④ 汪荣祖:《陈寅恪评传》,南昌:百花洲文艺出版社,1997 年,第 10、243—249 页。

⑤ 《考证篇第六》,《胡注通鉴表微》,北京:科学出版社,1958 年,第 98 页。

很欣赏乾嘉学者的考据成就","生平著作大都与考据有关"。① 而且,陈垣汲取乾嘉学派之长,总结和发扬了汉学方法。其校勘学发展了乾嘉学者的对校法,注重版本异同;史源学则承自钱大昕、崔述等的溯源考证法。

"新汉学"派的主要工作是以科学方法整理国故,史语所实际上加入了整理国故的大合唱之中,从而与"新汉学"汇流。徐复观将史语所视为整理国故运动的基地。② 钱穆也认为史语所是"承整理国故风气而起",同属"新汉学"一脉。③ 这从史语所与北大国学门的关联中可窥见一斑。众所周知北大国学门是整理国故运动的策源地,而史语所与其存在密切的精神联系。傅斯年曾留下一份专论史语所发展方向的手迹,前面先推崇国学门在"汉学"领域中,"态度极向新方向走",继谓史语所同人"颇思大规模的向新的方向走"。④ 由此可见他们在学术上的共鸣。有论者指出,国学门和史语所在研究取向方面同受欧洲东方学的影响,领导者又不乏接触交流的机会,因而研究态度大体接近。从组织结构看,史语所按同人的研究方向,在所内设若干小组,其性质和北大国学门相近。在人事关系上,史

① 陈清泉等:《中国史学家评传》下,郑州:中州古籍出版社,1985 年,第 1246—1251 页。
② 徐复观:《三十年来中国的文化思想问题》,《学术与政治之间》,台北:台湾学生书局,1985 年,第 427 页。
③ 钱穆:《发刊词》,《新亚学报》第 1 期,1955 年 8 月。
④ 《傅故所长孟真先生手迹(二)释文》,《"中央研究院"历史语言研究所四十周年纪念特刊》,"中研院"史语所,1968 年,第 205 页。

语所在初创时期,也吸纳了大批国学门旧人。[1] 傅斯年主持之史语所虽千方百计以发展科学与国学、国故立异,却终不免与"新汉学"合辙。

"新汉学"发展到史语所阶段,可以说是更加精密了。胡适、顾颉刚的疑古考辨,主要依托的是比较空泛的科学精神和科学方法,以及进化论、实验主义等一般性的思想资源,这些原理学说,可以应用于自然科学,也可应用于社会科学,属于方法论的基础层次,或者是元方法,宣示一种立场和态度,对历史研究缺乏实际的范导作用。落实到具体操作层面,真正发挥效力的似乎还是传统的汉学考证方法。而史语所则不同,它有了明确的历史学样板作为自身发展的指引,其样板就是西方的兰克史学。

兰克学派是 19 世纪辐射整个西方史坛的国际性史学思潮。根据古奇的概括,兰克史学的贡献有如下方面:"第一,他尽可能把研究过去同当时的感情分别开来,并描写事情的实际情况。""第二,他建立了论述历史事件必须严格依据同时代的资料的原则。""第三,他按照权威资料的作者的品质、交往和获得知识的机会,通过以他们来同其他作家的证据对比,来分析权威性资料,从而创立了考证的科学。"[2]西方传统史学范式在兰克那里得以最终确立和成熟,其

---

[1]　详参陈以爱:《中国现代学术机构的兴起》,南昌:江西教育出版社,2002 年,第293—294 页。

[2]　〔英〕G. P. 古奇著、耿淡如译:《十九世纪历史学与历史学家》,北京:商务印书馆,1989 年,第 214—215 页。

特征是:内容上具有严重的狭隘性,仅局限于各民族国家的政治史;方法上以考证批判史料为根本;认识论上秉持客观主义,坚信通过档案资料的考证和鉴别便可以再现历史的真实。①

1919—1926 年傅斯年赴欧留学期间已经接触到兰克史学。1925—1926 年,傅斯年在德国柏林大学时对比较语言学产生浓厚兴趣,接受了德国正统的历史语言考证学。② 据史语所的人士后来回忆,傅斯年回国时,曾宣称"我们是中国的朗克学派"③。而 1928 年 10 月的《历史语言研究所集刊》创刊词,"直可视为兰克史学在中国最有系统的宣言"④。傅氏抗战前还告诉友人张致远,他创办史语所,"系根据汉学与德国语文考证学派的优良传统"⑤。

就学术主张和治史活动而言,傅斯年身上集中体现了兰克的影响,闪动着兰克的影子。在兰克史学的治史方法中,搜求与考订史料是其全部工作的基石。傅斯年受兰克史学的洗礼,流露出极端重视史料的倾向。他推崇兰克与蒙森,曾谓:"纯就史料以探史实","此在中国,固为司马光以至钱大昕之治史方法,在西洋,亦为软克、

① 参见罗凤礼:《二十世纪西方史学的演变》,《历史研究》1996 年第 5 期。
② 王汎森:《中国近代思想与学术的系谱》,石家庄:河北教育出版社,2001 年,第 313 页。
③ 侯云灏:《傅斯年与朗克学派》,《傅斯年》,济南:山东人民出版社,1991 年,第 125 页。据称此语是田昌五回忆史语所成员张政烺时提到的。参见侯云灏:《20 世纪中国史学思潮与变革》,北京:北京师范大学出版社,2007 年,第 301 页。
④ 黄进兴:《历史主义与历史理论》,西安:陕西师范大学出版社,2002 年,第 297 页。
⑤ 汪荣祖:《史学九章》,北京:生活·读书·新知三联书店,2006 年,第 23 页。

莫母森之著名立点"。①傅斯年特别强调史料学的中心地位。他在《历史语言研究所工作之旨趣》中明确指出："近代的历史学只是史料学"，"我们只是要把史料整理好，则事实自然很明显了。一分材料出一分货，十分材料出十分货，没有材料便不出货……材料之内使他发见无遗，材料之外一点也不越过去说"。②后来，他又在《史学方法导论》等论著中一再强调："史学的对象是史料，不是文词，不是伦理，不是神学，并且不是社会学。史学的工作是整理史料，不是作艺术的建设，不是做疏通的事业，不是去扶持或推倒这个运动，或那个主义。"③在《〈史料与史学〉发刊词》中他说："本所同人之治史学，不以空论为学问，亦不以'史观'为急图，乃纯就史料以探史实也。史料有之，则可因钩稽有此知识，史料所无，则不敢臆测，亦不敢比附成式。"④他的这种主张与其对西方史学的认知有关。"近代史学亦可说是史料编辑之学，此种史学，实超希腊罗马以上，其编纂不仅在于记述，而且有特别鉴定之工夫。"⑤

　　傅斯年还指出，新史料的发现和利用是史学进步的动力。傅斯年在《史学方法导论》讲义中提出："史料的发现，足以促成史学之进步。而史学之进步，最赖史料之增加。"傅斯年说："我们要能得到前

① 《傅斯年全集》第 3 卷，长沙：湖南教育出版社，2003 年，第 335 页。
② 傅斯年：《史料论略及其他》，沈阳：辽宁教育出版社，1997 年，第 40、47 页。
③ 同上书，第 2 页。
④ 《傅斯年全集》第 3 卷，第 335 页。
⑤ 《中西史学观点之变迁》，《中国文化》第 12 期。

人得不到的史料,然后可以超越前人;我们要能使用新材料于遗传材料上,然后可以超越同见这些材料的同时人。新材料的发现与运用,实是史学进步的重要条件。""(一)凡能直接研究的材料,便进步。凡间接的研究前人所研究或前人所创造之系统,而不繁丰细密的参照所包含的事实,便退步。(二)凡一种学问能扩张他研究的材料便进步,不能的便退步。(三)凡一种学问能扩充他作研究时应用工具的,则进步。不能的,则退步。"其中第二点就是强调史学工作者要"扩张研究的材料","扩张到史籍材料以外的东西……如地下材料的彝器、甲骨、简牍、明器"等。①傅斯年的史料学宣言不免夹杂为制造轰动效应而故作惊人之语的成分,但大体仍是其史学主张的表达。他提出了 8 对 16 类史料对勘互证的史学研究方法,即直接史料对间接史料;官家的记载对民间的记载;本国的记载对外国的记载;近人的记载对远人的记载;不经意的记载对经意的记载;本事对旁涉;直说对隐喻;口说的史料对著文的史料。

　　傅氏还对捷足先登的外国人掠夺中国的学术材料感到痛心:"这些外国人,挟其丰富的物质配备以及纯熟的科学技巧,不但把中国境内的自然科学资料一部分一部分地搜集走了!连历史的、考古的、美术的以及一般人类学的资料也引起了他们的绝大的兴趣。他们很坚决地跑到中国来,调查我们的语言,测量我们的身体,以掘我们的地下古物,研究我们的一切风俗习惯——这些'学问原料'真是

---

　　①　傅斯年:《史料论略及其他》,第 42—45 页。

一天一天的被'欧洲人搬了去乃至偷了去'!"在傅斯年眼中,材料才是学术建设的核心。因此,他呼吁"上穷碧落下黄泉,动手动脚找东西!"

兰克治史,崇尚史料,尤其笃信原始史料。兰克学派认为,历史学的根本任务是说明"真正发生过的事情",要想明白历史的真相,只有穷本溯源,研究原始资料。当事人或目击者提供的证据是最珍贵的,档案、古物一类的原始资料乃是历史的瑰宝。因而他主张用档案文献、活动者的记录、来往信件等编写历史,格外重视目击者的"最高见证"。兰克无论到哪里搜集材料,最重视的地方就是档案馆,其每部著作都大量利用档案文献。Peter burke 总结道:"在思想上与兰克联系在一起的历史革命首先是在原始资料和方法上的一场革命,由使用早期的重大历史书籍或'编年史'转移到使用政府的官方档案。历史学家开始经常地在档案馆里从事研究并精心地发展出一套日益先进的方法,以评估档案文件的可靠性。"[①]

傅斯年充分肯定原始材料、直接材料的价值,他认为"每每旧的材料本是死的,而一加直接所得可信材料之若干点,即登时变成活的"。"直接材料当然比间接材料正确得多",后者的错误靠他更正、不足靠他弥补、错乱靠他整齐;"间接史料因经中间人手而成之灰沉沉样,靠他改给一个活泼泼的生气象"。[②] 陈寅恪在 1928 年 12 月

---

① 转引自〔美〕韩大伟:《西方古典汉学史回顾:传统与真实》,《清华汉学研究》第 3 辑(2000 年),第 87 页。

② 傅斯年:《"新获卜辞写本后记"跋》,《傅斯年全集》第 3 卷,第 113 页;《史料论略》,载《史料论略及其他》,沈阳:辽宁教育出版社,1997 年,第 4—5 页。

17 日致傅斯年的信中表达了同样的认识："盖历史语言之研究，第一步工作在搜求材料，而第一等之原料为最要。"①陈垣也坚持："有第一手材料，决不用第二手材料。"②徐炳昶也指出："近人治史，首注意于史料之来源，而尤汲汲于所谓第一手之史料。盖此类史料讹误较少，绝非经过多手，生吞活剥之粗制品可比。"③傅斯年领导的史语所努力搜求整理原始材料。从地下埋藏的甲骨、金石、陶瓷、竹木的文字刻辞及实物，到地上遗存的古公廨、古庙宇等古建筑，历代的史籍、档案、方志、笔记以及各少数民族的语言、文字、制度、风俗等，都在他们搜集之列。傅斯年先后为史语所收集到居延汉简 13000 多片、金石拓片 25000 余种 33000 多幅，还有大量敦煌卷册与善本书。

明清档案史料的整理尤为引人注目。1928 年春，考古学家马衡写信给在广州中山大学参与筹备史语所的傅斯年，建议他收购流散的清内阁大库档案。9 月，傅斯年与胡适、陈寅恪商议，胡、陈建议傅斯年设法买下。于是，傅斯年写信向中央研究院院长蔡元培求助。他在信中写道："盖明清历史，私家记载，究竟见闻有限；官书则历朝改换，全靠不住。政治实情，全在此档案中也。且明末清初，言多忌讳，官书不信，私人揣测失实。而神、光诸宗时代，御房诸政，

---

① 转引自王汎森：《中国近代思想与学术的系谱》，石家庄：河北教育出版社，2001年，第 357—358 页。

② 柴德赓：《陈垣先生的学识》，《问学记》，第 37 页。

③ 徐炳昶：《清贤碑传集叙》，《史学集刊》第 4 期。

《明史》均阙。以后《明史》改修，《清史》编纂，此为第一种有价值之材料。"①在蔡元培、杨杏佛等人的支持下，内阁大库档案以 1.8 万元价格收归中央研究院史语所。1929 年 9 月，傅斯年筹划成立了"历史语言研究所明清史料编刊会"，他与陈寅恪、朱希祖、陈垣、徐中舒等任编刊委员，而傅斯年于其中作用尤大，"档案收藏、整理、刊布之大旨方略，悉出其一人之胸臆"；"在清理这批档案的同时，傅斯年拟定出一个庞大的出版计划，他准备一边进行清理、分类、编目，一边刊布印行，公诸于世，遵此原则，历史语言研究所于 1931 年将首批整理的档案公开刊行，取名为《明清史料》"。②此次刊印的档案称为甲编，到 1936 年又出版乙编和丙编各 10 册，共计 30 册。

傅斯年服膺兰克的客观主义。认识论上的客观主义是兰克史学的另一大特征。他们主张治史者要持"不偏不倚"的态度，让史料本身来说话。兰克在其早期著作《拉丁和条顿民族史》的序言中认为："历史指定给本书任务是：批判过去，教导现在，以利于未来。可是本书并不敢期望完成这样崇高的任务，它的目的只不过是说明事情的真实情况而已。"③历史研究就是："把各种事件有秩序地组织在一起；对真实史料加以批判研究，公正地理解，客观地叙述；目的在

---

① 《傅斯年全集》第 7 卷，长沙：湖南教育出版社，2003 年，第 70—71 页。

② 岳玉玺、李泉、马亮宽：《傅斯年——大气磅礴的一代学人》，天津：天津人民出版社，1994 年，第 118—120 页。

③ 古奇：《十九世纪历史学与历史学家》（上册），北京：商务印书馆，1989 年，第 178页。

于说明全部真理。"①在这一派的史家那里,历史是一门"不折不扣的科学"。他在《历史语言研究所工作之旨趣》中宣称要把历史学建设成为"与自然科学同列之事业",要使历史学成为"客观的史学""科学的东方学"。他如此总结中国及欧洲的史学观念:"一,史的观念之进步,在于由主观的哲学及伦理价值论变做客观的史料学。二,著史的事业之进步,在于由人文的手段,变做如生物学、地质学等一般的事业。"②他坚信,只要剔除了附在历史记载上的道德意义之后,由这一件件"赤裸裸的史料"就可显示其历史的客观性。于是,他认为:"断断不可把我们的主观价值论放进去……既不可以从传统的权威,又不可以随遗传的好尚。"③他主持建立史语所的路数,"其意即在师兰克的故智"④。

有材料显示,傅斯年一生只提到兰克二三次,他藏书中没有任何兰克的著作。⑤ 因此,傅斯年所受兰克的影响很可能是间接的,是

---

① 《历史著作史》下卷第三分册,第 250 页。
② 傅斯年:《史料论略及其他》,第 2 页。
③ 傅斯年:《中国古代文学史讲义·史料论略》,《傅斯年全集》第 2 卷,第 42 页。
④ 何兆武:《译者前言》,〔美〕伊格尔斯:《二十世纪的历史学》,第 2 页。
⑤ 王汎森:《什么可以成为历史证据——近代中国新旧史料观点的冲突》,王汎森:《中国近代思想与学术的系谱》,石家庄:河北教育出版社 2001 年,第 344 页。但王晴佳依据傅斯年档案说,傅斯年的图书室中有兰克的著作。Wang, Q. Edward. *Inventing China through history: The May Fourth approach to historiography*. SUNY Press, 2001, p.238. 王晴佳还认为,傅斯年提倡的科学治史,主要受西方古典学的影响,与人文主义和博古主义的传统,亦即"前兰克时代"的西方学术传统关系更为密切。参见王晴佳:《科学史学乎?"科学古学"乎?——傅斯年"史学便是史料学"之思想渊源新探》,《史学史研究》2007 年第 4 期。亦见张一博:《语文学与中国近代史学的科学化——以傅斯年与西学的关系为中心》,《史学史研究》2019 年第 3 期。

通过阅读和接触兰克学派的作品而实现的。王汎森说:"他很看重伯伦汉的《史学方法论》一书,以至读到书皮也破了,重新换了书皮。事实上,兰克史学已经沉淀在当时德国的史学实践中,而不只是挂在嘴上。傅先生对兰克是了解的,但可能大部分来自伯伦汉。"由此信息可以推测,伯伦汉(又译朋汉姆)对傅氏影响极大。一般认为,兰克的再传弟子伯伦汉(又译朋汉姆)的《史学方法论》一书是化约兰克史学为方法论的巨著①,素被公认为兰克史学的结晶②。例如,他引兰克的话说:"欲使科学能发生影响,必先使其科学而后可……必先去其致用之念,使科学成为客观无私者,而后可语致用,而后能发生影响于当前之事物。"③兰克"仍谓一历史著作之最要条件,在于求真,所叙述者必须与事实相符,科学的贡献,实为其最重要之事。"④而且,"随著伯伦汉的史学方法著作的传播,属于伯伦汉的'科学的'兰克印象也随著是书传到各地"。⑤ 汪荣祖在论及兰克史学与中国史学的关系时就说:"兰克有五十几部著作,几乎没有一部被翻成中文,他的史学虽说并没有真正被介绍到中国来,但他所提倡的史学方法经由 Ernest Berheim 等人的著作却进入了中国。像姚从吾从北大到台大,讲的都是兰克的方法论。杜维运考证梁启超在清

　　① 汪荣祖:《论梁启超史学的前后期》,《文史哲》2004 年第 1 期;《史学九章》,第 30—31 页。

　　② 黄进兴:《历史主义与历史理论》,第 279 页。

　　③ 〔德〕伯伦汉:《史学方法论》,陈韬译,上海:商务印书馆,1937 年,第 10 页。

　　④ 同上书,第 102 页。

　　⑤ 苏世杰:《历史叙述中的兰克印象:兰克与台湾史学发展》,《当代》第 103 期(2001 年 3 月),第 51—55 页。

华大学所讲授的中国历史研究方法,基本上也是同一路的。甚至章太炎,写《清建国别纪》时,也批判性地运用原始史料,可以说亦受此影响。至于其他像王国维的'两重证据法',陈寅恪留学西欧,受兰克学风的影响更是不在话下,顾颉刚发起疑古思潮,有鉴于传说之不可信,必须根据可靠史料重建信史,以及孟森利用实录等原始资料考证明清史实等等,都可以说直接或间接受到兰克史学方法的影响或启示。"①如此看来,兰克学派通过间接的、中转的方式影响中国史坛似乎是一种常态,傅斯年以伯伦汉为中介了解和接受兰克史学也就不足为奇了。

除正统兰克史学外,傅斯年还主要受到过西方实证主义史学的影响,主要来自英国史家巴克尔。1931年左右,傅斯年曾想翻译《英国文明史》,并且已完成前五章方法论的部分,附上自己的《地理史观》一文。② 他在诸多方面深受巴克尔的影响。

巴克尔认为,历史学是一门科学,人类社会与自然现象一样是有规律可循的。"研究历史之方法及人类活动规律性之证明的叙述,这些活动本为思想定律及自然定律所支配:故两部分之定律皆须研究,且不恃自然科学,历史亦不能成立。""历史家的责任就是显示一切民族的活动都是有规律的,只有通过揭示因果关系,才能把历史上升为科学。"③在他看来,没有不需要自然科学的历史。傅斯

① 汪荣祖:《中国史学的近代发展》,《国史馆馆刊》复刊第24期(1998年6月)。
② 王汎森:《中国近代思想与学术的系谱》,第330页。
③ 谭英华:《试论博克尔的史学》,《历史研究》1980年第5期。

年也要建立以自然科学为楷模的历史学,但他对规律和解释不感兴趣。同时巴克尔也重视史料和证据,史学同其他科学一样,"观察应当在发现之前,收集了事实才能发现规律",史学家没有丰富而可靠的资料便不能得出正确的结论。① 这一观点显然也被傅氏接受。巴克尔重视统计方法,傅斯年也有类似的主张。② 他评论丁文江《历史人物与地理的关系》时说:以"新观点新方术去研究中国历史","试看用统计方法于各种事物上⋯⋯实在是一件好事"。"研究历史要时时存着统计的观念,因为历史事实都是聚象事实。"统计方法最收效的地方,是天文现象一类"单元"事物,用于"复元"的生物界,已经要打折扣,更不用说是"极复元"的历史现象了,直接用起统计方法来,尤须小心。结论是:"不取这篇文章所得的结果,因为他们不是结果;但取这篇文章的提议,因为他有将来。"③

其中对傅斯年影响最大的可能要数将历史学自然科学化的主张了。傅氏不是追求笼统的"科学"的历史学,而是欲将历史学建设得"与自然科学同列"。这与新文化运动时代一般知识分子对自然科学的迷恋和向往有关。与傅斯年相知甚深的罗家伦曾道出其中原委:"那时候,大家对于自然科学,非常倾倒,除了想从自然科学里面得到可靠的知识以外,而且想从那里面得到科学方法的训练。在

① 孙秉莹:《欧洲近代史学史》,第 389 页。

② 傅斯年重视统计学还受了其他学者的影响,详见王汎森:《中国近代思想与学术的系谱》,第 313 页。

③ 《评丁文江的〈历史人物与地理的关系〉》,《中山大学语言历史研究所周刊》第 1 集 10 期,1927 年。《傅斯年全集》第 1 卷,第 425—430 页。

本门以内固然可以应用,就是换了方向来治一套学问,也可以应用。"①傅斯年在北大读书时期已经心仪并大力提倡科学,并产生以科学改造哲学的意愿。②留欧时他又投入大量精力修习自然科学,先在英国伦敦大学研究院主修了实验心理学,选修了物理、化学和数学等课程。③1923 年 9 月转入德国柏林大学后,选学"相对论""比较语言学"课程,又研读马赫的《感觉的分析》和《力学》等现代物理学著作。他深深地被西方自然科学的成果所吸引,兴趣转向历史语言学后仍以自然科学为样板。他在中山大学时认为:"语言历史学也正和其他的自然科学同目的同手段,所差只是一个分工。"④傅斯年的科学化主张包括两个层面:一方面秉持自然科学的理念和精神,保证历史学的"客观性",一方面要具体借鉴自然科学方法,实现方法工具的扩充。"现代的历史学研究,已经成了一个各种科学的方法之汇集。地质、地理、考古、生物、气象、天文等学,无一不供给研究历史问题者之工具。"与巴克尔的实证主义主张不同的是,傅斯年将规律和解释排除在历史研究之外,只将自然科学用作整理材料的工具。

----

① 罗家伦:《元气淋漓的傅孟真》,王为松编:《傅斯年印象》,第 11 页。

② 详见《对于中国今日谈哲学者之感念》,《新潮》第 1 卷第 5 号。傅斯年还上书校长蔡元培提出,哲学研究的材料来源于自然科学,"凡自然科学作一大进步,即哲学发一异彩之日",主张哲学应入理科。《论哲学门隶属文科之流弊》,《北京大学日刊》1918 年10 月 8 日。《傅斯年全集》第 1 卷,第 37—40 页。

③ 参见傅斯年:《致胡适信》,1920 年 8 月,《胡适来往书信选》,香港:中华书局,1987 年,第 106 页。

④ 《〈语言历史学研究所周刊〉发刊词》,《傅斯年全集》第 3 卷,第 12—13 页。

虽然傅斯年个人的言行不足以代表整个史语所,作为首脑人物的傅斯年,牢牢地掌控着史语所总体的学术方向,确保它成为"新汉学"的大本营。历史语言二组的主任陈寅恪和赵元任,是傅氏德国留学时的故友和学术知音,构成史语所的班底。陈寅恪的治史规矩,与傅斯年也颇为一致,也以史料学为本,走语言历史门径,讲比较研究方法。① 主持考古组的李济"对'历史'和'重建'的认识,可以说是傅斯年新史学理论的实践者"。"史语所人类学组乃有地质人类学之研究,这不但是李济考古学的特色,也是傅斯年新史学的特色。"②史语所的其他学术中坚,如陈垣、顾颉刚、李方桂、罗常培、李济、徐中舒、梁思永、董作宾等,都是与傅氏志趣相投之人。

在 1928—1937 年史语所的鼎盛时期,傅斯年罗致选拔的众多人才,如陈磐、石璋如、丁声树、劳干、胡厚宣、夏鼐、周一良、高去寻、全汉升、邓广铭、何兹全、张政烺、傅乐焕、王崇武、董同和、马学良、张琨、周法高、严耕望,等等,"或多或少都受到过傅斯年的培养,都或多或少继承了他严谨的重材料、重考证的学风"③。实际上,他们大都尊奉傅氏的《历史语言研究所工作之旨趣》为金科玉律。就各个研究方向而言,史语所也基本是沿着汉学的轨道运行。"史语所在傅先生主持的 22 年里,应以商周考古(含甲骨金文学,如李济、董作宾、容庚)和明清内档的整理(《明清史料》等)成就最著,也最能代

---

① 　《新中学九十年》,长沙:岳麓书社,2003 年,第 229 页。
② 　详见杜正胜:《新史学与中国考古学的发展》,《文物》1998 年第 1 期。
③ 　何兹全:《傅斯年的史学思想和史学著作》,《历史研究》2000 年第 4 期。

表傅氏风格。而在此时及其后,诸如断代史(如陈寅恪、徐中舒、劳干、许倬云)、政治制度史(如严耕望)、社会经济史(如全汉升)、人文地理(如严耕望)等方面的成绩,虽然诸学者治学都有其各人的个性特点,考察视域和学术包容也越来越开阔,但无不可以看作傅斯年实证风气下的煌煌成果。"①另外,傅斯年对史语所的工作呕心沥血、鞠躬尽瘁,这也确保了他的学术理念的贯彻实施。他对三个组的工作范围都有比较明确的规定,甚至对每一个人的研究都有具体的要求。明清档案的整理、安阳殷墟的发掘,以及其他许多重大项目的研究,傅斯年无不精心策划,周密组织。因此,史语所基本是沿着傅斯年设定的轨道运行。

作为史语所学术阵地的《历史语言研究所集刊》,②更是集中体现了所中学人的考证路数。傅斯年说:"本所同人之治史学,不以空论为学问,亦不以'史观'为急图,乃纯就史料以探史实也。史料有之,则可因钩稽有此知识,史料所无,则不敢臆测,亦不敢比附成式。"③《集刊》奉行的正是傅氏的这种理念,尤其重视传统的史学考证功夫。《集刊》中的作品"皆以整理和直接研究材料为依归"④,基本不做宏观研究,罕有概论性或通论性的文字,直接研讨理论方法

①　王家范:《百年史学历程回顾二题》,《历史教学问题》2000年第1期。
②　《历史语言研究所集刊》于1928年创刊于广州,后史语所虽几经迁徙,《集刊》仍出版不辍,直至1949年,《集刊》在大陆共出到第20本。另有《人类学集刊》《安阳发掘报告》等附录出版。自史语所迁台至今,《集刊》仍继续出版。
③　《〈史料与史学〉发刊词》,《傅斯年全集》第3卷,第335页。
④　《新史学九十年》,第254页。

的文字也是少之又少。有学者从《集刊》论文的命题中窥见史语所学人的治学宗旨。如文章中以复原、发原、考、考证、考实、考辨、释例、校释、札记、订误、补正、释论及类似词眼来为文章匡定格律和奠定基调的占绝大部分。由此可见史语所学人走的是一条由考而校、补、订，继而辨、证、释，最终达至原、实、真的史料考证以至历史重建之路。例如《集刊》中包含文化史论文 134 篇，其中文献整理、史籍考订和历史掌故方面的研究论文就达近百篇。这是其"史学本是史料学"思想的落实。① 以专研经济史的全汉升为例，他 1935 年毕业后进入史语所，撰社会经济史论文多篇，但"除《中古自然经济》这篇文章有《食货》风味外，其他文章多属史语所的《集刊》风格了"②。精密考证乃是《集刊》的主调。有学者说它是以兰克派的主要刊物《历史杂志》(*Historische Zeitschrift*)为模板的③。

傅斯年创设史语所立意甚高，欲超越传统而别开新局。罗家伦评论傅斯年时说道："他办历史语言研究所时所树立的标准很高，观念很近代化。他的主张是要办成一个有科学性而能在国际间的学术界站得住的研究所，绝对不是一个抱残守缺的机关。"④傅斯年在《历史语言研究所工作之旨趣》中宣称："要科学的东方学之正统在

① 孔祥成:《历史语言研究所学人的史料观——解读 1928—1948 年的〈历史语言研究所集刊〉》,《东方论坛》2002 年第 5 期。

② 何兹全:《我所经历的 20 世纪中国社会史研究》。《中古自然经济》载《历史语言研究所集刊》第 10 本,1948 年。

③ Wang,Fan-shen,"Fu Ssu-nien:History and Politics in Modern China"(Ph. D. Dissertation,Princeton University,1993),p. 95.

④ 罗家伦:《元气淋漓的傅孟真》,王为松编:《傅斯年印象》,第 11 页。

中国！"①他在《国立中央研究院历史语言研究所十七年度报告》中申明："中央研究院设置之意义，本为发达近代科学，非为提倡所谓固有学术。故如以历史之学承固有之遗训，不欲新其工具，益其观念，以成与各自然科学同列之事业，即不应于中央研究院中设置历史语言研究所，使之与天文、地质、物理、化学等同伦。"②后来又在1930年9月13日致王献唐的信中说："敝所设置之意，并非求继续汉学之正统，乃欲以'扩充材料，扩充工具'为方术，而致中国历史语言之学于自然科学之境界中。……拙著《历史语言研究所工作之旨趣》一文，意在标举此意，以求勿为正统汉学者误为同调。"③他重视考古就是要在材料上超过旧汉学。他在史语所设置考古组，是因为"考古学是史学的一部分"，"在史学当中是一个独异的部分"，科学考古所得的资料，是直接的史料，是最可靠的史料。他说"古代历史，多靠考古去研究，因为除古物外，没有其他东西作为可靠的史料"，进行上古史的研究，"舍从考古学入手外，没有其他的方法"。④ 所以王晴佳断言：在安阳发掘以前，没有迹象表明傅斯年推动的考古发掘

---

① 《历史语言研究所工作之旨趣》，《历史语言研究所集刊》第1本第1分（1928年10月）。

② 傅斯年：《国立中央研究院历史语言研究所十七年度报告》，《傅斯年全集》第5卷，第9页。

③ 张书学、李勇慧：《新发现的傅斯年书札辑录》，《近代史资料》总第91号，北京：中国社会科学出版社，1997年，第237页。

④ 《考古学的新方法》，《傅斯年全集》第3卷，第88页。

计划的目的是重建中国的古代史,他只是找材料而已。[①] 张光直也指出:殷墟发掘的主要收获还是体现在"累集史料"上,它的方法体系仍然没有摆脱传统史学的窠臼。[②] 所以,傅斯年及史语所还是未能越出汉学的雷池。

史语所之所以加入"新汉学"的阵营,"新汉学"主帅胡适起到相当大的作用。作为特约研究员的胡适,在史语所的创立和发展过程中一直扮演着重要角色。傅斯年在创建史语所之初就颇倚重胡适之力。史语所经费除来自政府拨款外,胡适担任中方董事的中基会也是重要来源。据《国立中央研究院十九年度总报告》载,1931 年 1月中基会拨付史语所第三期补助费 6520 元。史语所翻译瑞典学者高本汉的《汉语语音学》,也是由中基会资助翻译。[③] 安阳发掘更有中基会大量资金的注入。胡适任北大文学院院长时,傅斯年兼任北大教授,他从北大选拔了一批年轻的大学毕业生去史语所助研,为史语所输送新血。总之,胡适倾力为史语所提供经费、人员等各方面的支持,他在史语所的事务上自然形成一种遥控作用。更重要的是在学术方面。胡适与傅斯年介于师友之间,在学术上互相启发、互相呼应。傅斯年的学术理念与胡适相契合,基调大体一致,即使

---

① 《中国二十世纪史学与西方——论现代历史意识的产生》,《新史学》(台北)第 9卷第 1 期(1998 年 3 月)。

② 《中国考古学论文集》,北京:生活·读书·新知三联书店,1999 年,第 6—7 页。

③ 《傅斯年信、电五十六通》,1931 年 12 月 31 日,《胡适遗稿及秘藏书信》第 37 册,第 406 页。

有所变化也能保持同步,可谓知音。这样,胡适的影响就通过傅斯年而渗透到史语所的学术工作中,对其学术方向产生制导作用。同时,胡适与史语所其他同人也关系密切,颇能互相认同、彼此欣赏。难怪有人认为史语所是胡适派的阵地。① 既然如此,史语所与"新汉学"的接轨也就顺理成章了。1933年,傅斯年因史语所经费问题向胡适求助时坦承:"这个研究所确有一个责任,即'扩充材料、扩充工具'之汉学(最广义的)。"②这里所谓最广义的汉学与旧汉学、正统汉学不同,也就是"新汉学"了。

史语所成立时的学术环境也诱使其滑入"新汉学"的轨道。二三十年代,"新汉学"在主流学术界处于支配地位,其席卷之势,使"新史学"成为潜流。当初为"新史学"前驱的梁启超也倒戈为新汉学的羽翼。才大工疏、事繁务博、"最不宜于考据"的梁启超"循风气之累",转事考据之业。③ 其1922年的《中国历史研究法》以史料工作为重点,被认为与体现兰克方法的《史学原论》同调。1923年梁启超在东南大学演讲时,明确提出,当代人应该接续清人的考证研究,治"新考证学"。他说:"这种工作,前清'乾嘉诸老'也曾努力作过一番,有名的清学正统派之考证学便是。但依我看来,还早得很哩。他们的工作算是经学方面做得最多,史学子学方面便差得远,

---

① 详参欧阳哲生:《胡适先生与中研院史语所》,《中国文化研究》1999年冬之卷(总第26期)。

② 参见《胡适遗稿及秘藏书信》第37册,第409—410页;《傅斯年全集》第7卷,第121页。

③ 张荫麟:《跋〈梁任公别录〉》,《思想与时代》第4期,1941年11月。

佛学方面却完全没有动手呢。况且我们现在做这种工作,眼光又和先辈不同,所凭借的资料也比先辈们为多。我们应该开出一派'新考证学',这片大殖民地,很够我们受用咧。"①1926 年梁启超始有所觉悟,他说:"最近几年来时髦的史学,一般所注重的是别择资料。""还有一种史料钩沉的风气。……近来史学家反都喜欢往这条补残钩沉的路走,倒忘了还有更大的工作。"梁氏认为:"一般做小的考证和钩沉、辑佚、考古,就是避难趋易,想徼幸成名,我认为[是]病的形态。……我从前著《中国历史研究法》,不免看重了史料的搜辑和别择,以致有许多人跟着往捷径去,我很忏悔。"梁启超这时的主张是:"真想治中国史,应该大刀阔斧,跟着从前大史家的做法,用心做出大部的整个的历史来,才可使中国史学有光明、发展的希望。"②"欲以余生成一部宏博之《中国文化史》,规模且远大于韦尔思之《世界史纲》,而于此中寄其希望与理想焉。"③结果仅成《社会组织》一篇而未得完璧。梁氏"想挽救已弊的风气",可惜当时已无力扭转大局。梁启超的经历说明,"新汉学"已牢牢盘踞学坛要津,垄断学术话语。它建立的一套以史料考证为本位的学术规范,成为学界共同遵循的金科玉律。史语所只有与其同流,建立基本共识,才能站稳脚跟,得到学术界的广泛认可。

　　在西方兰克式实证史学的引导下,史语所超越了"古史辨"而将

① 梁启超:《治国学的两条大路》,《饮冰室合集·文集》第 39 册,第 110—118 页。
② 梁启超:《中国历史研究法》,上海:上海古籍出版社,1987 年,第 313　314 页。
③ 素痴:《近代中国学术史上之梁任公先生》,《大公报》1929 年 2 月 11 日第 8 版。

"新汉学"推进到一个更高的层次。"古史辨"阶段"新汉学"的突出之点是高扬怀疑精神,致力于旧史的批判和重估;史语所则以扩充材料、扩充工具为特色,为古史重建工作铺路。可以说,从顾颉刚到傅斯年,"新汉学"的重心已经发生了转移。再就与科学的关系而言,"古史辨"派主要借重笼统、抽象的科学精神和科学方法,史语所则直接取用自然科学的工具,辅助历史语言研究,呈现出由虚入实的过渡,从而使汉学的科学化达到一个新进境。"古史辨"时代的"新汉学"实际上还是汉学内部今古文经学的结合[1],大体不出传统学术的范围,而史语所真正将自然科学手段引入历史语言学领域,"用科学赋给的工具,整理史学的及语学的材料"[2],的确使"新汉学"具有了与以往不同的面目,提升到一个新的高度。

1934 年史语所迁至南京后,史语所语言组主任赵元任亲自规划监造语音实验室,精心挑选和购买隔音材料、仪器设备,还参与安装、调试和修理。语音实验室建成后,赵元任及其语言组利用它完成了大量语言研究工作,灌制了上千张方言调查铝片音档。史语所同时也很注意罗致西方汉学家充实自己的外部力量,并译介西方汉学家的著作。高本汉(Karlgren Bernhard)的博士论文《中国音韵学

---

[1] 童书业认为,"新汉学"是汉学和宋学怀疑精神的结合。童书业:《新汉学与新宋学》,《童书业史籍考证论集》(下),第 777—780 页。此说未免高估了新汉学。宋学的要义在于义理阐释,是一种主观之学(参见陈少明:《汉宋学术与现代思想》,广州:广东人民出版社,1998 年,第 31、35 页),怀疑精神倒在其次,胡适并未真正消化宋学,他的怀疑精神也更可能来自今文经学。

[2] 《国立中央研究院历史语言研究所章程》,《傅斯年全集》第 6 卷,第 369 页。

研究》陆续发表于 1915—1926 年间,成为中国现代音韵学的开山之作。不仅赵元任出于专业敏感早就认识到此书的价值,并在他的欧洲之行中专访高本汉,①从傅斯年写给罗家伦的信来看,早在 1926年,傅也已经认真研读过高著。② 1928 年 2 月,傅斯年、顾颉刚、杨振声等倡议筹建史语所,在致蔡元培、杨铨的信件中,三人就已提到:"此研究所本不是一个国学院之类,理宜发达我国所能、欧洲人所不能者,如文籍考订等,以归光荣于中央研究院,同时亦须竭力设法将欧洲人所能、我国人今尚未能者而亦能之,然后国中之历史学及语言学与时俱进,故外国人之助力断不可少。"鉴于此,傅斯年等提出拟聘伯希和(Paul Pelliot)、米勒(F. W. K. Müller)和高本汉(当时译名为"珂罗倔伦")为外国通信研究员。在傅斯年的倡议下,赵元任、李方桂、罗常培三位著名语言学家将《中国音韵学研究》合译为中文,于 1940 年在商务印书馆出版。

既然史语所隶属于"新汉学",且以兰克史学为楷模,它对正在上升的"新史学"潮流基本上持否定立场。当 1930 年底朱希祖课程改革失败后辞职,校长蒋梦麟暂代史学系主任之时,幕后主持史学系工作的傅斯年将朱希祖的社会科学化改革措施全盘推翻。1931年 9 月史学系公布的新课程指导书指出:史学中的典著,接近史料的工具,整理史料的方法是"三宝"。史学的工具,第一类是目录学。

---

① 赵新那、黄培云编:《赵元任年谱》,北京:商务印书馆,2001 年,第 111、125、151页。

② 《傅斯年全集》第 7 卷,第 61 页。

第二类是各种语言。这篇文献的落款为"暂代史学系主任蒋梦麟"，但从它对直接处理史料和扩张研究工具的强调来看，显然是傅斯年的捉刀之作。它所体现的正是傅斯年所撰的《历史语言研究所工作之旨趣》的精神。[1] 与朱希祖时期的史学系课程相比较，新课程体系最明显的变化，就是取消政治学、经济学、法律哲学、社会心理学、社会学等科目。因为这些科目属于"泛滥漫汗的知识""不能充实的知识""不相干的知识"。学生到史学系来学习，"应是借教员的指导取得一种应付史料的严整方法，不应是借教员的贩卖聚集一些不相干的杂货"。[2] 新史学所倚重的社会科学被傅斯年毫不客气地清理出去了。

傅斯年对"新史学"的拒斥态度在对待走综合路线的学者的认识和评价中也时有流露。他看重关于具体问题的考订，而蔑视宏观体系的构建。傅斯年及顾颉刚赏识钱穆主要是因为《刘向歆父子年谱》和《先秦诸子系年》等考证性作品。而"著史"的《国史大纲》则造成傅斯年与钱穆的关系恶化。以致傅斯年后来对人说，钱穆写的东西他从来不看，[3]尽失起初的推重之意。他们对郭沫若则重视其《两周金文辞大系》等古文字著作，1930 年初，傅氏还有意由史语所为

---

①　详参尚小明:《中研院史语所与北大史学系的学术关系》,《史学月刊》2006 年第 7 期。

②　《国立北京大学史学系课程指导书》(民国 20 年至 21 年度),北京大学档案馆,案卷号 BD1930014。

③　通甘:《纪念钱师宾四先生》,《钱穆纪念文集》,上海:上海人民出版社,1992 年,第 45 页。

郭沫若印行《甲骨文字研究》一书。① 1948 年郭沫若当选中央研究院院士,胡适、傅斯年都出力不小,但将他列入"考古学及艺术史"。② 傅斯年在评语中写道:"郭君研究两周金文以年代与国别为条贯,一扫过去'以六国之文窜入商周,一人之器分载数卷之病',诚有'创通知例开拓闢奥之功';其于殷商卜辞,分别排比,尤能自成体系,其所创获,更不限于一字一词之考订,殆现代治考古学之最能以新资料征史者。"以《两周金文辞大系图录》《金文丛考》《卜辞通纂》为郭氏参评的代表作。③ 而其以宏观综合见长的《中国古代社会研究》受到主流派的冷落。1931 年,丁文江撰文批评法国汉学社会学派葛兰言的研究,傅斯年则声援丁氏道:"凡外国人抹杀了中国的事实而加菲薄,他总奋起抵抗,……论学如他评葛兰内的文,都是很有精彩的。"④可见傅斯年与当时学术新趋向的异路。

　　为维护"新汉学"的学统的纯正,傅斯年还曾拒绝接收"新史学"传人张荫麟进入史语所。1933 年 11 月,陈寅恪致函傅斯年推荐即将归国的斯坦福大学哲学博士张荫麟进入史语所或北京大学史学系,函谓:"张君为清华近年学生品学具佳者中之第一人,弟尝谓庚子赔款之成绩,或即在此一人之身也。张君颇年少,所著之学术论

　　①　参见《郭沫若书简》,广州:广东人民出版社,1981 年,第 47—48 页。
　　②　1947 年 5 月 22 日胡适日记中留下一份人文组候选人的名单。沈卫威编:《胡适日记》,太原:山西教育出版社,1998 年,第 255 页。
　　③　王戎笙:《傅斯年与郭沫若》,《文史哲》2005 年第 3 期。
　　④　傅斯年:《我所认识的丁文江先生》,《独立评论》第 188 号(1936 年 2 月 16 日)。

文多为考证中国史性质……其人记诵博洽而思想有条理,以之担任中国通史课,恐现今无更较渠适宜之人。若史语所能罗致之,则必为将来最有希望之人材,弟敢书具保证者,盖不同寻常介绍友人之类。"面对陈的倾力推荐,傅斯年仅以"此事现以史语所之经费问题似谈不到"轻描淡写地敷衍推脱。① 傅斯年的态度主要基于治学门径上的歧异,道不同不相为谋。②

其实,史语所未尝没有参与新潮流的机缘。傅斯年曾力倡以多种学科的知识来推动史学研究。"现代的历史学研究,已经成了一个各种科学的方法之汇集",地质、地理、气象、天文等学科,无一不可作为治史的工具。③ 傅斯年不限于传统的史籍文献,而将神祇、歌谣、民俗、档案、考古文物统统纳入史料的范围,"傅先生对于史料的定义,实已提示我们历史学应是跨学科的学问"④。当然,他所倚重

---

① 程巢父:《仁者之怀》,张杰、杨燕丽选编:《追忆陈寅恪》,北京:社会科学文献出版社,1999 年,第 381 页。

② 傅斯年既拒张荫麟进入史语所,但一年后却聘请其任教育部的中国历史教科书的编纂。张氏后在《中国史纲·自序二》中明确感谢"创意要他写这部书并且给他以写这部书的机会的傅孟真先生和钱乙藜(钱昌照)先生"。王晴佳的看法是,"傅斯年之欣赏张荫麟",说明了"傅本人在建构史观方面的兴趣"。同时还认为"傅斯年希望荫麟写就一部中国通史,一定有与钱穆的书一争高低的意思"。《国史大纲》初版于 1940 年 6 月的商务印书馆,而《中国史纲》(原名《东汉前中国史纲》)初版于 1941 年 5 月的重庆青年书店,该版且有作于"(民国)二十九年十一月"的序,可见其写作在 1940 年底已经完成。从时间上看,傅氏恶前书而遽聘张氏作后书的说法似不能成立。"傅斯年之欣赏张荫麟",也不一定能够说明"傅本人在建构史观方面的兴趣"。教科书的编纂与专门化的学术研究毕竟是有区别的。编纂教科书的合适人选未必就是学术研究上的同路人。

③ 傅斯年:《历史语言所工作之旨趣》,《历史语言研究所集刊》第 1 本第 1 分(1928 年 10 月)。

④ 许倬云:《序言:也是一番反省》,王晴佳:《台湾史学五十年(1900—1950):传承、方法、趋向》,台北:麦田出版公司,2002 年。

的主要是自然科学,但从自然科学到社会科学并无不可逾越的鸿沟,其间不过一步之遥。其实傅斯年早年也曾从整理史料的角度重视过社会学,认为国故在世界的社会学等学科的材料上占有重要位置。但那主要是指领域而非方法,其一生对于社会科学方法一直有所疏离,特别是对史观式地运用社会科学的概念相当反感,[1]对社会科学的理论法则尤为抵制。1933 年,中央研究院一度有意将史语所与社会科学研究所合并,遭到傅斯年的坚决反对。傅氏认为,两所工作性质不同,史语与经济社会并非一路,尤其与经济无法打成一气。[2] 傅斯年的这种态度固不免组织人事方面的考虑,但更是其学术立场、学术观念的反映。傅斯年的这种姿态,在很大程度上确保了史语所学术路数的纯正,但无意中却将学科整合的通道堵塞了。

巴克尔等西方史学作品也不时为傅斯年接触新趋向创造机缘。傅氏熟读的伯伦汉的《史学方法论》提出,历史研究的方法可约之为四类,在史料学、考证学之外尚有"综合的观察"和叙述二项,即认识事实之意义及其间之连系性和将所认识之事实,按其连系性表出之。尤其强调综观的不可或缺:"从事于史料学时,必须先有综观是也。""批判的研究也,公平的综观也,客观的叙述也,凡此种种,均互

① 傅斯年:《毛子水〈国故与科学的精神〉识语》,《新潮》第 1 卷第 5 号(1919 年 5 月 1 日)。《傅斯年全集》第 1 卷,第 262 页。同时参见桑兵:《教学需求与学风转变——近代大学史学教育的社会科学化》,《中国社会科学》2001 年第 4 期。

② 《傅斯年全集》第 7 卷,第 119—120 页。

相连系,其目的在求完全之真理而已。"①而且,综观与客观性密不可分。"如以为仅有客观的考证,即可解决一切,无须有客观的综观者,则其错误殊甚,盖此项机能之间,在在有其连系,为不可分开者也。""史学内所可达的客观性至于何程度,此与综观最有关系。"②可惜这些论述没能引起傅斯年的足够重视。法国历史学家朗格罗瓦和塞诺博斯的《史学原论》中也有类似的内容。尽管该书所述以考证方法为主,但仍不忘"综合工作",将分散的事实组织为系统的历史著作,主张以"构造之理想推度"补史料之不足。③ 与德国学派相比,"作者更为明了历史学家需要系统地提出问题并进行假设,更愿意承认概括和社会因素在历史解释中的作用"。④ 而傅氏对此思想未能吸收,坚持所谓"有一分材料说一分话",轻视著史工作。

对傅斯年影响甚深的巴克尔主张扩大历史研究的范围,把人类整个文明史均纳入其中,用自然科学法则来解释人类社会的发展,追求人类社会发展的规律性。巴克尔还主张,历史学的发展必须从其他自然科学和人文科学中不断擷取新知识和新方法。他本人钻研过地理学、生物学、化学、语言学、社会学、法学等几十门学科。

---

① 伯伦汉:《史学方法论》,第 495 页。
② 伯伦汉:《史学方法论》,第 497—498 页。
③ 参见〔法〕朗格诺瓦、瑟诺博司:《史学原论》,李思纯译,上海:商务印书馆,1926年,第 214—224 页。
④ 伊格尔斯:《欧洲史学新方向》,赵世玲、赵世瑜译,北京:华夏出版社,1989 年,第 52 页。

他的目的是把"历史从年鉴、编年史作者与考古学家手上拯救出来"①。乔治·古奇认为,巴克尔及其《英国文明史》"具有较大影响","标志着一个时代,并为历史的社会学调查方法提供了极大的推动力"。② 美国史学家 J. W. 汤普森评论巴克尔说:"巴克尔藐视传记家和历史家似乎已经养成的单纯编辑事实和资料的习惯,并大胆提出在远为广阔的归纳法的基础上搞'历史科学'。能干的批评家认为他的著作是用演绎法说明物质原因对人类文明的影响的伟大尝试。"③不过,傅氏只对巴克尔的地理史观和统计方法发生兴趣,如果进一步再对其文明史观加以理会,就可能汇入新史学之流。

史语所也不时地徘徊于新潮流的边缘。作为中国史上第一个具有现代规模的研究机构,史语所"以语言学历史学为中心,组织协合的集体科学研究,展开规模空前的考古发掘,为考古学、人类学与史前史学日后的起飞开了先路"④。特别是,史语所的考古学研究走出以文献学为中心的困局,具备了近代考古学的眼光,极可能导向历史学与社会学、人类学的融合,进入跨学科研究的境界。例如,傅斯年在《考古学的新方法》中说:"古代史的材料,完全是属于文化方面……如后来不以全体的观念去研究,就不能得到很多的意义和普

① 鲍绍霖编:《西方史学的东方回响》,北京:社会科学文献出版社,2001 年,第 156 页。

② 〔英〕G. P. 古奇:《十九世纪历史学与历史学家》,耿淡如译,北京:商务印书馆,1989 年,第 876 页。

③ 《历史著作史》下卷第四分册,北京:商务印书馆,1988 年,第 611 页。

④ 许冠三:《新史学九十年》,第 238 页。

遍的知识。所以要用整个的文化观念去看,才可以不致于误解。"他
又说:"我们要用全副的精神,做全部的观察,以整个的文化为对象
去研究,所以必比墨守陈规专门考订文字要多的多。"①但由于证史
补史情结的纠缠,还是长期在积累材料的圈子里徘徊不得出。

尽管史语所基本上是在"新汉学"的轨道上运行,但其中已经潜
藏着些许向新潮流迁移的因素。事实上,已有部分学者开始试探跨
学科研究。史语所人类学家芮逸夫积极引介了西方社会人类学与
历史学交叉的方法,提出历史学、人类学、民族学、语言学多学科联
合研究的设想。② 例如他在《释甥之称谓》中介绍社会人类学上亲属
称谓制的研究,"英人黎佛斯氏……以为搜集社会史料的新方法,并
据所搜此项材料的研究而创《民族学的分析法》(Ethnological anal-
ysis)以作历史的推测,他的名著《美拉尼细亚社会史》即是用他这种
历史方法作成的",并借此论究中国亲属制称谓的缘起及社会意义。③
经济史专家全汉升在《宋末的通货膨胀及其对于物价的影响》中则
引进了经济学的学理和概念:"在讨论宋末通货膨胀对于物价的影
响以前,我们先要明了经济学上的货币数量学说。"④全汉升还采用
德国历史学派权威 B. Hildebrand 的经济史分期学说作为基本理论

---

① 傅斯年撰、朱渊清导读:《史学方法导论》,上海:上海古籍出版社,2019 年,第
184、192 页。

② 《苗族的洪水故事与伏羲女娲的传说》,《人类学集刊》第 1 卷第 1 期(1938 年 2
月)。

③ 《历史语言研究所集刊》第 16 本(1947 年 1 月)。

④ 《历史语言研究所集刊》第 10 本(1948 年)。

框架,并以物物交换、货币和信用三者比重的大小判断某时期的经济属于哪一阶段,从而修正了 B. Hildebrand 从自然经济、货币经济到信用经济的前后相续、直线发展的观点。他引用马克思《资本论》的理论,说明商业盛衰与货币使用程度关系甚密。① 可以说,史语所蕴含了不少变革的因子,已经达到了临界点,即将突破"新汉学"的格局,汇入"新史学"的潮流。遗憾的是,这种质变并没有出现。所以后来何炳棣经常对胡适说,傅斯年所办的史语所,虽然继承了清代朴学的传统,并且在史学研究中,综合运用了语言、哲学、实验心理学及比较宗教学等工具,但却未曾注意到西洋史学观点、选题、综合、方法和社会科学工具的重要性。②

　　还有个细节值得一提。1947 年傅斯年赴美医病,在纽黑文的耶鲁大学逗留近一年时间,他了解到科学实证主义在欧美已不再流行,而客观史学也是不可能达到的。他利用这段难得的空闲时间大量阅读,主要兴趣集中在马列主义理论方面。傅斯年似乎已迷途知

---

①　全汉升:《中古自然经济》,《中央研究院历史语言研究所集刊》第 10 本(1942 年)。

②　何炳棣:《读史阅世六十年》,桂林:广西师范大学出版社,2005 年,第 321 页。胡适后来回忆留学时的情形说:"在历史系里面我只认识几个人,如授政治理论史的开山宗师顿宁(Willian A. Dunning)教授和倡导新史学,后来又创办'社会研究新书院'(The New School for Social Research)的罗宾逊(James Harvey Robinson)教授;以及第一位以自己经济观点来诠释美国宪法史的毕尔(Charles A. Beard)教授。此外还有很多大牌教授,可惜我不能在历史系花太多的时间。我最大的遗憾之一便是没有在历史系选过一门全课。当时最驰誉遐迩的一门课,便是罗宾逊教授的'西欧知识阶级史'。这门课事实上是一门研讨蕴育各时代西欧文明的思想史和文化运动史。这门课在学术圈内享有其应有的声誉。罗氏印有讲授大纲和参考书目。我读了这些大纲之后,觉得它极有用。但是我最大的遗憾便是没有选修这门启蒙的课程。"胡适:《胡适自传》,南京:江苏文艺出版社,1995 年,第 107—108 页。此事或许从　定侧面反映出胡适对正在兴起的新史学并不热心。桑兵也注意到这一现象,见其《近代中国的新史学及其流变》,《史学月刊》2007 年第 11 期。

返,计划回国后注重学术研究与社会现实的关联,撰写中国通史,编辑《社会学评论》,开办"傅斯年论坛"等。[1] 可惜事与愿违,傅氏的这些计划并未一一付诸实施。他也没有来得及用他接触到的新观念改进史语所的工作。毕竟,当时内战正酣政局动荡,学术工作根本无法以常规进行,当务之急是生存而不是发展,恢复旧观、维持现状已不暇,何谈与时共进、改弦更张! 这次弃旧从新的机会也就这样一闪即逝了。

平心而论,史语所师法兰克史学和欧洲汉学,开发新材料、运用新工具以解决新问题、开辟新领域,将中国史学大大向前推进了一步,确属功不可没。当年史语所的一些理念主张,至今仍不失其合理性和有效性[2],有的甚至已构成现代学术建设的规范和标准,它倡导客观主义的治史理念,对殷墟甲骨、明清内阁档案等原始材料的搜集整理,为中国史学补上了类似西方兰克史学的重要一课。不过,我们也不宜过分护惜前人,民国年间的史语所与当时的新潮流相悖毕竟是一个难以回避的事实。他们殚精竭虑、煞费苦心迎头赶上的却只是批评者日众的西方传统史学的末流,而与"新史学"殊途异路。"中国近代史学方法一方面承清代汉学之旧,一方面也接受了近代西方的'科学方法'。从后一方面,我们尚可看出西方'剪贴'

---

① Wang,Fan-shen,"Fu Ssu-nien: History and Politics in Modern China" (Ph. D. Dissertation,Princeton University,1993),pp. 326-327,315.

② 参见王汎森:《历史研究的新视野:重读〈历史语言研究所工作之旨趣〉》,《古今论衡》(台北)第 11 期(2004 年 9 月)。

派史学之遗迹,说来甚为有趣。原来西方'剪贴派'史学之衰亡还是很近的事。最初介绍西方史学方法至中国的人们虽亦约略地领悟到'培根式'的科学精神的重要性,根本上却未能摆脱'剪贴派'的残留影响。所以他们于史料之真伪辨之最严,于史料之搜集亦最为用力。傅孟真至有'上穷碧落下黄泉,动手动脚找东西'之口号。他们虽然扩大了史料的范围,但在史料的运用上却未能达完全科学化之境。他们仅了解旧籍真伪之辨与夫新材料之搜罗为无上的重要而不甚能通过'先验的想象'以变无用的死材料为有用的活材料。不过一般地说,他们对中国史学之科学化是有功的,他们的疏略之处主要是受了时代的限制。"[1]就中国史学的发展而言,几乎与史语所成立同时,代表新生力量的社会经济史研究已经萌生,对傅斯年及史语所史学范式的挑战也出现了。后世治学术史者津津乐道于史语所跻身于当时的国际学术前沿,其实当年的史语所不过是追踪欧洲正统汉学而已,而对世界学术新动向仍然相当隔膜。这就使得史语所对中国现代学术发展的作用和意义有所折损。至少意味着,中国史学的现代化、科学化,仅凭史语所代表的路向是无法最终完成的。

---

①　余英时:《一个人文主义的历史观》,《史学、史家与时代》,桂林:广西师范大学出版社,2004年,第142—143页。葛兆光、李伯重等学者认为陈寅恪等居于"国际前沿",成为"预流"之人,主要是就其与欧洲正统汉学的关系而言,而对国际汉学研究自身正在经历的新旧更替似未充分注意。参见葛兆光:《预流的学问——重返学术史中看陈寅恪的意义》,《文史哲》2015年第5期;李伯重:《20世纪初期史学的"清华学派"与"国际前沿"》,《清华大学学报》2016年第6期。关于陈寅恪与西学的关系,可参看桑兵:《陈寅恪的西学》,《文史哲》2011年第6期;陈怀宇:《在西方发现陈寅恪:中国近代人文学的东方学与西学背景》,北京:北京师范大学出版社,2013年。

中期阶段:唯物史观派的崛起及其主流化（1929—1989）

1. "新史学"的重生:唯物史观派的出场

2. "新汉学"的下滑与分化

3. 唯物史观派跃居主流及意识形态化

4. 未曾中断的史考传统

1. "新史学"的重生：唯物史观派的出场

在中国现代史学史上，1929 年可能是一个标志性年份。[①] 这一年，陶希圣的《中国社会之史的分析》一书由新生命书局出版，郭沫若的《中国古代社会研究》也基本完稿，次年即由上海联合书店出版。这意味着唯物史观派史学已经正式登台亮相。它的生命周期由此开端，以后逐渐成长壮大，呈蒸蒸日上之势，终于在 1949 年后

[①] 有研究者指出："如果说梁启超那个时代提出'新'的中国历史学，其实只是在观念上接受西方历史学理论与方法的话，那么在他去世的这一年前后，也就是 1929 年前后，真正可以称上'新'的历史学，就开始在中国学术界初现端倪了。"1929 年前后，一批历史学家依然在"疑古"的旗帜下强调着历史方法的科学取向、客观眼光和中立立场，而另一批历史学家却在悄悄地从"疑古"转向"重建"，还有一批历史学家注意于民族历史认同基础的维护，激烈地批判西方历史学界那些容易瓦解中国传统的说法，同时还有一些历史学家则寻找到了马克思主义的解释方法，开始重新理解和叙述中国历史。"应当说，在 1929 年之后，中国历史学其实已经蕴涵了多种趋向和多样可能，尽管后来的变局使历史学的发展发生了巨大转折。"葛兆光：《〈新史学〉之后——1929 年的中国历史学界》，《历史研究》2003 年第 1 期。

取得学坛的中心地位，主宰中国大陆史学界近 40 年，直到 20 世纪 90 年代堕入低谷。同时，唯物史观派的异军突起，搅乱一池春水，打破了"新汉学"一统天下的局面，各种思潮、流派开始了新一轮的竞争较量，中国现代史学也由此转入一个崭新的发展阶段。

20 世纪 20 年代初，与"新汉学"迅速上升几乎同时，唯物史观派史学事实上已经发轫。当时李大钊据有北京大学的讲坛，胡汉民以《建设》杂志为基地，宣传和应用唯物史观，塑造了一种新的史学形态，造成不小的声势。它沿着理论建构和具体研究两个方向同时展开。李大钊对唯物史观宣传解读，标志着马克思主义史学理论建设的起步，而胡汉民关于哲学史和井田制问题的考索，则是马克思主义史学具体研究的初步尝试。[①] 1920 年，胡汉民、廖仲恺与胡适进行的关于井田制有无的辩论可以说是唯物史观派与实证派的初次交锋，唯物史观派初步显示出学术方法上的优势和潜能。

20 世纪 20 年代末 30 年代初思想学术界的气候出现很大变化。1927 年大革命结束后，共产主义运动转入低潮期，马克思主义的政治功能有所减弱。与此同时，马克思主义、唯物史观的学理价值日益为人们所看重，成为新兴社会科学中的主角。在外部政治环境极为恶劣的情况下，马克思主义、唯物史观像一阵旋风一样迅速席卷了整个思想文化界。[②] 这种局面的出现，首先与当时马克思主义在

①　参见陈峰：《胡汉民与中国马克思主义史学的发轫》，《齐鲁学刊》2007 年第 4 期。
②　对于这种骤升现象的分析，参见李红岩：《20 世纪 30 年代马克思主义思潮兴起之原因探析》，《文史哲》2008 年第 6 期。

国际学术界的地位上升有关。此前,马克思主义在西方学术界一直
受到排斥和敌视。但 1929—1930 年的世界大萧条和资本主义社会
的深刻危机扭转了这种状况。马克思的历史判断这时看来得到了
证实。"1929 年的大萧条结束了无视或蔑视地排斥了马克思主义
的时期。1930 年以后,马克思主义影响广泛扩展,即使那些否定马
克思主义历史解释的历史学家们,也不得不用马克思主义的观点来
重新考虑自己的观点。"①当时中国知识分子向西方学习的愿望相当
强烈,行动相当自觉,西方学坛的风吹草动,立即会影响到中国国内
的学术气候。20 年代末 30 年代初马克思主义的独占鳌头确是时
代使然、环境使然。在青年学生中,唯物史观、马克思主义尤其受到
欢迎。

　　时人观察到:"现代中国出版界本极萧条,惟独社会科学之刊
行,乃极发达。但此地所说之社会科学,在实际上,总有十分之七
八,全是马克思主义的宣传品。现在学理科的学生亦需要懂一点马
克思主义。"②君素在《1929 年中国关于社会科学的翻译界》一文中
写道:"1929 年这一年的出版界,可以说是一个关于社会科学的出
版物风行一时的年头。关于文艺方面的出版物虽不能说是已经衰

---

① 〔英〕巴勒克拉夫:《当代史学主要趋势》,杨豫译,上海:上海译文出版社,1987
年,第 32 页。
② 杨堃:《中国现代社会学之派别及趋势》(1932 年 3 月),《杨堃民族学研究文集》,
北京:民族出版社,1991 年,第 10 页。

竭,但总没有像关于社会科学的那样来得蓬蓬勃勃。"[①]他开列了一个社会科学书目清单,共计 150 种以上,主要是经济学、经济史、唯物辩证法、社会主义、社会思想史革命史以及关于帝国主义和苏联革命方面的。君素还总结了这一年来关于新兴社会科学出版物的值得注意的六个特点:第一,是新兴的社会科学抬头。这是新兴阶级的抬头的必然反映。新兴的社会科学在这一年里,可以说已经明确树立了它的存在权了;第二,是关于方法论,尤其是唯物辩证法这一类书籍的流行。这就意味着中国的读书界已经有更进一步去研究社会科学的需要之表示;第三,是关于经济学的书籍占多数;第四,是关于苏联的研究的书籍和关于帝国主义的书籍,也占了不少的数目;第五,是关于历史方面,如经济史、革命史及经济学史社会思想史等,占了相当的数目。从这一点,可以看到中国的现代思想界已经有渐渐走上系统研究的道路之倾向了;最后一点,就是这翻译之中,未免有些粗制滥造的缺点。但这是新兴社会科学运动初期必有的现象,只要新兴社会科学运动向前发展,关于这类书籍的批评建立起来,这种缺点是会逐渐消灭的。[②] 1929 年新兴社会科学书籍的出版出现了前所未有的好形势,新兴社会科学运动蓬勃开展起来,这实际反映的是马克思主义的广泛流行。据郭湛波描述,1927—1934 年间的思想特征是"以马克思的'唯物史观'为主要思

---

① 君素:《1929 年中国关于社会科学的翻译界》,《新思潮》第 2、3 期合刊(1930 年 1 月)。

② 同上。

想,以辩证法为方法,以辩证唯物论为基础,以中国社会史为解决中国问题的锁钥"。[1] 连史料派主角之一顾颉刚都不得不承认,在 20世纪 30 年代的学术界,"唯物史观……像怒潮一样奔腾而入"[2]。

20 世纪 30 年代轰动一时的中国社会史论战直接促成了唯物史观派的崛起。论战具有强烈的现实诉求,目的在于解答"中国往何处去"的问题,关系到中国革命的性质、任务、动力、前途等政治论争。[3] 从学术的角度看,论战基本是在马克思主义的话语系统内进行的,是唯物史观的内部争论。大体说来,论战主要围绕亚细亚生产方式、中国历史上有没有奴隶制社会、秦汉以后的中国社会性质三个问题展开。

社会史论战是以中国社会性质论战为开端的。社会性质论战大约可以 1928 年 10 月陶希圣的《中国社会到底是什么社会》为起点。"新生命派"最先出场且声势最壮,但论战中针锋相对的两派是代表中共的"新思潮派"与具有托派背景的"动力派"。真正意义上的社会史论战,以 1931 年 8 月《读书杂志》出版《中国社会史的论战》四个专辑为界,可以大致区分为三个阶段:概说阶段、论战阶段和研究阶段。在概说阶段,各家初步提出自己的观点,自拉自唱,各

---

① 郭湛波:《近五十年中国思想史》,济南:山东人民出版社,1997 年,第 149 页。

② 顾颉刚:《战国秦汉间人的造伪与辨伪·附言》,《古史辨》第 7 册(上),上海:上海古籍出版社,1981 年,第 64 页。

③ 有学者指出,其兴起的学术原因完全是共产国际关于中国社会不同看法的交锋在中国的反响。李勇:《"中国社会史论战"对于唯物史观的传播》,《史学月刊》2004 年第12 期。

不相谋，立说没有明显的针对性。但各种观点陈列出来之后，彼此发生冲突，于是进入了论战时期。《读书杂志》上的论战基本上是一场混战，虽然各篇文章都是有的放矢，但阵垒并不分明，似乎只有敌人，没有朋友，相互辩驳攻击的自由度非常大。这使论战达到高潮。1933 年 10 月《读书杂志》停刊后，各路英雄一哄而散。陶希圣创办《食货》半月刊，转而从事史料搜讨；郭沫若、吕振羽、翦伯赞等人从史料方面充实建构理论，开始了一种相对平静扎实的研究活动。这即是研究时期。1937 年"七七"事变后，论战结束。

社会史论战引起社会各方面的广泛关注，各种报章杂志积极参与，成为当时思想领域的一大热点。1931 年 5 月，王礼锡主编的《读书杂志》开辟《中国社会史的论战》专栏，同时许多刊物上纷纷发表争论文章，使论战形成高潮。《读书杂志》停刊后，论战在《中国经济》《食货》《文史》《现代史学》《历史科学》《文化批判》《中山文化教育馆季刊》《华北日报·史学周刊》等报刊上继续进行。在这场大论战的带动下，唯物史观派的作品遍布坊间书肆，吸引着一般读者的视听。

在社会史论战中，苏联、日本等国的马克思主义中国史研究为中国学者提供了成品和样板，建立了一个庞大的"知识仓库"，中国学者也热衷于借鉴域外的成果。特别是苏联理论界的论争发挥了先导作用。苏联成为中国社会史论战的理论策源地，侯外庐即承认，"苏联学者在提出问题讨论上贡献了甚大的功绩，没有他们在前头论争，追求真理，我们还是不会在一个专门问题方面做深入的探讨的"①。后世研究者也说,社会史论战"不是中国学术自发生成的,而完全是苏联或共产国际通过留苏学者或者政界人士将其内部争论带到中国而加以延续的结果"②。由此,中国社会史成为国际马克思主义各种流派的竞技场,成为一个国际化的论域,共享议题、方法和话语。

尽管唯物史观派史学萌芽于 20 世纪 20 年代,李大钊、胡汉民等引进介绍马克思主义历史理论,初步尝试以唯物史观分析中国历史,但当时尚未形成一个相对固定的专业群体,尚未出现大规模应用唯物史观进行历史研究的活动。到论战时期情况则大为不同。大批学者投入到以马克思主义研究中国史的工作中,以马恩的历史阶段论为基干的新史学体系也建立起来。经过论战,唯物史观史学遂呈现与史料派、学院派的"新汉学"分庭抗礼之势。

从学术思想本身的演变逻辑来看,"新汉学"也处于发展的瓶颈。"从乾嘉学派到古史辨运动,中国传统的经史之学,在考据方面的重大问题多数是被廓清了。至于有些文献方面无法确断的问题,只好有待于新材料的发现才能解决。而材料的发现要靠机遇,不能成为学术深入的寄托。因此,现代史学的进一步发展自然要伸展到解释的层次上。30 年代关于中国社会史的论战,正是揭开了现代史学史上重新释古的序幕。"③

---

① 侯外庐:《苏联历史学界诸论争解答》自序,上海:建国书店,1945 年,第 1 页。
② 李勇:《"中国社会史论战"对于唯物史观的传播》,《史学月刊》2014 年第 12 期。
③ 陈少明:《汉宋学术与现代思想》,广州:广东人民出版社,1998 年,第 120 页。

　　"三十年河东，三十年河西。"如前所述，"新史学"虽让位于"新汉学"，但"新汉学"在走过了自己的黄金十年后，也开始走下坡路，而促使它由盛而衰的一个因素，就是唯物史观派史学或"社会经济史研究"的崛起——唯物史观派史学完全可以看作是"新史学"在新的历史条件下和新的学术语境中的复活。这一复活的始点，是"北伐"所引起的具体历史情势的巨变。"假如'古史辨'运动可以象征五四的史学，那么中国社会史论战便可以象征北伐后的史学"，而"北伐后的中心思想是社会主义，是以唯物史观的观点对于中国过去的文化加以清算"。[①] 在此之后，"新汉学"虽然仍在学界保持着主流地位，甚至在中央研究院历史语言研究所成立后，"新汉学"才获得自己的典范形式，但显而易见，在变化了的社会语境中，最符合历史大势、最有活力、最有前途的已不是"新汉学"了。

　　唯物史观派史学或社会经济史研究在北伐后的崛起，是学术史家们公认的事实。问题是，何以说它是"新史学"的传人？

　　敏锐的学术史家事实上早就看出了两者之间的相似性。周予同在引用了梁启超对中国传统史学"四弊""二病"的批判和对"新史学"的界说后指出：梁氏的"全部史观建筑在进化论之上！而且不仅以叙述历史的演进现象为满足，并进而探求历史演进的基因，浸浸乎和最近的释古派的理论相近"！[②] 周予同在讨论"释古派"时，又强

　　① 齐思和：《近百年来中国史学的发展》，《燕京社会科学》1949 年第 2 期。
　　② 周予同：《五十年来中国之新史学》，见朱维铮编：《周予同经学史论著选集》（增订本），第 539 页。

调此派"喜为全面的通史研究",①而由"考史变为修史"——编修通史,则是为齐思和所反复提及的清末也即"新史学"时期"史学界的风气"。② 总之,梁启超的"新史学"遗产的最核心部分几乎全部为唯物史观派史学所继承所光大,其中某些部分甚至被后者推向极端。③

有一个带有启蒙主义性质的反传统的历史观,可以说是"新史学"和"唯物史观派"史学的一个最大共同点。政治上"反专制""反皇权",思想上"反正统""反儒学",立场上主张眼光下移,写国民的历史,写下层的历史,梁氏史观中这些所谓"反封建"的内容,均为"史观派史学"照单全收,并有所发展,以致造成极大流弊。1920年,史观派先驱李大钊指出:"中国旧史,其中所载,大抵不外帝王爵贵的起居,一家一姓的谱系,而于社会文化方面,则屏之弗录。"④"从前的历史,专记述王公世爵纪功耀武的事",而唯物史观指导下的史学,"不是一种供权势阶级愚民的工具,乃是一种社会进化的研究"。他进而解释社会一语,是包括全体人民,"一个个人,除去他与

①　周予同:《五十年来中国之新史学》,《周予同经学史论著选集》(增订本),第555页。

②　齐思和:《晚清史学的发展》,《齐思和史学概论讲义》,第245、248页。

③　对此,李红岩一方面认为:"'新史学'实为中国马克思主义史学的孕育阶段,是学术传承中不可或缺的一环,为马克思主义史学的诞生扫清了道路,做了逻辑的、思想的以及学术资料上的准备",另一方面又指出:"'新史学'无法自发地发展成为马克思主义史学。归根到底,它是一种唯心主义史学,还是一种形式主义史学,思想源流庞杂而多元,许多见解也偏激而错谬。"他强调"新史学"与马克思主义史学在历史观上存在质的区别。这一观点也值得重视和体味。李红岩:《马克思主义史学思想史》第4卷,北京:中国社会科学出版社,2015年,第14—15页。

④　李大钊:《史学要论》,《李大钊史学论集》,石家庄:河北人民出版社,1984年,第200页。

全体人民的关系以外,全不重要","生长与活动,只能在人民本身的性质中去寻","一切进步只能由联合以图进步的人民造成"。因此,我们需要的是"一种世界的平民的新历史"。① 这些思想到了 20 世纪 40 年代唯物史观派的通史作品中则已有了更为集中的体现。范文澜的《中国通史简编》,以社会民众为历史著述的中心,表现得十分突出。在此书的序言中,他表达了对以往正史的不满:"这类书连篇累牍,无非记载皇帝贵族豪强士大夫少数人的言语行动,关于人民大众一般的生活境遇,是不注意或偶然注意,记载非常简略。"而我们需要的是"一部真实的中国人民的历史"。② 吕振羽的《简明中国通史》也特别申明:"我的基本精神,在把人民历史的面貌复现出来。"③如此看来,新史学所首倡的社会史、民众史研究到唯物史观派手中才真正落实并枝繁叶茂开花结果。

与梁启超"新史学"显著的不同或差异,是唯物史观派将这些所谓的"反封建"内容统统纳入了新的"阶级论"的话语系统之中,从而使这些内容从"民主主义"一变而具有了"共产主义"的特征。譬如,传统史学"四弊"中的首弊,在梁氏看来,是"不知朝廷与国家之分别,以为舍朝廷外无国家",④梁氏的分析到此为止,现在,"史观派"则强调,"朝廷"本身即是国家,而"国家"本身则是阶级的,因此,虽

① 李大钊:《唯物史观在现代史学上的价值》,《新青年》1920 年第 8 期第 4 号。
② 中国历史研究会《中国通史简编》,上海:华东人民出版社,1952 年,第 1—3 页。
③ 吕振羽:《简明中国通史》,北京:人民出版社,1959 年,第 2 页。
④ 梁启超:《新史学》,见《梁启超选集》,第 279 页。

然同是"反封建",但是,梁更多地是从普泛的"人道""人性"出发,史观派则着眼于"揭露统治阶级的罪恶"[①],特别是"地主阶级的罪恶","暴露"封建社会的"黑暗"。梁氏说"二十四史"是"二十四姓之家谱",翦伯赞说"二十四史"是"统治阶级的纪功录";梁氏说"二十四史"是"君史",翦则说"二十四史"是"专捧统治阶级而以人民为敌的历史",[②]等等。尽管有这些差别,但"新史学"带有启蒙性质的历史观已为史观派全部继承下来,实为确凿无疑的事实。[③]

其实,对中国现代史学而言最有推动意义的,莫过于史观派对"新史学""以社会科学治史"门径的继承和光大了。因为,"以社会科学治史"可以说是 20 世纪初年国际史坛上最富生命力的潮流,这一潮流在六七十年代结出了"年鉴学派"这一巨大的学术果实,后来一度递演覆盖了整个世界史坛。所以,当梁启超等人在 20 世纪最初几年呼吁引进社会科学学理治史时,不能不说他们是走在潮流的前面,即使对世界史坛而言也是如此。对此,许冠三评论道:"任公的眼光远大更是时下史界庸人难以想象。"早在近一个世纪前,第一,他即已留心史学和其他学科的关系,"开今人'科际整合门径'的

---

① 范文澜的《中国通史简编》初版"序"中,指出该书的两大题旨是:一是"揭露统治阶级罪恶",二是"显示社会发展法则"。参见范文澜:《中国通史简编》(上),《范文澜全集》第 7 卷,石家庄:河北教育出版社,2002 年,第 4 页。

② 翦伯赞:《略论中国文献学上的史料》,见《史料与史学》,北京:北京大学出版社,1985 年,第 16—17 页。

③ 《中国通史简编》的"再版说明"中说:"人民的历史,不是皇族的家谱。历代纪元年号,显然以天下为帝王私产,且时代距离不易省察;故本书对历代帝王直称姓名,年次全用公历。"(范文澜:《中国通史简编》上册,《范文澜全集》第 7 卷,第 5 页)这些可以看作都是对梁启超相关思想的继承或呼应。

先路"。其次，"是爱用各种学理作历史解析的纲领，尤爱引公理公例做推论和解说的凭借"。在多种学理中，梁启超"用得最多的是'群学公例'和通观全局的'社会学者眼光'"，而经济学原理他更是经常援用，且"多用于析理近代国际关系"。许氏因此认为："任公在这方面的尝试非但是现代史界的第一人，且为二千年来史学史上的第一人。"①如上所说，梁氏的这份"最有意义"的学术遗产也为"史观派"所继承所延续。

以往唯物史观派史学的大发展本身实际上就是对"以社会科学治史"路线的实践。因为唯物史观本是一种社会学理论，更具体地说是一种冲突社会学，"阶级对抗"是历史的动力之类，就是这一社会学分支中的"公理公例"；用这一理论指导历史研究当然是一种"科际整合"。另外，迄今为止，对中国史学界影响最大的马克思主义著作是《家庭、私有制和国家的起源》，而《起源》所阐发的是盛行于19世纪的人类学理论，即单线进化的人类学模式。所以，《起源》对历史研究的指导，实际上也是早期人类学理论与历史学的跨学科实践。② 至于马克思对经济史事实意义的强调和他的经济学理论及概念，特别是《资本论》对历史学家的启迪和支配，如在所谓的"资本主义萌芽问题"等讨论中所起的作用，更是触目皆是。

唯物史观派的开山之作郭沫若的《中国古代社会研究》，将历史

---

① 许冠三：《新史学九十年》，第5、43页。
② 王学典：《新时期史学思潮的演变》，《中国社会科学》1994年第2期。

学、考古学、人类学整合在一起,对殷周时代中国社会历史进行解读。郭书以《家庭、私有制和国家的起源》的续篇自期,其直接源头是摩尔根的人类学著作《古代社会》。因而郭沫若实际上是在用进化学派的人类学理论尝试探究中国古史。张荫麟评价说:"它例示研究古史的一条大道","那就是拿人类学上的结论作工具去爬梳古史的材料","替这些结论找寻中国记录上的佐证,同时也就建设中国古代社会演化的历程",并指出"郭先生所例示的路径是值得后来史家遵循的"。[①] 继郭书之后,吕振羽又运用人类学、考古学的成果在史料派视为畏途的史前社会研究中大显身手。在《史前期中国社会研究》的"绪论"中,吕振羽说:"在今日的可能条件下,去探究中国史前的社会,无疑是带有几分冒险的性质","幸而恩格斯、卢森堡、考古学者、古生物学者、人种学者、民俗学者、语言学者们各方面的努力,根据事实研究的结果,指示出史前期人类活动的一幅轮廓画",[②]若想准确无误地描述出中国史前期社会的发展过程,还有待上述诸门学科的研究的深入。吕振羽以人类学的研究门径,对神话传说中的野蛮时代、母系氏族社会、父系氏族社会、由血缘氏族组织到地域组织的转变等分别予以论析,为"无人过问的史前期整理出一个粗略的系统"。这样,以往被视为荒诞无稽的神话传说,具有了真实可信的历史内核。翦伯赞的《中国史纲》(先秦卷)充分而广泛

---

① 素痴:《评郭沫若中国古代社会研究》,《大公报》1932 年 1 月 4 日。
② 吕振羽:《史前期中国社会研究》,北京:生活·读书·新知三联书店,1961 年,第1、4 页。

地利用人类学、社会学、民俗学、经济学、考古学所提供的成果，阐释、清理中国的史前社会，翦伯赞认为，传说中的有巢氏、燧人氏、伏羲氏时代，暗示了摩尔根的人类学上的蒙昧时代的历史内容。传说中的神农、黄帝、尧舜禹以至整个夏代，暗示了人类学上野蛮时代的历史内容。把神的传说还原为人的历史，在吕振羽的研究基础上大大推进了一步。

总之，唯物史观派大力借用他们所能接触到的社会科学成果来探索中国历史的发展路径，产生了重大的学术影响。"通过这一学派，中国史学界实现了与西方最新社会科学门类如经济学、人类学和社会学的初步整合，从'义理'层面初步完成了中国传统史学的近代化转型。"[1]

仅此两端，即从历史观到方法论，已足以说明，"唯物史观派史学"是"新史学"的变种或后裔，是"新史学"遗产的继承者。实际上，"史观派史学"与"新史学"的近似之处不只如上所述。譬如，"新史学"具有比较明显的功利主义性质，尤其是具有比较突出的政治色彩，"新史学"家们呼吁"史界革命"，是从属于他们的救世需要，即把历史学纳入到他们的中国现代化改造工程中去。所以，"新史学"实际上是其政治活动的副产品，基本上不带有后来职业历史学家治史的特征。在这一方面，"唯物史观派史学"与"新史学"可以说如出一辙，功利色彩更浓："史观派"史家在自觉的层面上几乎全是革命家、

---

① 王学典：《20世纪中国史学评论》，济南：山东人民出版社，2002年，第9页。

宣传家，史学在他们手中有时也只具有手段和工具的意义，他们的目光始终聚焦在社会革命上，"不是为了说明历史而研究历史，是为了改变历史而研究历史"，[①]是他们的治学追求。由此看来，"史观派"可以说继承了"新史学"的治史理念。

由上看来，无论是从内容还是到形式，"唯物史观派史学"都继承了"新史学"的衣钵，换句话也可以说，"新史学"在消隐了近20年之后，又在"史观派"这里获得再生。这一再生，意义非同小可。——"唯物史观派史学"是公认的现代中国"以社会科学治史"学统中非常重要的、至少是必不可少的一个环节。"新史学"在这里的所谓"再生"，是"新史学"汇入社会科学化治史洪流之中的重要表征。这也就意味着，"新史学"在被"新汉学"淹没之后，并没有就此消殒，其身影和灵魂依然活在现代史学的传统之中。尽管包括"唯物史观"在内的以社会科学治史的这派学人"极少公开称引梁任公，不过，他们所信持的准则，实际有一部分早见于梁的史学新义之中"，这一"典范的若干'基因'早蕴藏于任公史学新义之内"。[②]

在援社会科学入史方面，"史观派"的最大问题，是把梁氏作为学说的"公理公例"视为不可抗拒的历史运动本身的"法则"和"规律"，以至陷入公式主义和教条主义的泥沼。有人甚至公开主张公式主义。王宜昌说："虽然有许多人反对过这种意见，但我却认为研

---

① 翦伯赞：《历史哲学教程》修正再版，辽东新华书店1949年重印本，第4页。
② 许冠三：《新史学九十年》，第468、469页。

究中国社会史，永远是要从'搬家主义'和'公式主义'出发的。"①吕
振羽批评他说：在王君脑子里的历史发展的公式，是单一的西欧希
腊罗马日耳曼的历史的形式，并且王君所知道的也只是西欧的古代
和中古史的现象形式，并不曾懂得其活的内容。他进而提出，"我们
研究中国史，拿它和世界史作比较的研究是重要的；但在从这方面
去了解历史的活的规律，并不是从这方面去'搬家'和套死'公式'。
从正确的历史方法论出发，才能够正确的去运用一切史料；只注重
'公式'而不去注重史料，那么写出的仍不外是自己的脑筋，而不是
活的具体的历史本身"②。

　　20世纪30年代初露锋芒的唯物史观派不幸走入另一极端，即
以驰骋议论为能事，对史料工作注意太少。社会史论战时期的文章
有一共同的缺点，就是"依据材料的贫乏"。"议论多，而材料少……
大家不肯在史料中下工夫，但凭文字游戏的诡辩。"③论战参加者的
研究方式是从概念到概念，与具体的史料脱节。翦伯赞指出，他们
"都一味忙于旁征博引马克思、恩格斯、列宁的文句，而忘记去研究
具体的中国历史，而以公式去推论历史"④。多数论战学者在材料上
存在严重缺失，"他们的研究是匆忙收集分散的证据来证明预设的

---

① 王宜昌：《评吕振羽的中国奴隶社会论》，《思想月刊》第1卷第2期(1937年)。
② 吕振羽：《是活的历史还是死的公式？——答王宜昌君》，《文化动向》第1卷第3
期。
③ 张绍良：《近三十年中国史学的发展》，《力行月刊》第7卷第4期(1913年4月)。
④ 翦伯赞：《历史哲学教程》，第138页。

关于中国历史的法则"①。社会史论战的亲历者陶希圣也反思说:
"单凭唯物史观之理论与方法,使用贫乏的历史资料,填入公式,加
以推断,达到预成之目的",是论战各方的共同弱点。② 此时的唯物
史观派"其作品中充满了西洋史上的名词,而不曾实际的探讨到中
国历史的核心"。因其取材既不谨慎,以至其作风,已渐为世人厌
弃。③ 可见,在 30 年代初期,平地崛起的唯物史观派面临危机,复出
的"新史学"处在一种左支右绌、进退失据的境地。

　　这段短暂的迷茫时期持续到 1934 年前后。针对社会史论战中
显现的种种弊端,唯物史观派开始进行自我调整,逐渐演化为左右
两翼。"史观派左翼"既运用唯物史观治史,又将这种治史活动与社
会革命视为一体;"史观派右翼"在现实政治立场上不赞成以马克思
主义为思想基础的社会革命,但同时又以唯物史观为治学工具。④
与政治意识形态的关系亲疏是两翼的一个重要区别。尤其是左翼
与社会政治过度亲近,以至造成种种局限,如他们在社会生产方式
问题上投入了过多的精力,使社会经济史各部门不能均衡发展;他
们基于革命义愤对"统治阶级""剥削阶级"进行猛烈攻击,放大了下
层民众的历史形象;他们的跨学科研究也基本局限于马克思主义体

---

① Arif Dirlik, "Mirror to Revolution: Early Marxist Images of Chinese History",
Journal of Asian Studies, Vol. 33, No. 2, Feb. 1974.

② 陶希圣:《八十自序》,《传记文学》第 33 卷第 6 期。

③ 曾繁康:《中国现代史学的检讨》,《责善半月刊》第 1 卷第 5 期(1940 年 5 月)。

④ 参见王学典:《唯物史观派史学的学术重塑》,《历史研究》2007 年第 1 期。

系之内,其余的学科门类一般不作借鉴；他们的问题史学往往成为行动史学、革命史学,被当作政争、党争的工具。诸如此类,极大地伤害了唯物史观派史学的学术自主性。^① 就此而言,史观派右翼的出现,是唯物史观派趋向学术化运作的重要标志。

美国学者阿里夫·德里克也观察到："1933 年之后,更具优势、更重要的趋势是唯物史观派发展为学术化的史学。这一时期的史学是学术性的有两种含义。第一,它大部分由学者写作或由与学术机构相关的刊物发表。第二,马克思主义史学主要沿着具体研究和专题研究的方向挺进,很少关心先前支配着马克思史学家的理论问题。"他还认为学术化的马克思主义史学有三种倾向：一是以陶希圣为首的社会经济史学者；二是结合其他社会学方法,有选择地应用唯物史观者,如周谷城；三是在五种生产方式学说指引下从事历史分期研究的正统马克思主义史家。^② 这就是说,20 世纪 30 年代之后,取径学术化路向、把马克思主义当作一种比较纯粹的学理来接受和运用,日渐成为一种潮流。

在我们看来,更加学术化的史观派右翼以"食货派"和"史学研究会"两个学术群体为代表,他们的出现昭示着一种整合性的"新史

①　需要特别说明的是,由于本书的论旨所限,对于唯物史观派左翼的学术成就未做全面而集中的展示。其实学术界不乏这方面的论作,如桂遵义：《马克思主义史学在中国》,济南：山东人民出版社,1992 年；史学史研究室编：《新史学五大家》,北京：社会科学文献出版社,1996 年；蒋大椿：《20 世纪中国马克思主义史学》,罗志田主编：《20 世纪的中国·学术与社会·史学卷》(上),济南：山东人民出版社,2001 年。

②　Arif Dirlik, *Revolution and History: Origins of Marxist Historiography in China, 1919-1937*. Berkeley: California University Press, 1978, pp. 221-225.

学"应运而生，开始超越史观与史料两极对立的僵局，臻于融会理论与材料的新境界，或者说是代表了一种史观派的学院化取向。1934年，作为对论战的反思、矫正和深化，陶希圣创办《食货》半月刊。在创刊号"编辑的话"中，他说："中国社会史的理论争斗，总算热闹过了。但是如不经一番史料的搜求，特殊问题的提出和解决，局部历史的大翻修、大改造，那进一步的理论争斗，断断是不能出现的。"陶希圣认识到，理论的发达，必先经过史料搜求、专题研究的阶段，于是退而结网，创办《食货》半月刊，开始了对中国社会经济史的考索。《食货》以"社会史专攻刊物"自许，但其大部分内容是关于经济史的。高耘晖说："我以为现在国内对于中国社会史从事研究的人，虽然不少，可是真正有具体组织的，还只是食货学会。事实上，食货学会现在或不久的将来一定会成为中国社会史研究的一个重心。"①

在以社会科学治史上，以陶希圣为代表的"食货派"似乎更自觉、更具开放性、更有代表性，在"以社会科学治史"的路线上已经走得很远了。这在陶氏所主办的《食货》杂志上有突出的表现。《食货》将社会科学的理论和方法与社会经济史研究相结合。② 早在1935 年初，陶氏就断言："以社会科学的理论与方法研究中国社会经济史"的时代业已来临。③ 因此，他们高度估价社会科学理论在治史中的作用，认为历史研究所需要的社会科学理论的"重要是不减

---

① 高耘晖：《分工研究的方法》，《食货》第 2 卷第 2 期（1935 年）。
② 陶希圣：《食货学会本年六项工作草约》，《食货》第 1 卷第 6 期（1935 年 2 月）。
③ 陶希圣：《食货学会本年（1935）六项工作草约》，《食货》第 1 卷第 6 期（1935 年）。

于所寻找的材料的；有一分见解，才有一分材料，有十分见解，则有十分材料"，所以无论研究何种专史，皆须"有这种学科的理论来指导"，"有外国的这种历史知识来作比照"。① 譬如，在从事近代都市研究时，就应"先由[西方的]理论下手，根据这些理论来研究中国都市"，然后又"以研究中国都市所得，再来修改[西方的]理论"，②等等。顾颉刚在《当代中国史学》中谈到陶希圣，说："他应用各种社会科学和政治学经济学的知识，来研究中国社会，所以成就最大。"③时人郭湛波认为，"中国近日用新的科学方法——唯物史观，来研究中国社会史，成绩最著，影响最大，就算陶希圣先生了。……陶氏在近五十年中国思想史之贡献，就在他用唯物史观的方法来研究'中国社会史'影响颇大"④。更重要的是，由于"史观派右翼"所用的跨学科理论并没有局限在经典马克思主义框架之内，而是紧紧跟踪国际学术界特别是经济学界的最新进展，⑤因而，他们所获得的学术果实也更为丰硕。总之，梁启超当年所憧憬的"取诸学之公理公例而参伍钩距之，虽未尽适用，而所得又必多矣"的治史理想，⑥已在"史观派"，特别是"食货派"这里获得了比较充分的实现。

---

① 高耘晖：《分工研究的方法》，《食货》第 2 卷第 2 期(1935 年)。

② 吴景超：《近代都市的研究法》，《食货》第 1 卷第 5 期(1935 年)。

③ 顾颉刚：《当代中国史学》引论，沈阳：辽宁教育出版社，1998 年，第 91 页。

④ 郭湛波：《近五十年中国思想史》，济南：山东人民出版社，1997 年，第 179 页。

⑤ 参看许冠三《新史学九十年》一书中对《食货》杂志从 1936 年 6 月起，在新辟之《理论与比较》和《比较与参考》专栏中所刊发的一批重要文章的介绍与评论(见该书第481—485 页)。这批文章可以说最能昭示中国"以社会科学治史"的前景。

⑥ 梁启超：《新史学》，见《梁启超选集》，第 287 页。

以前很少被学术界注意的"史学研究会"创立于 1934 年 5 月,主要成员有吴晗、汤象龙、罗尔纲、梁方仲、谷霁光、张荫麟等。他们来自清华大学和北平社会调查所(后更名为中央研究院社会科学研究所)。"史学研究会"以《中国近代经济史研究集刊》(后易名为《中国社会经济史集刊》)、天津《益世报·史学》双周刊和南京《中央日报·史学》周刊为学术基地。其主要特征有四点:一、它将社会经济史设定为研究重心,尤其注意从社会、经济角度解析历史现象和历史问题;二、它奉行民间本位的治史立场,关注基层社会和普通人物的历史境况;三、它遵循实证与阐释并重的致知取向,兼顾史观与史料,以求创立完整形态的历史学;四、它主张从社会学、经济学、统计学等西方社会科学借取理论和方法,以新的概念工具阐释中国历史。

天津《益世报·史学》双周刊发刊词中明确提出:"帝王英雄的传记时代已经过去了,理想中的新史当是属于社会的,民众的。"[1]而汤象龙在《太平天国史纲》的序言中则认为新史学应当"叙述文化的进步,经济的变动,社会的变迁","以整个民族或各民族的发展为主体,记载他们多方面的活动"。[2]张荫麟通史的着眼点在"社会组织的变迁,思想和文物的创辟,以及伟大人物的性格和活动"[3]。

他们力图融合吸收各派之长。如发刊词所表示:"我们既不轻

---

① 《发刊词》,天津《益世报·史学》双周刊第 1 期(1935 年 4 月 30 日)。

② 罗尔纲:《太平天国史纲》"汤序",商务印书馆,1937 年。

③ 张荫麟:《中国史纲》,上海:上海古籍出版社,1999 年,第 1 页。

视过去旧史家的努力，假如不经过他们的一番披沙拣金的工作，我们的研究便无所凭借"，同时"我们也尊重现代一般新史家的理论和方法，他们的著作，在我们看，同样有参考价值"。这里所谓的旧史家可能是指清代的考据学者，而新史家则泛指当时并存的史观、史料二派。显然他们不想追慕其中任何一方，而是欲集合各家所长，创立一种包容更广的新史学。"我们不愿依恋过去枯朽的骸骨，也不肯盲目地穿上流行的各种争奇夸异的新装。我们的目标只是求真。"①史学研究会重视史料工作，又能做到大处着眼，小处着手，避免流于细小琐碎，克服了史观派放言高论、大而无当的弊病。

与"食货派"直承社会史论战而起相比，"史学研究会"更明显是接续了梁启超"新史学"的事业。会中骨干张荫麟早已被视为梁启超志业的继承人。钱穆推崇张荫麟说："博通中西文哲诸科，学既博洽，而复关怀时事，不甘仅仅为记注考订而止。然则中国新史学之大业，殆将于张君之身完成之。"②梁启超的史学观念在吴晗身上也有投影。吴晗指出："文化史家的任务，是在探求历史演化的法则，精密地指出新旧嬗递的痕迹。"③这正是梁启超的一贯主张。与梁启超的论旨一致，吴晗对以往的历史撰述中过分铺张所谓英雄人物的事迹颇有微词，他在一篇文化史书评中说："英雄对于历史的贡献，

①　见《发刊词》，天津《益世报·史学》1935年4月30日。
②　钱穆：《中国今日所需要之新史学与新史学家》，《思想与时代》月刊第18期（1943年1月1日）。
③　吴晗：《学雄煌得述的高桑氏〈中国文化史〉》，《图书评论》第2卷第5期（1934年），收入《吴晗史学论著选集》第1卷，北京：人民出版社，1984年，第434—441页。

固然是不可否认的，但是一部文化史的性质，决不等于一本英雄传之以专门描写英雄们的性格、行动和功业来满足浅薄者的夸大狂。"①

在引进社会科学治史方面，"史学研究会"也有新的作为。到了30年代，西方社会科学不但在中国学界落地生根，而且进入了繁荣发展的阶段。这从《民国时期总书目》中可略窥一斑。30年代的社会科学类书籍在数量上呈激增的趋势，而前此则甚为寥落。所以，这时史学成功转向社会科学化路线已具备了较为坚实的基础。正是在这一学术背景下，史学研究会成员顺应时代潮流，大量援用社会学、经济学和统计学的理论和方法，来阐释和解说中国历史现象。由于他们的研究中心在社会经济史，所以主要借取以上三种社会科学。

张荫麟对跨学科的方法有过公开的提倡。在谈到治国史的预备工作时，他表示要"从社会学冀明人事之理法"。可以看出他对其他学科对研究历史的辅助功用已有所认知。张荫麟还曾以人类学理论评价郭沫若的《中国古代社会研究》。他认为郭著的一个突出贡献就在于"例示研究古史的一条大道"，"那就是拿人类学上的结论去爬梳古史的材料"。张又列举了这条研究古史的路径的三种优

---

① 吴晗：《李继煌译述的高桑氏〈中国文化史〉》，收入《吴晗史学论著选集》第1卷，第434—441页。

点,并提出此一路径"是值得后来史家的遵循的"。①从这一评价中,
张荫麟的立场也显露出来。在当时的上古史研究中,盛行的是"疑
古辨伪"的方法,是史料考订的方法,而张氏却将郭沫若的跨学科方
法提示出来,表明他对这一路径的认同。但同时张荫麟对郭沫若的
方法运用又提出尖锐批评:郭先生"竟无条件地承受了那久成陈迹
的,一九世纪末年的'一条鞭式'社会进化论,并担任用中国史来证
明它,结果弄出许多穿凿牵强的地方"。②张氏此论,可谓中肯。如此
深刻、道地的洞察,源于张荫麟对人类学等学科的熟知。他对郭著
的评论,因此而高人一筹。③

　　吴晗在其明史研究中则出色运用了社会学的分析方法,尤其是
集团分析法。他主要使用了"阶级"范畴进行分析。有必要说明一
下,"阶级"一词在当时非常流行,其使用也颇为混乱,连陈寅恪都曾
用以指称某种社会力量、社会等级。在"马克思主义"史学占据大陆
史坛的统治地位后,"阶级"更是成为学界乃至全社会长盛不衰的关
键词之一。而在吴晗那里,"阶级"更接近于这样一种理解,即作为
一个中性词,它是"用来'分类'的,其位置是由'等级'、'秩序'、'级

---

　　①　素痴:《评郭沫若〈中国古代社会研究〉》,上海《大公报·文学副刊》1932 年 1 月 4
日。
　　②　同上。
　　③　遗憾的是,尽管关于郭沫若的研究成果数量相当可观,但很少人提到张氏之说,
郭著在跨学科方面的创始性贡献遂长期湮没不彰。

别'等具有明确区别的概念决定的"①。这种脱去了道德、政治色彩的"阶级"实质上就是"集团"。吴晗的《明代之农民》《晚明"流寇"之社会背景》都是将农民作为一个社会集团来作整体考察的。在《晚明仕宦阶级的生活》中,吴晗描述了另一重要的社会集团——仕宦阶级的生存状况。在《胡惟庸党案考》中,吴晗推求胡案的组构原因时,提到一个因素,即朱元璋与士大夫集团之间的紧张关系,从而为胡案的发生提供了一种更具说服力的解释。

"史学研究会"大部分成员都涉足经济史,当时西方经济学已传入中国,所以他们的研究中大量吸取了经济学的理论成果,广泛借用经济学的概念、术语来分析中国历史上的经济现象和经济问题。谷霁光的《战国秦汉间重农轻商之理论与实际》一文,依据西方经济学理论省察中国历史上的重农轻商问题。作者的叙述和分析是在现代经济学的话语系统内进行的。更为可贵的是,谷霁光意识到西方经济学观点与中国经济思想之间存在歧异,因而反对盲目类比。②梁方仲也曾借用国外学者吞伦的理论来讨论土地位置与田赋输纳方式的关系。

总之,将社会科学方法应用于历史研究是"史学研究会"成员的一个突出特征,拜此方法之赐,他们取得了相当可观的成绩。同时

① 〔英〕哈罗德·珀金:《社会史》,蔡少卿主编:《再现过去:社会史的理论视野》,杭州:浙江人民出版社,1988 年,第 132 页。
② 谷霁光:《战国秦汉间重农轻商之理论与实际》,《中国社会经济史集刊》第 7 卷第 1 期(1944 年 6 月)。

他们又能对方法应用及时反思，力求减少误差，逐步摆脱引入西学时最初的稚气，渐臻化境。"史学研究会"的跨学科实践与 20 年代末 30 年代初的社会史论战时期大不相同。社会史论战的参加者们多唯西方社科理论是从，以至外来学理喧宾夺主，凌驾于中国的历史事实之上，造成严重的偏颇。而史学研究会始终立足于既存的史料与史实，将西方社会科学的原理方法作为辅助工具来使用。这无疑是一种成熟和进步。

即使因为会中成员没有接触信奉马克思主义、唯物史观，不将他们直接划入唯物史观派行列，但也不得不承认他们与唯物史观派的治学取向存在契合之处，至少可以归入"新史学"阵营。不过，与 30 年前"新史学"以震人心魄、炫人耳目的思想力量风靡一时不同，这时的"新史学"以稳健扎实的学术风格在实际研究领域中全面推进、遍地开花了。总体看来，梁启超的"新史学"是最初的起点，此时重在观念更新，而薄于学术实践；随着社会经济史的勃兴，"新史学"也化虚为实，由"思潮"凝结为"学术"。

这种融合趋向当然不以"食货派"和"史学研究会"两个团体为限，而是蔚为一种普遍的风尚。许冠三发现，在 30 年代，"材料、方法、理论相须相成"的"史建学派"业已萌芽，他们是"新史学"中的"新史学"。[①]"食货派"和"史学研究会"即是"史建学派"之一支。周予同也指出："'七七'事变以后，史学界已渐有综合各派或批评各派

① 《新史学九十年》，第 468 页。

而另形成最后新史学派的趋势。"①同时,现有的学派也在积极吸取他派之长,以健全和完善自身。连唯物史观派左翼在学术路向上已主动向史料学派靠拢②,这一变动到 40 年代后期已十分明朗。

值得一提的是,抗战前后唯物史观派左翼的转变主要不是从中国学术内部生发的,而更多地源于苏联批判波克罗夫斯基学派的影响。苏联方面的矛头所向是波克罗夫斯基学派的经济唯物论和公式主义。批判者称其"在历史科学和历史教学中传播社会学的抽象公式,以代替具体的、马克思主义的历史。波克罗夫斯基和他的'门徒们'用社会学代替具体的历史,用抽象公式代替事实,实质上是企图取消历史这门科学"③。拉狄克指斥波克罗夫斯基"以刻板的公式代替了全世界经济史","受机械论之毒太深,把历史变成了一个刻板的公式,只有经济力量的自然活动,看不出人的作用",其经济唯物论是"减去了辩证法的马克思主义"。④ 苏联史学在批判上一代马克思主义史学家的运动中面临着重大调整。

吕振羽、翦伯赞等都敏锐感知到了这一动向,提出其批判与建设的主张。吕振羽批评国内的社会史研究者在方法论方面,"不是

---

① 周予同:《五十年来中国之新史学》,《学林》第 4 辑(1941 年)。

② 关于唯物史观派对史料学派的认同,可参看王学典:《从偏重方法到史论并重——四十年代中后期中国历史科学的变动之一》,《文史哲》1991 年第 1 期;《从追求致用到向往求真——四十年代中后期中国历史科学的动向之一》,《史学月刊》1999 年第 1 期。

③ 〔苏〕潘克拉托娃等:《反对波克罗夫斯基历史观点》,北京:生活·读书·新知三联书店,1962 年,第 2 页。

④ 盛岳编译:《史学新动向》,上海:上海杂志公司,1936 年,第 32、30、19 页。

属于机械论的经济唯物论，便是属于观念论的实验主义"。李季、王礼锡诸人"只知搬运其陷于错误的一般社会学理论，来代替具体的历史研究，致连篇累牍的论争，彼此只是'断章取义'的在反复搬运马、恩、伊诸大师的阶段的文句，完全不曾接触到历史的具体事实与其活现的面目。因而在他们所写出的，并不是作为世界史之一部分的中国的历史，而完全是一种死的一般社会学的抽象的公式"。① 吕振羽指出："在中国的社会史论战上所形成的一切错误，大皆渊源于波格达诺夫主义，以及渗入在波克罗夫司矶学派中的波格达诺夫主义的血液的流毒。"苏联方面肃清波克罗夫司基学派确立了进入更高阶段的史学研究的指导原理，对史学研究的新动向具有"最高的决定的指导的作用"。目前应该根据这种原理来"建设科学的中国史的体系"。② 吕振羽还曾为编译苏联领导人批判波克罗夫斯基学派言论的《史学新动向》一书作序。

蓟伯赞同样指出："波格达诺夫以至波克罗夫斯基的历史方法论，也曾经而且正在流行于我们小布尔乔亚的历史科学的领域之内，然而这样的方法所产生的结论，便是人类历史之僵化。"③他批评社会史论战的参加者，"都一味忙于旁征博引马克思、恩格斯、列宁的文句，而忘记去研究具体的中国历史"，"都只以引经据典

① 吕振羽：《史学新论》，北平《晨报·历史周刊》创刊号（1936 年 10 月 3 日）。
② 同上。
③ 蓟伯赞：《介绍一种历史方法论的名著——盛岳译〈史学新动向〉》，《世界文化》第 1 卷第 2 期（1936 年 12 月）。

为能事,不以事实去说明历史,而以公式去推论历史"。[1] 这段话基本上脱胎于拉狄克批评波克罗夫斯基的文章。[2] 翦伯赞克服大汉族主义、撰写各民族历史的主张也是受到苏联史学界的启发。翦伯赞在《历史哲学教程》中宣布:"把马克思恩格斯创立的史的唯物论的历史观,使它得到更高发展的是列宁和史大林。"[3]斯大林被尊奉为"世界学术传统的继承者"[4]。由此可见,抗战时期特别是"学术中国化"运动中,"新史学"发展到一个新阶段,中国学者的主体意识不断增强,但"新史学"与域外学术的关联互动并没有减弱。

2. "新汉学"的下滑与分化

不得不承认,在 20 世纪 30 年代社会科学潮流的挤压之下,"新汉学"不仅风光不再,影响力锐减,而且由胡适、顾颉刚引领的考据风气也已登峰造极,其弊病充分显露,乃至招致越来越多的批评和质疑。时人指责道:"汉学之焰,至今盛张(托于科学方法及考古学),毒也弥甚。"[5]具体表现就是,"各大学研究所及中央研究院,皆

---

① 翦伯赞:《历史哲学教程》,第 193 页。
② 盛岳编译:《史学新动向》,第 9 页。
③ 翦伯赞:《历史哲学教程》,第 51 页。
④ 洪进译、外庐编:《斯大林——世界学术传统的继承者》,《中苏文化》斯大林六十寿辰庆祝专号(1939 年 12 月)。
⑤ 熊十力:《读经示要》,北京:中国人民大学出版社,2006 年,第 206 页。

尚考据之风"，而"今之业考据者，比乾嘉诸老尤狭隘"。① "今日各大学文科，皆习为杂碎考据"，"学风士习比清儒尤变本加厉"。② 就历史学而言，"从五四到抗战开始这二十年中，全国的学术界可以说完全埋头在这分析的工作中，大家误解历史，误解史学，以为就是考据，就是校勘。而于我们历史的大貌、文化的轮廓，反没有人能说得清楚"③。在时人看来，许多研究选题冷僻偏窄，无关宏旨，一个人的生卒年代，一个小故事来源的考辨，一个名词的解释，往往成为几万字长文的题目。④ 在这种学风的裹挟下，"治史者或致力于寻求罕见之典籍文物，苟有所获，则不问事之巨细，题之轻重，旁征广引，附会渲染以为文章，考史愈专精，可读之史愈少。苟长此不革，史学殆难发展矣"⑤。邓嗣禹则称这些"新汉学"家为博物学家；说他们"致力于微观专题研究，如一人的死期，一地的勘定，一个术语或专有名词的解释，似乎论文题目越专越好。撰写论文时，作者经常花费很大气力去搜集资料，绕许多复杂的弯路去证明一个细小的问题，以此显示其专精和博识。这一类的中国学者可能受到了伯希和的负面影响"。因此"那些住在雍容威仪的北平城内，拥有查阅之便，总想撰著详尽的狭小专题论文的学者，不能称作史学家，而应称作博物

---

① 熊十力：《十力语要》，北京：中华书局，1996年，第261页。
② 熊十力：《十力语要初续》，上海：上海书店出版社，2007年，第184—185页。
③ 丁则良：《中国史学之新趋势》，《大国民报》（昆明，1943年4月21日）。
④ 齐思和：《现代中国史学评论》，《大中》第1卷第1期（1936年1月）。
⑤ 牟润孙：《记所见二十丑年来史学著作》，见杜维运、黄进兴编，《中国史学史论文选集》第2册，台北：华世出版社，1976年，第1148—1149页。

学家"。①

"新汉学"同时遭到左派和保守派学者的夹击。左派方面,郭沫若、翦伯赞等对新汉学都有所批判。1930年,郭沫若在《中国古代社会研究》一书"自序"中向新汉学派公开宣战:"胡适的《中国哲学史大纲》,在中国的新学界上也支配了几年,但那对于中国古代的实际情形,几曾摸着了一些儿边际?社会的来源既未认清,思想的发生自无从说起。所以我们对于他所'整理'过的一些过程,全部都有重新'批判'的必要。""我们的'批判'有异于他们的'整理'。""'整理'的究极目标是在'实事求是',我们的'批判'精神是要在'实事之中求其所以是'。'整理'的方法所能做到的是'知其然',我们的'批评'精神是要'知其所以然'。""谈'国故'的夫子们哟!你们除饱读戴东原、王念孙、章学诚之外,也应该知道还有马克思、恩格斯的著作,没有辩证唯物论的观念,连'国故'都不好让你们轻谈。"②这表达出郭沫若对新汉学派的整理国故运动的不满。1940年,翦伯赞发表在重庆《读书月报》上的《中国历史科学与实验主义》(后更名为《评实验主义的中国历史观》)一文,更是系统检讨了胡适实验主义的历史观。他将实验主义的历史观归纳为"观念论中的主观主义""陈旧的进化论"、机械的"因果律论"、强调"特殊个人"的英雄史观

① 邓嗣禹著,李扬眉、周国栋译:《近50年的中国历史编纂学》,《山东社会科学》2004年第6期。

② 郭沫若:《中国古代社会研究》,《郭沫若全集·历史编》第1卷,北京:人民出版社,1982年,第7页。

几个方面。他还批评顾颉刚在古史研究上，"既不相信神话传说，而又拒绝研究甲骨金石文字，拒绝对出土的古代遗存之考证，因而，使得他对古史研究的刻苦努力，也只能把旧神话变成新神话而已"①。

除著名左派学者外，以往研究者较少引述的马乘风的有关论说也值得注意。马乘风在 1935 年《中国经济史》初版中专设一章检讨顾颉刚及其"古史辨"派的工作。书中对在学术界获得盛名的"古史辨"派非常不满："顾颉刚所编著的《古史辨》，一般人都认为它很有价值，而我却觉得它的价值没什么了不得，顾先生对于中国古代社会毫无进步的见解，还是死守着清代以前的学者传统的方法，不过是受了胡适的宁可疑古而失之，不可信古而失之这一错误见解的哄动，多作了几篇翻案文章罢了。"②"顾颉刚及其同盟者，拿着汉学家粗陋的木棒石锥，打着有名无实的'科学'招牌，目空一切的在中国学术界上乱吹，使我愤怒，成千成万的大学生在顾颉刚《古史辨》的体系的影响之下，无批判地接受一切陈朽的观念及其破片，使我寒心。"③

同时，顾颉刚等的治史眼光和问题旨趣也令马乘风颇难认同。马乘风主张研究历史"要把眼光投放在整个的社会生活上，从多方的试探，求得一个'大致如此'的轮廓，然后再作细密的工作，求其更

①　《翦伯赞全集》第 6 卷，石家庄：河北教育出版社，第 177 页。
②　马乘风：《中国经济史》，中国经济研究会，1935 年，第 485 页。
③　同上书，第 495 页。

加真确"①。而顾颉刚等"不从社会的整个轮廓着眼,不从社会的凭藉去观察个人的行为"②。二者的研究路线一开始就分道扬镳了。他还强调:《古史辨》提出的问题,都是些小问题、枝节的问题、头发梢似的问题,即使解决了也不能明了古代社会的问题;而"我们所要知道的,是古代社会生活的全部,是古代社会的大轮廓,是古代社会的整个问题"③。"当我们分析历史的时候,就不能不从大处着眼,我们必须取出历史长流中的若干大的段落来看,从各主要的事象上,加以仔细的比较,以求出前一段与后一段之不同的征点何在。如果我们单盯住一个极短的时间来看,我们将永远难以求出此一短时期之历史的特征何在。"④唯物史观学者力图把握历史变动的大关节、大脉络、大方向,而顾颉刚等古史辨派却一心钻求古书造伪的蛛丝马迹。马乘风将"古史辨"派治史路线视为歧途,认为"我们非站在新的唯物论的见地上,对于顾颉刚路线加以无情的排除不可"。⑤

归根结底,新汉学派与左派的分歧在于对理论、史观的态度。新汉学派虽推崇方法,但其方法限于考据,视理论为主观产物,因而对理论持排斥态度。左派则以理论为史学研究之中枢,无理论则无史学,史料考据只是史学研究的基础工作,并非史学之完成。左派

---

① 马乘风:《中国经济史》,中国经济研究会,1935 年,第 499、500 页。
② 同上书,第 503 页。
③ 同上书,第 506、500 页。
④ 马乘风:《从西周到隋初之一千七百余年的经济转移》,《食货》第 2 卷第 9 期(1935 年 4 月)。
⑤ 马乘风:《中国经济史》,第 522、499 页。

崇尚的理论、史观虽不能被普遍认同,但新汉学派拒斥理论所导致的"无系统""无用",是其自身的致命伤,直接危及其在学术界的地位和影响力。

至于保守派方面,曾以《刘向歆父子年谱》《先秦诸子系年》为新汉学派欣赏的钱穆可为代表。钱穆在其《国史大纲》中对新汉学即所谓"科学派""考订派"进行了批评:

> 最后曰"科学派",乃承"以科学方法整理国故"之潮流而起。此派与传统派,同偏于历史材料方面,路径较近;博洽有所不逮,而精密时或过之。二派之治史,同于缺乏系统,无意义,乃同为一种书本文字之学,与当身现实无预。无宁以"记诵"一派,犹因熟谙典章制度,多识前言往行,博洽史实,稍近人事;纵若无补于世,亦将有益于己。
>
> 至"考订派"则震于"科学方法"之美名,往往割裂史实,为局部狭窄之追究。以活的人事,换为死的材料。治史譬如治岩矿,治电力,既无以见前人整段之活动,亦于先民文化精神,漠然无所用其情。彼惟尚实证,夸创收,号客观,既无意于成体之全史,亦不论自己民族国家之文化成绩也。

钱穆指出新汉学的症结在于为学问而学问、重局部而轻大体。他的主张是:"国人之所求于国史略有知,乃非此枝节烦琐之考订,亦非此繁重庞杂之记诵,特欲于国家民族已往历史文化有大体之了解,以相应于其当身现实之所需知也。"钱穆撰作《国史大纲》,是他公开与胡适、傅斯年等人决裂的一个重要标志。[①] 1943 年，钱氏又借悼念亡友张荫麟之机提出他心目中"今日所需之新史学家"标准："一者其人于世事现实有极恳切之关怀者。继则其人又能明于察往，勇于迎来，不拘拘于世事现实者。三则其人必于天界物界人界诸凡世间诸事相各科学知识有相当晓嘹者。四则其人必具哲学头脑，能融会贯通而抽得时空诸事态相互问之经纬条理者。"[②]此标准与新汉学家格格不入，可视作是对位居主流的新汉学派委婉的批评和抗议。

不管各派学人的主观态度如何，20 世纪 30 年代以后，国内学风已由专注求真开始向兼顾致用倾斜。时局丕变，国难日深，"新汉学""为学术而学术"的主张号召力大大降低，余嘉锡甚至说，"国难"根本就是因"新汉学"而起。[③] 因此，以史学研究介入现实成为越来越多人的选择。顾颉刚、傅斯年、陈垣、陈寅恪等学者的态度都发生了不同程度的转向。顾颉刚创立《禹贡》半月刊，傅斯年编撰《东北史纲》，背后是民族主义的驱动。陈垣、陈寅恪的考据著述也寄寓了家国之忧。陈垣在谈到他 30 年代的治史经历时说："九·一八以前，为同学讲嘉定钱氏之学，九·一八以后，世变日亟，乃改顾氏《日

① 参见王晴佳：《钱穆与科学史学之离合关系，1926—1950》，《台大历史学报》第 26 期（2000 年 12 月）；陈勇：《钱穆与二十世纪中国史学》，北京：九州出版社，2017 年，第 88—115 页。

② 钱穆：《中国今日所需要之新史学与新史学家》，《思想与时代》第 18 期（1943 年 1 月）。

③ 牟润孙：《海遗杂著》，香港：香港中文大学出版社，1990 年，第 133 页，转引自汪征鲁主编：《中国史学史教程》，福州：福建人民出版社，2006 年，第 247 页。

知录》，注意事功，以为经世之学在是矣。北京沦陷后，北方士气萎
靡，乃讲全榭山之学以振之。……此时作品，以为振国之道止此矣。
所著已刊者数十万言。言道，言僧，言史，言考据，皆托词，其实斥汉
奸，斥日寇，责当政耳。"①陈垣在介绍战时北平的学坛状况时，感受
到，"至于史学，此间风气亦变。从前专重考证，服膺嘉定钱氏，事变
后颇重实用，推崇昆山顾氏；近有一步，颇提倡有意义之史学"②。
1932 年 10 月，傅斯年与萧一山、蒋廷黻等合作出版了《东北史纲》
第 1 卷，从民族学、语言学的角度，结合古代文献记载，证明东北自
古以来就是中国领土不可分割的一部分，东北诸民族自古以来就是
中华民族大家庭中的一员，驳斥了日本的"满蒙在历史上非支那领
土"论。该书出版后由李济节译成英文，送交"国联调查团"，成为
1932 年"国联"调查"九一八"事变时中国政府提供的历史证据。③这
样，历史研究与当世治乱兴亡联系在一起了。

　　"古史辨派"在这时所发生的变化尤具象征意义。顾颉刚的态
度发生了逆转。1931 年春，他到河北、河南、陕西、山东四省作考察
旅行，目睹了当时社会的残败与萧条，使他产生"在研究学问之外，
应当做些救国救民的事"，学范仲淹"以天下为己任"。④《禹贡》半月
刊本是顾颉刚联合同人进行学术研究的园地，首要任务是求真，是

---

　　①　陈智超编注：《陈垣往来书信集》，上海：上海古籍出版社，1990 年，第 216 页。
　　②　见《陈垣致方豪书》1943 年 11 月 24 日，《陈垣往来书信集》，第 302 页。
　　③　张礼恒：《从"九·一八"到"七·七"事变》，聊城师范学院历史系等编：《傅斯
年》，济南，山东人民出版社，1991 年。
　　④　顾潮编著：《顾颉刚年谱》，第 193 页。

使史学"建筑在稳固的基础之上"。但之后随着日本侵华的加剧,禹贡学人将研究的目光由沿革地理延伸到边疆史地、民族史与当代史,《禹贡》半月刊成为以学术救国、通史致用的一个平台。顾颉刚等人以学者自己的方式承担起他们对国家民族的责任。彭明辉认为《禹贡》半月刊是"考据与经世的交互为用"。①美国学者施奈德评价顾颉刚等人在这一时期的活动时说:"在日本侵入华北时,他同时致力于抗日宣传和正常的学术活动。在日本人占领时期,他的大部分论文都写的'人民的历史',即以历史论著形式来宣传国家统一和在危机中求生存的道理。"②另有西方学者则将顾颉刚与清初的顾炎武相提并论,认为二顾虽异代,却都因国事维艰而走上了治边疆地理的道路,"他们都对他们所处时代的中国学术质量产生了幻灭之感,也都视重振学风为国家图存救亡的重要手段"③。

1937年抗战的全面爆发使国内的学术环境发生了很大变化。民族危机的空前深化使以远离现实为荣的考据学受到人们的冷落。20世纪30年代还是"非考据不足以言学术"④,到40年代中期则考据的合法性也需要一番辩护才能得以维持,以往的强势地位受到了

---

① 彭明辉:《柳诒徵与〈史地学报〉》,原载《历史地理学与现代中国史学》,见柳曾符、柳佳编:《劬堂学记》,上海:上海世纪出版集团,2002年,第242页。

② 〔美〕施耐德:《顾颉刚与中国新史学》,梅寅生译,台北:华世出版社,1984年。转引自王学典、孙延杰:《顾颉刚和他的弟子们》,济南:山东画报出版社,2000年,第47页。

③ James A. Millward, "The Qing Frontier", in Hershatter, Gail. *Remapping China: Fissures in historical terrain*. Stanford University Press, 1996, p. 117.

④ 《书评:〈古史辨〉第四册》,《国立北平图书馆读书月刊》第2卷第7号(1933年4月)。

严重挑战。1944 年岑仲勉发表的《考据举例》一文就反映出这种情形。岑氏对关于考据的指责——进行辩解,强调考据之不可废。[①]真是时过境迁,今非昔比。

顾颉刚还反省道:"抗战前的史学界,大家投向专的方面,而忽略了通的方面",专家的研究"是史学界的基石,万万缺少不得","接受专家的成果,融汇贯通之后,送给一般人看"的通史读物也必不可少,所以,将来的史学应当"两条路都走,两种人才都培养,然后可以学尽其用"。[②] 而引起"古史辨派"发生上述变化的,正是"唯物史观派"通史著述的流行:最近"范文澜、翦伯赞们编的书各处畅销,为什么我们不能与之争锋呢"?[③]为了因应这种史学局面,顾颉刚、童书业等也开始了新的中国通史的撰写,直到被 1949 年的大变局打断。[④]1945 年,顾颉刚在回顾总结近百年史学时说:"自从所谓'唯物史观'输入以后,更使过去政治中心的历史变成经济社会中心的历史,虽说这方面的成绩还少,然也不能不说是一种进步。"[⑤]这里表达了一种对史观派有保留的肯定。[⑥]

到 20 世纪 30 年代中后期,陈寅恪的学术研究也发生了明显转

① 岑仲勉:《考据举例》,《图书季刊》新第 5 卷第 4 期(1944 年 12 月)。
② 顾潮编著:《顾颉刚年谱》,1946 年 8 月条,第 327 页。
③ 《顾颉刚致白寿彝书》1947 年 4 月 23 日,见王学典、孙延杰:《顾颉刚和他的弟子们》,第 26 页。
④ 参见王学典、孙延杰:《顾颉刚和他的弟子们》,第 229—230 页。
⑤ 顾颉刚:《当代中国史学》"引论",沈阳:辽宁教育出版社,1998 年。
⑥ 其实顾颉刚早在 1937 年就揭示出这一点,不过更委婉一些。他说:"至于今日,史家多于历史现象中特提经济一观点,其说风靡一世,社会史遂有取政治史而代之之势。"瞿宣颖:《中国社会史料丛钞》甲集"顾序",上海:商务印书馆,1937 年。

向，"从东方学的立场回到史学的立场"①。陈氏史学本来具有重史料和重史识两面。他对中国传统的汉学、宋学的态度透露出他并非止步于史料工作。在推崇求实考据的汉学精神的同时，他更服膺注重义理的"宋学"精神。陈氏对宋儒的史学评价颇高。他认为："中国史学莫盛于宋。"并认为清代史学的不足之处是以经学的方法治史，"止于解释文句，而不能讨论问题"，所以"有清一代经学号称极盛，而史学则远不逮宋人"②。陈寅恪不仅上承乾嘉汉学，注重史料的完备和考据的严密，还主张通过对历史现象的考据而"推测其渊源之所从出及其成立之所以然"③。熔铸汉宋才是陈寅恪追求的理想境界。陈氏本人的学术研究也的确兼具史料与史识，正如胡适所说："寅恪治史学，当然是今日最渊博最有识见最能用材料的人。"④其隋唐史研究对种族、门第、文化问题的洞见久为学界所激赏和叹服。这些研究的特点是利用常见史料洞幽发微，而不是依靠新材料出奇制胜。在陈寅恪那里，考证与诠释的地位是平等的。德国学者施耐德曾对陈氏的代表作《隋唐制度渊源略论稿》和《唐代政治史述论稿》两书进行统计分析，结果表明，解释性术语与经验性术语的比例为 213:273，考证、经验领域的术语的比重只是略占上风，二者大

---

① 余英时：《陈寅恪史学三变》，《中国文化》第 15、16 期（1997 年）。
② 陈寅恪：《陈垣明季滇黔佛教考序》，《金明馆丛稿二编》，第 240 页；《陈垣元西域人华化考序》，《金明馆丛稿二编》，第 238—239 页。
③ 陈寅恪：《禅宗六祖传法偈之分析》，《金明馆丛稿二编》第 169 页。
④ 曹伯言整理：《胡适日记全编》第 6 册，1937 年 2 月 22 日，合肥：安徽教育出版社，2001 年，第 657 页。

体平衡。① 时人评论陈寅恪的《唐代政治史述论稿》时指出："近人多诟病考据之学，谓其流于琐碎，无裨世用。惟是史学以探求真实为最高理想，原不必悉以资用，则考据又乌可废？陈氏是书所讨论之诸问题，为吾国中古史关键所在，不但李唐三百年之盛衰兴亡而已。此本书所以异于时人所讥之琐碎考据，亦异于剪裁陈言、纂辑成书之史钞，更大异于具有成见与含有宣传性之史论。"②这表明，陈寅恪的考据之学业已突破史料辨析、史实考订的初级工作，进入历史解释、历史建构的层次了。

如果说"新汉学"代表人物、当时学术界的中心人物，由于身份和地位的考虑，立场转变还不够明显，所谓船大掉头难，那么，地位名声稍次者、下一代传人弟子的言行更能体现这种变化。

童书业是顾颉刚登堂入室的弟子，曾多次与顾氏合作撰文，并受命编辑《古史辨》第 7 册，为"古史辨"派后期中坚，是顾氏欣赏和信赖的衣钵传人。因而，童书业也算得上史料派中的重要角色。大约到抗战爆发前后，童书业已经明显表露出对唯物史观派史学的关注。童书业回忆说："当抗日战争爆发稍前，杨向奎先生从日本留学回来（杨先生开始与我认识，在我到北京后），他告诉我日本史学界和中国留学界对于马列主义史学研究的热烈，使我很受感动，把我埋在脑海深处的陈独秀经济史观的影响引发了出来，我开始想用

---

① 〔德〕施耐德：《真理与历史——傅斯年、陈寅恪的史学思想与民族认同》，关山、李貌华译，北京：社会科学文献出版社，2008 年，第 190 页。
② 王育伊评，《燕京学报》第 30 期(1946 年 6 月)。

'唯物史观'来研究历史了。"①

为反击王宜昌等人对考据的激烈批评,童书业在 1936 年 8 月 21 日北平《晨报》发表的《唯物史观者古史观的批判》一文,其中公开正面评价唯物史观史学的价值。他申言:"近来有一派人专用社会分析的眼光来研究中国历史,这种方法本不算错,因为他们运用最新颖的知识,把一切死气沉沉的材料都化作活活泼泼的,叫人们勘破事实的表面而进一步探求一切历史的核心,这确是很有史学革命的精神的。""唯物史观对于古史也不是没有认识比较清楚的人们,如郭沫若的《中国古代社会研究》就是一部比较可以看的书,而陶希圣的《中国社会之史的分析》也还要得。"他总的态度是:"我们对于唯物史观是相当承认的,对于唯物史观者研究历史的成绩也是相当钦佩的。我们所反对的,只是一部分唯物史观者的唯心历史观,和他们对于考据一派的谩骂式的批评。"②

最引人注目的是 1946 年参加过社会史论战的老将李季与童书业关于古史传说的论战,这是当时两大学派的一次正面交锋。至于论战的详情,这里不作详论。③ 需要一提的是,1946 年 12 月 12 日,童书业在《东南日报》的《文史》周刊发表《给李季先生的一封信》颇

---

① 徐鸿修:《求实创新 博大精深——杨向奎先生治学的开拓进取精神》,《文史哲》2001 年第 6 期。

② 童书业:《唯物史观者古史观的批判》,《童书业史籍考证论集》(下),第 662—669 页。

③ 详参陈峰:《考据学人眼中的唯物史观史学——以童书业为中心的考察》,《山东大学学报》2006 年第 3 期。

有总结意味。童氏意识到论辩双方的根本对立之处,他说:"最大的分歧点,并不在结论的不同,而在方法的差异。我们所用的是考订的方法,以史料为依据,以假设求证为步骤,而以求真为目的。先生所用的是类推的方法,以史观学说为依据,以比附推断为步骤,而以求合为目的。"他认为李季"脑子里存有一个社会进化阶段的公式,一切的研究,都以证明那公式为目的"。童书业此处虽是针对李季个人而言,实际上却点中了整个史观派的要穴。以史观、理论为出发点和归宿,证明人类社会演化的普遍法则,正是唯物史观学者的基本工作思路。这种治史方法导致了对史料考据的轻忽。童氏还声明,尽管他开始关注理论,但"依旧承认考据是治史的正当方法之一,依旧承认不经过考据的阶段,历史的真相是无法出现的"。①

　　1946 年 12 月,童书业撰文指出当前史学界存在的不良倾向:史学的内容"有考订和贯述二项,现在中国的史学却偏在考订一面。确实有成绩而为史学界所公认的史学名家,多长于考据,通史的著作,常遭人们的轻视,专著通史的史家,往往被人们认为'概论派',好像在今日的中国,只有考据才是真正的史学似的"。而他认为考订与贯述应相互配合:"考订和贯述是两件不可偏废的工作,考订是审定史料,是写作历史的预备工作;贯述是根据已审定的史料,通论历史的大势,是史学的最大目的。在写作通史时,需要有考订的常识,并需要明了当代史料考订的成绩,而在考订史料时,也需要有通

---

① 童书业:《给李季先生的一封信》,《童书业史籍考证论集》(下),第 773—776 页。

史和社会科学的常识;否则写作通史变成了架造空中楼阁,考订史料变成了玩物丧志,是无一而可的。"然而,"不幸得很,现在中国人研究学问往往趋于极端,讲考订的人专钻牛角尖;讲把握历史大势的人常喜架造空中楼阁"。这里童书业批评了一味沉入专题研究的倾向。童书业观察到:"抗战以后的新史学有一个新趋势,便是一部分讲考订的史学家,渐渐注意于历史大势的研究,他们放弃了支离破碎的小考据,而去寻求通贯全史的新理论,这确是个进步的现象。"①

更加明确的认识体现在童书业的《新汉学与新宋学》一文中。他鸟瞰当时学术界的形势时指出:"抗战以后,学术界的潮流确是有些变化了,这变化是由向外的考据学的研究渐次转移成向内的道理的探求。"除战时环境的影响外,"按照文化发展的自然趋势看,这种转变,是也很合历史的潮流的"。因为古今中外学术思想史的重要变迁符合黑格尔"正、反、合"的辩证法。"考据之学已独霸了三百多年的天下,到这世界和国内大势整个变迁的时候,自然又该有一种新的学术潮流兴起,这是历史的必然趋势,最近的'新宋学'运动,可说是应合这个历史的趋势的。""所谓'新宋学'运动,是指近来一班喜讲道理的学者的讲道理运动。"新宋学"用汉学的实证精神来讲道理","是科学化哲学或思想"。童书业断言:"新汉学"垄断学坛的局

---

① 童书业:《从史料考订到通史著作谈到古史的研究》,《童书业史籍考证论集》(下),第 768—772 页。

面即将终结，未来是以新宋学为主流、其他学术思想并存的时代。[①]
此处的"新汉学"是"五四运动的考证学"，其最主要的特色是"批判
精神"，"对于传统的思想，旧史的传说，常能作勇猛无情的批判"；而
"新宋学""讲道理运动"大概是就当时冯友兰、马一浮、熊十力等人
的学术取向而言，并非指唯物史观一派。但史观之学正与此种重义
理的潮流相契合，也可从中获取生存发展的合理性依据。毕竟，这
与过往史料考据学人以正宗自居、排斥义理的傲慢姿态相较，已是
大大的不同了。

　　立场、观念的转变融入了学术实践之中，童书业似乎开始游移
于理论和史料之间。1945 年以后，童氏被友人指责为"好谈理论"
"海派"化了，但他坚持认为重视理论是合潮流之举。[②] 童书业倾向
唯物史观集中体现在 1935 年动手、1941 年写就、1946 年出版的《春
秋史》一书中。童氏说："我替顾先生写的春秋史讲义附录中提出经
济是历史的重心，政治文化受经济社会决定的看法，后来又把这个
看法写在我的《春秋史》里。"[③]书中提出："无论哪种社会组织，都逃
不了被经济状况所决定。'经济是历史的重心'这个原则，是近代东
西史家已经证明了的，所以我们要讲社会的情形便不得不先讲经济

---

① 童书业：《新汉学与新宋学》，《童书业史籍考证论集》（下），第 77—780 页。
② 童书业：《从史料考订到通史著作谈到古史的研究》，《童书业史籍考证论集》
（下），第 768　772 页。
③ 徐鸿修：《求实创新 博大精深——杨向奎先生治学的开拓进取精神》，《文史哲》
2001 年第 6 期。

的情形。"该书对经济生产给予足够的重视,具体分析了西周、春秋时代的土地制度、农业生产和农民生活、商业和手工业的情况以及赋税制度等,并对当时的经济水平做出了"大臻是自给自足"的估计,还下了"当时处于宗法封建制度"的结论。[1] 1941 年,童书业在评论钱穆的《国史大纲》时,批评其"理性指导说"带有"唯心"的色彩。他主张"历史最根本的基础是地理","地理的影响历史,必须通过经济,然后发生效力。经济仍是历史发展的原动力。地理环境决定经济状况,经济状况决定一切文化形态"。[2] 这一时期,童氏还提出过所谓经济、地理、民族性的"三合史观"。[3] 1951 年,童书业在《文史哲》发表《论亚细亚生产方式》一文,重开国内学术界关于亚细亚生产方式的讨论,以极大的热情和精力投注于古史分期问题的研讨,应是上述倾向的延续。[4]

胡适的得意门生吴晗的学术路向也发生了重要变化。胡适当初教诲吴晗只要做一个能整理明代史料的学者,不要作一部新明史。[5] 在步入史坛之初,吴晗基本上是"胡适的信徒",以胡适的

---

[1]　童书业:《春秋史》,济南:山东大学出版社,1987 年。

[2]　童书业:《读钱著国史大纲》,《童书业史籍考证论集》(下),第 738—744 页。

[3]　王学典、孙延杰:《顾颉刚和他的弟子们》,第 237 页。

[4]　专治后毛泽东时代中国马克思主义研究的澳大利亚汉学家比尔·布鲁格(Bill Brugger)和戴维·凯利(David Kelly)注意到,对亚细亚生产方式的讨论,由 1953 年斯大林之死"扫清道路"后方才在中国大陆展开,但此前已有吕振羽和童书业所发的先声。Brugger, Bill, and David Kelly. *Chinese Marxism in the post-Mao era*. Stanford University Press, 1990, p. 20.

[5]　可参看《胡适复吴晗》(1931 年 9 月 12 日),苏双碧主编:《吴晗自传书信文集》,北京:中国人事出版社,1993 年,第 75—76 页。

"大胆的假设，小心的求证"为座右铭，撰写了大量考据文章。如
《〈清明上河图〉与〈金瓶梅〉的故事及其衍变》一文主要考证《金瓶
梅》的作者并非王世贞，《西王母与西戎》注目于西王母在地域上的
演变故事，《〈绿野仙踪〉的作者》则汇集了有关著者李百川的材料。
这些文章基本没有越出胡适的门墙。苏双碧将吴晗的考据文章分
为两类，一类偏重于技术性的具体考证，属于弄清某个历史事实，解
决一些比较具体的实际问题，另一类虽属考据，但超越了考据学的
任务，而能通过考据阐明社会历史问题，以及论述历史的发展趋
向。[①]上面提到的几篇无疑应归入前一类。而后一类则比胡适迈进
一步，突破了"实验主义"的圈子，力图透过史料发现重大社会历史
问题，像《胡惟庸党案考》《〈金瓶梅〉的著作时代及其社会背景》皆非
小考据，而是大手笔。正是由于这类文字的出现，吴晗的史学才日
渐趋于独立，走向成熟。而胡适的考据学也就从照耀学术之途的
"天际明星"逐步黯淡下来，终于只剩点点碎影。

　　1934 年大概可以视为吴晗学术生涯中的一个分水岭。此后，
吴晗不再徘徊于历史考证的狭小天地，开始穿越实验主义史学的门
墙，走上了研治社会史的道路。其学术转轨主要表现为以下两方
面：一是选题视野的转换。与以往专事个别、孤立的史实的辨析不
同，吴晗的目光已转移到明代的重大社会历史问题上。明代的社会
阶级结构、元明之际的社会变动、重要制度、大规模动乱、经济状况

---

① 　苏双碧、王宏志：《吴晗传》，北京：北京出版社，1984 年，第 39—44 页。

等成为吴晗关注的焦点。吴晗的兴趣由个别零星事实转变到梁启超所说的"史迹集团"上[①]。胡适"小题大做""千万不要做大题目"的训诫约束力已大大减弱。值得注意的是,经济史类的文章在吴晗的著述中占了相当大的比重。像《十四世纪时之纺织工厂》《元明两代之"匠户"》《明代之粮长及其他》《评梁嘉彬〈广东十三行考〉》等均为明代经济的专门研究。对经济史的偏爱,是吴晗的学术天平向唯物史观倾斜的重要表征。二是由实证到诠释,从考据到义理,史观与史料融成一片。吴晗的工作不再局限于"整理明代史料",不再停留在辨伪考订的初级工作上,在具备了一定的史料积累之后,吴晗涉足更高层次的工作——史实重建。这不仅是条理排列史料,而且要确定历史事件在因果链条中的时空位置,赋予其意义。

与吴晗一样,罗尔纲与胡适也有着师生之谊。所不同者,罗尔纲更能沿着胡适指点的学问之途前进。在问学之初,他几乎唯胡适马首是瞻,亦步亦趋地追随胡适。罗尔纲的太平天国史研究即始于史料的辨伪考证,他"一点一点地把太平天国史上的伪传说、伪文件逐步推翻去",陆续发表了《贼情汇纂订误》《上太平军书的黄畹考》《洪大泉考》的文章,一本师教。但转变的发生不可避免,史学研究会成员间的相互影响可能促成了罗尔纲出现变化。罗氏的《清代士大夫好利风气的由来》一文已现端倪。这篇文章发表在 1936 年 5 月 21 日的《中央日报·史学副刊》上的史论式短文,作出了"清代士

---

① 梁启超:《中国历史研究法》,上海:上海古籍出版社,1998 年,第 126 页。

大夫好利"的局部性概括论断①，没有像胡适要求的那样"有几分证据说几分话"。胡适阅后，大为恼火，严厉斥责罗尔纲。罗尔纲也不胜惶恐，立即致书胡适示其悔意。② 他 1948 年撰《太平天国考证学》讲义时，以"方法论"开篇，继"史料鉴定"和"史迹考证"之后，复有"史事解释"一章。③ 罗尔纲似乎正在逐渐成为史料派内部生长起来的一股离心力量。

吴晗还总结出一种"剥笋考据法"。这种方法是：在研究过程中所遇到的每一问题或史实，先要追究这问题在历史上的地位，是否已解决，如已解决，它们的证据是否可信，如未解决，症结何在，接着用全力考证这问题，恰像剥笋似的一层一层地剥去这问题所堆附的外障。再接着，还不肯以问题本身的解决为满足，还要问为什么这史实成问题，为什么这史实为许多外障所蔽而成问题。这一切完成

---

① 参见余英时的《中国近代思想史上的胡适》一文，载《中国思想传统的现代诠释》，台北：联经出版事业公司，1987 年，第 568 页。

② 罗尔纲后来一再强调考证的重要性，如《说考据》，载《困学集》（北京：中华书局，1986 年），第 469—509 页，并发表了大量这方面的文字，例如《太平天国史丛考》（上海：正中书局，1943 年）、《太平天国史考证集》（上海：独立出版社，1948 年）、《太平天国史料辨伪集》（北京：生活·读书·新知三联书店，1955 年）、《太平天国史料考释集》（北京：生活·读书·新知三联书店，1956 年）等。罗尔纲的考证功夫也受到学界的揄扬，如谷霁光：《赤心的挚友、诚实的专家罗尔纲》，载《罗尔纲与太平天国史》，成都：四川省社会科学院出版社，1987 年，第 30 页；茅家琦：《一代宗师罗尔纲》，同上书，第 43—47 页；王汝丰、赵至敏：《搜罗宏富、考证精详》，同上书，第 127—146 页。这说明即使进入更高层次的史学建设，考证这一基础性工作也是永远需要、不能废止的。有研究者认为，罗尔纲在撰成《太平天国史纲》后不久即幡然悔悟，重回考据之路，参见李欣荣：《罗尔纲和他的〈太平天国史纲〉》，《史学史研究》2013 年第 1 期。

③ 此处据许冠三：《新史学九十年》（下），香港：香港中文大学出版社，1088 年，第 55 页。

之后，对史实进行估价，给它在历史中一个恰好的位置。①剥笋考据法已经超出了单纯的考证，从认清"是什么"到追问"为什么"，由史实考证进入史事重建。原本这是吴晗用来概括罗尔纲的治学方法的，而罗认为这也是吴晗所一贯遵循的原则，他之能在明史领域作出开拓性贡献，实赖于此。② 这种方法与胡适的"剥皮主义"有质的不同。在"古史辨"派兴起之初，1924 年 2 月 8 日胡适在《古史讨论的读后感》中曾称道顾颉刚研究古史的方法，实际上是借以阐发他自己的实验主义观点。他说："顾先生的这个见解，我想叫他做'剥皮主义'，譬如剥笋，剥进去方才有笋可吃。这个见解起于崔述……"③这里胡适"譬如剥笋"的比喻来自梁启超。胡适的"剥皮主义"重点在皮——史料的层层包裹，吴晗、罗尔纲的"剥笋考据法"的重点在心——历史事实的真相，已经大大前进了一步。

总之，"新汉学"派中有不少人一改过去惟考据求真是尚的做法，开始涉足通史致用和综合编史的工作。在时代变局的冲击之下，"新汉学"派内部也发生了分化。在周予同看来，中国史学界的风气从"七七"事变之后就开始变化了，"撷取疑古、考古、释古三派的优点加以批判的综合"已成新的学术征兆。④ 学风调整之后，"新汉学"的考据术在历史研究的史料学层面继续发挥作用，但其学术

---

① 罗尔纲：《太平天国史丛考》"吴晗先生序"，上海：正中书局，1943 年。
② 参见罗尔纲：《困学丛书》(下)，南宁：广西人民出版社，1989 年，第 1006 页。
③ 《古史辨》第 1 册，第 192 页。
④ 参见周予同：《五十年来中国之新史学》，见朱维铮编：《周予同经学史论著选集》(增订本)，第 559 页。

观念和主张已经被时代所刷新和超越。

与史料派的江河日下恰成对照的是史观派的蒸蒸日上。其中，唯物史观派左翼地位和影响力的迅速抬升尤具象征性。战乱使史料派元气大伤，却给史观派创造了机遇和舞台。"七七事变"后，经过一段短暂的戎马生涯，那批后来执史界牛耳的左派史学家们相继奔赴延安和重庆两地。延安和重庆因而成为抗战期间马克思主义历史研究的两大中心。在重庆，以国民政府军事委员会政治部第三厅（后为国民政府军事委员会政治部文化工作委员会）为合法的活动中心，聚集了郭沫若、翦伯赞、侯外庐、吕振羽（后到延安）、杜国庠、华岗、胡绳、吴泽、嵇文甫、赵纪彬、陈家康等人，以《中苏文化》《新华日报》《群众》《读书月报》《理论与现实》为阵地，从事历史学界的战斗并刊发研究成果。后来还组织起了"新史学会"。在延安，则成立了中央研究院中国历史研究室，形成了以范文澜为中心的一支研究队伍，尹达、陈伯达、何干之、金灿然等是其中的重要成员。他们在《解放》《中国文化》和《解放日报》等报刊上发表文章，掀起对重大史学问题的讨论。这两个中心、两支队伍，遥相呼应，有力地影响着当时的文化界。[1]

---

① 此外，抗战时期的广西桂林也聚集了一批马克思主义史学家，如宋云彬、曹伯韩、杨东莼、张健甫、杨荣国、陈竺同、谭丕谟、汪士楷等。除杨荣国、谭丕谟为中共地下党员外，其余当时皆为党外人士，但他们的史学活动同样坚持了唯物史观的基本立场。他们的特点是关注贴近现实的当代史研究，注重面向社会大众。这些桂林党外人士的史学活动，"虽不若同时重庆地区郭、吕、翦、侯等那样声势夺人，却与之桴鼓相应，共同推进了中国马克思主义史学的发展"。参见胡逢祥等：《中国近现代史学思潮与流派（1840—1949）》，北京：商务印书馆，2019 年，第 1083—1089 页。

　　抗日战争的爆发是近代中国历史的一个巨大转折。这一转折不但塑造出一个左右未来中国前途与命运的新的政治结构,也使当时的社会心理、社会思潮以及作为这种心理、思潮集中表现的思想文化界为之一变。弘扬民族文化,重估传统的价值,发掘历史遗产,强调历史文化,也使得马克思主义成长为当时思想理论界的重要一员。这些就构成了这时唯物史观派史学思想变化和发展的一般背景。

　　这一时期唯物史观派史学思想的变化和发展当然来自有利的政治、文化背景的促动,但对唯物史观派史学本身而言,构成这一变化和发展的直接契机似乎主要是这一时期的"学术中国化"运动。据胡绳说:抗战初期开始的"学术中国化"运动,真正要做到"学术中国化",其先决条件乃是"中国学术化"。"中国这有了五千年文化史的古国,已积累了无数的经验,当前的现实中又充满着最错综、最复杂的事实材料。"这些经验和材料,尚未"加以排成、整理,使之条理化,而形成理论"。而要建立"中国化的经济学""中国化的哲学",并不就是把这些学科的理论用"中国化"的词句来叙述一下,并充实以"中国化"的例证。相反,"必须在我们先认真地作了中国经济学发展史的研究后,我们才能有中国化的经济学教科书;同样的,我们也必须先认真研究政治发展、思想发展的历史后,我们才可能有中国化的政治学、哲学教科书"。① "学术中国化"运动的展开和深入就这样推动了唯物史观派的中国史研究。

抗战时期，唯物史观派的历史研究之所以取得令人瞩目的成就，还与抗战进入相持阶段后所面临的特殊政治形势密不可分。"皖南事变"后，大后方的左派史学家们生活在国民党的高压统治下，失去了参加政治活动的空间和机会；严密的书报检查，又限制了学者们对中国当时现实问题的研究和探讨。这迫使多数学者从战场退回到书房，从对现实的研究回到中国历史，特别是对中国古代史的研究。所以，由于文化管控，当时学术界"对于当前实际问题的研究比较不如历史研究那样发达"。这就是1941年后大后方学者相率潜心于研究历史的现实动因。

此时延安史学的发展尤能独树一帜。延安史学是抗战史学的典型，在20世纪40年代的学术界形成了巨大的冲击波，造成的声势甚至堪与当时的主流学派相抗衡。其中，中央研究院中国历史研究室的成立是一个标志性事件。1938年5月5日，马列学院在延安成立，院长由张闻天兼任。下设历史研究室，成员有尹达、佟冬、杨绍萱三人，陈伯达为主任。此时，历史研究室规模很小，尚无具体的研究规划，参考资料也只有一套二十四史，还处于起步阶段。1940年1月，历史学家范文澜抵达延安，成为延安史学研究的转折点。

① 胡绳：《近五年间中国历史研究的成绩》，《新文化》第5卷第2期(1946年)。

范文澜不久即被委以重任,取代陈伯达出任历史研究室主任,总领历史研究工作。随之,历史研究室成员也由 3 名增至 8 名。范文澜上任不久,毛泽东即交代历史研究室一项重要任务,以新观点编纂一部中国通史,由范文澜领衔主持,谢华、佟冬、尹达、叶蠖生、金灿然、唐国庆等参编。① 1940 年 8 月,《中国通史简编》的撰写工作正式启动,1941 年 5 月完成上册,年底完成中册。上册于 1941 年 9 月在延安新华书店出版,风行于各大解放区,毛泽东兴奋地对范文澜说:"我们党在延安又做了一件大事。……我们共产党人对于自己国家几千年的历史,不仅有我们的看法,而且写出了一部系统的完整的中国通史。这表明我们中国共产党对于自己国家几千年的历史有了发言权,也拿出了科学的著作了。"②该书于 1947 年 7 月在国统区上海新知书店出版发行,两个月内重印两次,共 6000 册。这令国民党当局十分恼火,南京《中央日报》曾专门发表社论"介绍一本历史奇书"予以攻击,反而促使读者抢购此书,最后不得不加以查禁。

1941 年 7 月,"马列学院"改组为"马列研究院"。1941 年 9 月,

---

① 如当时杨绍萱就因不同意范文澜的西周封建论,坚持西周是奴隶社会,而表示不愿意参加合作。见叶蠖生:《我所了解的中国历史研究室》,《延安中央研究院回忆录》,长沙:湖南人民出版社,1984 年,第 71—73 页。另一篇回忆文章则这样记载:"经过编撰者的日夜奋战,稿子是齐了,但由于多数同志缺少编写经验,有的太详,有的太略,不甚合用,于是中宣部让范文澜负责整齐体例,修饰文字。"见佟冬:《我的历史》,《中国当代社会科学家》第 4 辑,北京:书目文献出版社,1983 年。

② 佟冬:《我的历史》,《中国当代社会科学家》第 4 辑,第 84 页。

"马列研究院"又更名为"中央研究院"，院长张闻天，副院长范文澜，下设9个研究室，中国历史研究室由副院长范文澜主持。此间，历史研究室补充了大量新成员，其中两位特别研究员是齐燕铭和吕振羽，一位研究员是刘亚生，新增研究生分别是陈道、宗箴、李徽、孙孝实、夏奇峰、胡朝芝和湛湘汉。到1943年初，成员发展到20余人。1942年研究室制定了三年研究计划，范文澜的《中国通史简编》下册和《中级中国史课本》的编撰是两项主要任务，学术研究日趋正规化。

延安中央研究院中国历史研究室的成立，对于有组织、有计划地研究历史，对于马克思主义史学的发展，意义重大。它的成立当时也激起很大反响，甚至引起国统区文教部门的恐慌。有人推测1943年3月24日在重庆成立中国史学会的意图就是与延安史学机构抗衡。顾颉刚日记载："此次中国史学会之召集出于教育部，电滇、黔、粤各校教授前来，花费殆十余万。说教部提倡学术，殆无此事。有谓延安正鼓吹史学，故办此以作抵制，不知可信否。"①尽管顾氏语气含糊，但也绝非空穴来风。此则材料正可折射出延安史学机构的声势与影响。范文澜的《中国通史简编》的确对国民政府中央研究院构成了压力。当时《申报》的一篇社论颇有向其问责之意：延安的"中央研究院有基于所谓马列主义的中国通史之编印"，"为什

---

① 顾潮编著：《顾颉刚年谱》，第313页。

么中华民国的中央研究院不能依据宪法,有基于三民主义的中国通史之纂辑？中央研究院的历史语言研究所自成立以来,在专门研究方面确已极有贡献,但在学术的通俗化方面,特别是在如何配合我们的国策方面,似犹嫌未足"。① 国民政府中央研究院的失误正反衬出延安史学的成功。

延安史学机构的建立,结束了长期以来马克思主义史学家单兵作战、不通声气的分散状态,进入组织化、集团化的阶段。这样,它最大程度地整合了延安地区有限的学术资源,变单骑掠阵为集体冲锋,集中力量重点突破,发挥了巨大的规模效益,使延安史学的影响力在短时间内迅速扩张,不失为一个成功的范例。更为重要的是,延安史学为1949年后中国大陆史学预备了核心领导骨干。此一时期形成的治史理念、价值预设和理论框架长期支配日后的中国史坛。

然而,延安史学机构的建立和发展,始终处于政治意识形态的支配之下,这又使得延安史学受政治风向影响。他们的研究具有强烈的政治关怀,特别强调史学与当前革命运动的联系。范文澜的《中国通史简编》是延安史学最主要的代表性成果,②其序言明确指出:"我们要了解整个人类社会的前途,我们必需了解整个人类社会

① 社论:《中央研究院的使命》,《申报》1947年10月16日。
② 最新的研究可参见李孝迁:《"红色史学":范文澜〈中国通史简编〉新论》,《中共党史研究》2018年第11期。

过去的历史；我们要了解中华民族的前途，我们必需了解中华民族过去的历史；我们要了解中华民族与整个人类社会共同的前途，我们必需了解这两个历史的共同性与特殊性。只有真正了解了历史的共同性与特殊性，才能真正把握社会发展的基本法则，顺利地推动社会向一定目标前进。”①他撰写此书的主要目的是“揭露统治阶级罪恶，显示社会发展法则”。1939 年毛泽东《中国革命与中国共产党》第一章“中国社会”对中国几千年历史的总结概括，成为此书的基本框架。甚至有人认为，范文澜编著《中国通史简编》，“完全是以一个普通党员的身份接受党分配的工作，而不是以专家身份搞什么‘名山事业’”。②范文澜等延安学者业已将学术研究完全融入现实政治运动中。

　　在有组织的规划领导之下，延安的史学研究进行得热火朝天、有声有色，其中以若干重大学术问题的讨论最为引人注目。在关于中国史学的发展方向、有关古代社会性质和分期、有关历史人物评价等问题的争鸣中，表达了自己的观点和见解，向全国学术界传递出不同的声音。这对当时的学术风气和学术走向具有一定的引导作用。20 世纪 30 年代悬而未决的社会史论战在这里得到一定程度的延续和深化。③

---

① 中国历史研究会：《中国通史简编》上册，延安：新华书店，1941 年。
② 佟冬：《漫忆中央研究院的整风运动》，《延安中央研究院回忆录》，第 136—144 页。
③ 详参林甘泉、田人隆、李祖德编，《中国古代史分期问题讨论五十年（1929—1979）》，上海：上海人民出版社，1984 年。

延安史学界以为数不多的报纸期刊作为媒介,如学术刊物《中国文化》、理论刊物《解放》《群众》、机关报《解放日报》的副刊等,扩散放大自身的影响。除了集中讨论学术问题之外,这些报纸杂志还采取了如下方式:一是经常选登一些延安史家的史学作品,如范文澜的《太平天国革命运动》(初稿)、陈伯达的《中国近代地租概说》《近代中国农业与中国农村各阶级》草稿)等。在出版资源短缺的条件下,《解放日报》等通过节选等方式,把延安史学界的一些研究成果及时公诸于世,扩大了这些作品的影响。

二是以文化新闻事件或历史纪念日为契机,通过"历史知识"专栏,刊发相关评论,介绍历史知识和研究成果的概况,以制造热点、凝聚人气。如1943年5月1日的《"五·一"劳动节历史》、1943年5月9日的《"五九"》、1943年9月7日的《"九七"国耻故事》、1943年4月28日的"纪念李大钊同志专刊"《李大钊同志革命史略》、1944年10月7日的《辛亥革命》和1945年11月3日的《十月革命的故事》等。这类文章紧扣历史时间表,以简明扼要的史实和晓畅生动的表述,开展历史知识的普及工作。

三是刊载历史作品评论。如金灿然的《〈中国通史简编〉是怎样写成的》《介绍〈中国史话〉》,刘亚生的《略评几本外国人著的中国历史》和燕庐的《读了〈中国历史讲话〉的意见》、尹达的《郭沫若先生与中国古代研究》等。这些评论不限于介绍作品内容的初级层面,而是具有较高的思想性,着力解读流布于延安地区的历史著作的核心要义,并发表或赞成、或反对的评议。延安的报刊史学不但面向一般读者,还成为学术交流的平台。这种以报刊媒体为主体的传播机制,使延安地区史学建设的成果迅速向外辐射到全国,进而壮大了延安史学的声势和力量。①

在这一时期,史观派左翼还完成了梁启超"新史学"的一项重要遗嘱。1926 年,也即是由《古史辨》第 1 册的出版所导致的"新汉学"运动达到沸点之时,梁启超对他参与煽起的乾嘉考据学风有一番反省和检讨:"最近几年来时髦的史学,一般所注重的是别择史料",另外,"还有一种史料钩沉的风气。……近来史学家反都喜欢往这条补残钩沉的路走,倒忘了还有更大的工作",他认为这是一种"病的形态",而"病"源来自《中国历史研究法》的鼓励,他因此表示"我很忏悔"。经过这一反复后,他的治史主张这时又有点想往"新史学"路上回归:"真想治中国史,应该大刀阔斧,跟着从前大史家的做法,用心做出大部的整个的历史来,才可使中国史学有光明、发展的希望。……现在讲《中国历史研究法》特别注重大规模的做史,就是想挽救已弊的风气之意。这点我希望大家明白。"②可惜天不假年,三年后他就病故了。因此,梁启超这里的新主张,可以视为他的"史学遗嘱"。而充当其"遗嘱"执行人的,恰是史观派左翼。这一遗嘱的核心是:"新史学"所倡导的那种"大历史"或"宏大叙事"仍当继续。

①　详参徐春夏:《管窥抗战时期延安史学成果的传播机制》,《党史研究与教学》2005 年第 6 期。

②　梁启超:《中国历史研究法》,《中国历史研究法补编》,上海:上海古籍出版社,1987 年,第 313—314 页。

　　唯物史观派在更大规模上继续了梁启超的事业。在"新史学"时期,夏曾佑、刘师培等都有新编中国历史之举,梁启超已经着手撰写通史,连章太炎也有编纂通史的打算和设计,"新史学"家们在此前后还翻译引进了多部通史类读物。所以,清末或19与20世纪之交,中国兴起了一个编修通史的热潮,这就是前引齐思和所言,"到了清末,史学界的风气,已由考史而变为修史"了。不过,"新史学"一派的通史,多是草创之作,缺乏传之久远的著述。1928年何炳松编著《通史新义》时谈道:"吾国自前清末季废止科举改设学校以来,一般学子及社会中人需要中外通史籍资揽,不可谓不亟矣。然迄今已达二十余年,西洋通史之著作虽已有相当之成就,而本国通史之纂辑,则求其能合现代所谓新史学眼光者反寥若晨星焉。"①此后,"新汉学"兴起,史学界的风气,则又由修史退回到考史,再往后,"新汉学"衰落、社会经济史学兴起,一个修史的高潮再次来临,这就是众所周知的范文澜《中国通史简编》、吕振羽《简明中国通史》、翦伯赞《中国史纲》、侯外庐《中国思想通史》以及郭沫若后来所主编《中国史稿》的陆续问世。此外,吴泽《中国历史简编》、李平心《中国近代史》、范文澜《中国近代史》等,也都曾行销一时。在这前后风行的通史著作还有缪凤林《中国通史纲要》、周谷城《中国通史》、钱穆《国史大纲》、张荫麟《中国史纲》等。②

---

① 《通史新义》自序,上海:商务印书馆,1930年,第2页。
② 详情参见赵梅春:《二十世纪中国通史编纂研究》,北京:中国社会科学出版社,2007年。

唯物史观派创立了"以人民群众为主体、以经济为骨干、以阶级斗争为动力"的通史体系。上述吕振羽《简明中国通史》、范文澜《中国通史简编》、翦伯赞《中国史纲》,以及邓初民《中国社会史教程》和吴泽《中国历史简编》等,这些产生了重大影响的通史著述,大都根据"五种生产方式"理论,把中国历史作为一个有规律的从低级到高级依次演进的过程来描述,力图说明中国古代社会的发展,与世界上别的许多国家一样,曾经历了原始社会、奴隶社会和封建社会诸阶段,其发展道路并无特殊之处,几千年历史在他们笔下呈现出一个井然有序、前后相继的发展链条。这些通史在内容上囊括了社会生活的各个方面,各个层次,而把经济发展置于基础的地位上。这批通史极端地突出了阶级斗争、下层民众的反抗在历史上的作用,把原始社会解体以来的历史写成一幕幕社会斗争史。与此相对应,这批通史讴歌了历史上劳动者的斗争,把历史写成物质生活资料生产者的历史,而精英人物、统治阶级大都作为揭露和批判的对象。总之,无论从内容上还是从编纂形式上,唯物史观派史学都表现出了鲜明的特色,形成了独特的路数和风格。

这些通史著作的学术含量当然存在着重大差异,但这不是这里所关心的主要问题,我们这里所要说明的一点是:"新史学"的修史撰史传统又复苏了,以"唯物史观派"为主要代表的此番通史编修再次改变了史学风气:由"尚专"走向"专""通"并重,由"尚考"走向"考""释"结合,以宏观为导向的"综合概括"重新引起学界关注。

这一时期唯物史观派的历史观念、史学观念与 20 世纪 30 年代相比也已经发生了较为明显的变动。首先,在唯物史观派史学家中间出现了一种向主流学界公认的史学准则认同的趋向。如在方法与材料的关系上,在继续强调方法的同时,已开始肯定和提高材料在治史过程中的相对地位;在治史旨趣上,在继续强调致用的同时,开始推崇"求真";在历史发展的一般规律和特殊道路的关系问题上,在继续强调"一般"的同时,更加突出"特殊";在对历史发展要素的认识上,由强调物质经济的同时,越来越注意精神文化方面,等等。[①] 唯物史观派史学是在与其他学派的对抗中发展起来的。在此过程中,尤其是初期,难免有与其他学派,特别是史料学派"对着干"的情形,如,你若强调"材料",我就强调"方法",你若强调"求真",我偏强调"致用"……因此,在较长的一段时间之内,与史料学派势如水火。现在,抗日民族统一战线的建立,使这两个学派的对抗色彩有所减弱,出现了一种融和的迹象。唯物史观派中出现的向公认史学准则靠拢的动向,就是这种迹象的反映。

首先,唯物史观派这时明确树立了"是什么就还他一个什么"的"科学家的态度"——客观主义的态度,举起"实事求是"的旗帜。十年内战初期曾不满于乾嘉以来学者的"实事求是主义",提出要超越实事求是,要在"实事之中求其所以是"的郭沫若,现在和其他人一

[①] 以致童书业将蒲伯赞《历史哲学教程》中对历史关联性的认识称为"观念论"与"唯物论"的调和论。童书业:《"新史学"批判》,《中国国民》第 1 卷第 5 期(1946 年)。

样,已经重新肯定并奉行"实事求是"的治史方针了。他认为,研究历史就要"以史学家的立场来阐明"历史真相,不能"以一个宣教师的态度,企图传播任何教条"。他们说:"是什么还他一个什么,这是史学家的态度,也是科学家的态度。"①而华岗指出,"历史既是科学,我们就必须以科学的历史方法去处理"。像自然科学研究那样,"要还原出对象的本来面目"。必须"忠实的谨慎的是什么就还他一个什么,丝毫不杂以主观的好恶和成见"。他们坚信"历史本身就是一种科学,而科学就必须实事求是,不能容许人们说谎行骗。假若认为为了'垂训'与'教育'的目的,可以歪曲历史事实,或者在某种程度上修改事实或增减事实,那就是离开了科学的立场,否定了客观真理,而一切离开科学立场与否定客观真理的想法和做法,都是有害和错误的道路"。他们这时认为,"我们希望出现一部新的中国通史","但要货真价实的信史,亦即是科学的中国史","但是货真价实的信史,亦即是科学的中国史"。"历史记载愈接近历史本身,就愈接近历史科学。"②可见,唯物史观派史学这时已经开始注重和强调长期以来为学院派学人所津津乐道的那种历史解释的客观性原则了,而且他们对这一原则的强调程度丝毫不亚于为他们所一直非议的那些职业历史学家。

其次,与"求真"的治史旨趣的确立相适应,材料的治史过程中

---

① 《郭沫若全集·历史编》第1卷,北京,人民出版社,1982年,第611—612页。
② 华岗:《中国历史的翻案》,上海:作家书屋,1946年。

的地位,这时也得到了空前的强化,先前那种重史观轻材料的倾向得到有力的纠正。重视不重视材料,是对重视不重视求真的检验,因为客观历史的真相就隐藏在材料中间和材料背后,轻视材料而侈谈求真是虚伪的。唯物史观派史学家在这之前一直认为在"方法"的指引下就能得到真,以致提出"方法是无数现象的抽象,拿这个抽象来认识世界,那是最靠得住的法门"①,研究古史固然史料愈多愈丰富愈好",但"目前中国史研究方法问题实重于史料问题"。② 现在,他们开始呼吁"新的历史家,在现在的任务,不是高谈方法论,而是应该带着他们已经知道了的方法,走进中国历史资料的宝库,去用历史资料来考验方法论",③来鉴定"方法论"对中国历史的"适用度"。④ 与先前相反,他们现在认为"方法"不是治史的根本,而是治史的"工具",如果没有研究历史的材料,"即使我们有最正确的历史方法,则方法永远还是方法,因为方法的本身,并不就是历史,也不会自动的变成历史。历史方法之于具体史实,正犹如解剖刀之于尸体,它只是一种工具而已。假如知道了历史方法,而不用于解剖具体的历史,即无异一个医生,有了解剖刀不进行尸体的解剖一样,结果历史

---

① 何干之:《中国社会史问题论战》,上海:生活书店,1937 年,此据北京师范大学史学研究所翻印本,第 112 页。

② 吴泽:《中国历史研究法》,重庆:峨嵋出版社,1942 年,第 107、120 页。

③ 翦伯赞:《略论中国史研究》,《学习生活》第 4 卷第 5 期(1943 年)。

④ 《沫若文集》第 8 卷,第 312 页。郭沫若认识到,"我们依据真实的史料——甲骨文,金文,再参加旧有的文献,斟酌损益,然后研究中国古代社会,才有基础,才能迈步前进。""若没有材料而谈社会史,简直是笑话。"郭沫若:《奴隶制时代·史学论集·论古代社会》,《郭沫若全集》历史编第 3 卷,北京:人民出版社,1984 年,第 404 页。

方法就变成了无用的废物"。因此,"不钻进史料中间去,不能研究历史;从史料中跑不出来,也不算懂得历史"。而"要使历史学走上科学的阶梯,必须使方法均史料合而为一。即用科学方法,进行史料之搜集、整理与批判;又用史料,进行对科学方法之衡量与考验。使方法体化于史料之内,史料融解于方法之中"。[①] 唯物史观派史学这时开始走到方法与材料兼重的道路上来。在他们看来,"只有掌握了更丰富的史料,才能使中国的历史,在史料的总和中显出它的大势;在史料的分析中,显出它的细节;在史料的升华中,显示它的发展法则"[②]。

正因如此,他们重新估定了考据学在历史学的整体格局中的地位。他们认为,在整个历史科学的布局中,考证学"乃是主力部队之一,不应该让他局限在旧的岗位,而应该移置在新的战略据点上"。在他们看来,仅靠中国旧有的那种支离破碎的考证学,固然不能发现历史的全貌,然而信史的建设,也究竟不能缺乏校勘考证,问题是如何充实和改造考据学,使考证学接受新的理论的指导,并使之成为历史科学的有机部分。[③] 他们中有的对考据学甚至推崇备至,不认为考据学本身还需要改造,只需"谨守着考证辨伪的一套法宝","遵守前人考据学方面的成果,并进一步订正其假说"就是。"这一

---

① 翦伯赞:《怎样自我学习》,重庆:新华日报图书课,1945 年。
② 翦伯赞:《略论搜集史料的方法》(1946 年),引文据《史料与史学》,北京:北京大学出版社,1985 年,第 60 页。
③ 华岗:《中国历史的翻案》,第 22—25 页。

套专门学问,并不是史学者一定要搞的,但如果研究中国古代,就必须钻一下牛角尖,至少也要守其家法。""科学重证据,证据不足或不当,没有不陷入闭门造车之意度的。"①因此,唯物史观派史学家即使在掌握了辩证唯物论、历史唯物论的方法之后,要想得出正确的断案,仍然必须"谨守着考据辨伪的一套法宝"和考据学家特有的"家法"。

突出地重视、强调材料和考据在历史研究中的地位和意义,是抗战后期唯物史观派史学的显著变化之一。从认为搜集整理材料也要在辩证唯物论指导之下,到提出方法本身也要接受材料的考验与衡量;从郭沫若提出要超越王国维胡适对史料的"整理",到侯外庐现在重申要做王国维的学生并步他的"后尘";从原先蔑视材料的搜集与考辨,到现在他们中的一些人深入钻研史料学;从先前在著作的序言中大谈理论方法,到现在在著作的前言中不约而同地谈史料,表征着马克思主义史学界对材料态度的巨变。② 这意味着,唯物史观派史学到这时终于初步校正了对材料的认识,从而为贯彻求真的治史旨趣提供了相应保证。

抗战后至 1949 年间,中国史坛格局正处在变动和调整之中。最突出的是唯物史观派和史料派的相对地位开始发生升降位移。

---

① 侯外庐:《中国古代社会史》自序,上海:生活·读书·新知联合发行所,1949 年。
② 详参王学典:《从偏重方法到史论并重——40 年代中后期中国历史科学的动向之一》,《文史哲》1991 年第 3 期;张越:《试析 20 世纪 40 年代中国马克思主义史学家对史料和历史考证方法的重视》,《史学集刊》2006 年第 4 期;叶建:《20 世纪前半期的马克思主义史料学》,《学术研究》2009 年第 1 期。

史料派虽树大根深，但影响力与号召力已大不如前，其内部开始出现分化；史观派则后来居上，其声势和影响正迅速扩张。正如罗志田所观察到的，"北伐后治考据史学者多只能在学院派的研究群体中仍具地位，而与社会思想言说更接近的非学院派学术中另一种重视理论的史学明显上升，且对学院派构成巨大的冲击"①。余英时也说："三十年代，中国史学界诸流竞起，但以学术文化的中心北平而言，与西方科学的史学相汇合的考证学仍然居于主流的地位。其次则食货派社会经济史学很快地激起了波澜。由于陶希圣先生任教北大，又同时在清华兼课，考证派中的许多青年史学人才都被吸引到这条新路上来了。"②英国学者巴勒克拉夫同样提到，德国历史学派强烈地影响着辛亥革命后和国民党统治时期的中国，但20年代以后，其地位逐渐被马克思主义和历史唯物主义所取代。③另一方面，受现代社会科学熏陶的青年一代，随着时间的推移，逐渐成为学界的中坚，这种人际代谢也推动着史坛格局的新旧更替。

---

① 罗志田：《走向国学与史学的"赛先生"——五四前后中国人心目中的"科学"一例》，《近代史研究》2000年第3期。

② 余英时：《中国文化的海外媒介》，《钱穆与中国文化》，上海：上海远东出版社，1994年，第166—167页。

③ 〔英〕巴勒克拉夫：《当代史学主要趋势》，杨豫译，上海：上海译文出版社，1987年，第153页。

3. 唯物史观派跃居主流及意识形态化

时间开始了!

祖国新生了!

人民站立起来了!

——胡风《时间开始了·英雄谱》

1949年之后,中国进入了一个改天换地的新时代。同样,史学界所发生的变化,用"天翻地覆"一词来形容也毫不夸张。民国时期,史学界一直是史料学派的天下,他们控制着一流大学的教席,支配着主要学术刊物的声音。而唯物史观派尽管摇旗呐喊声势日炽,却始终进入不了史学界的中心。这一局面随着一场社会革命的来临发生了逆转。中华人民共和国成立后,唯物史观派在国家体制力量的支持下迅速成为史学界的主宰。而昔日无限风光的史料学派,此时却被时代抛弃,被视为"封建文人""资产阶级学者""旧式学者",越来越显得不合时宜,成为被改造的对象。

史料考订派从骤然失势到逐步退出中心,史观派从迅速夺取话语权到最后完全控制整个史坛,是1949至1958年近10年间史学界的总走向。

史观派的胜利、史料考订派的被"边缘化"首先从学术机构控制权的转移开始。其标志性事件是中国史学会的重组和国家最高学术机构组成人员的评选。1943 年在重庆召开的中国史学会筹备会及成立大会中基本不见唯物史观派的踪影,这一组织主要被史料派把持。但仅仅在 6 年之后,1949 年 7 月在北平成立中国新史学研究会筹备会常务委员会,核心人物却全是唯物史观派,史料派只是陪衬和点缀。未得邀请的顾颉刚在 1949 年 7 月 11 日的日记中表达了其失落心绪:"报载北平成立新史学研究会,在南方之伯祥、寿彝皆在,而无予名。予甚为新贵所排摈矣。"[①]1951 年 7 月中国史学会正式成立时,基本上仍是原班人马,而且明确其宗旨是"团结史学界,改造旧史学,创造发展新史学"[②]。

　　再来比较中央研究院人文组和中国科学院哲学社会科学学部这两个 1949 年前后分别组建的国家最高人文类学术机构。1948 年评议出的中央研究院人文组 28 人中,唯物史观派仅有郭沫若 1 人入席,凭借的还是考古学与艺术史的成绩。然而到了 1955 年 6 月,原来在野的唯物史观派史家如吴玉章、范文澜、翦伯赞、侯外庐、尹达、胡绳、胡乔木、刘大年、邓拓等(甚至包括一些负责意识形态和文化工作的官员)一跃而成为中国科学院哲学社会科学学部委员,原来占主流地位的史料考订派头面人物几乎全部被边缘化。两个权威学术机构组成人员名单的巨大差异表明,两大学派的地位已经发生了天翻地覆的变化。这样,学术界上层实现了大换血,日后的

---

　　① 顾潮:《历劫终教志不灰·我的父亲顾颉刚》,上海:华东师范大学出版社,1997年,第 239 页。
　　② 张传玺:《翦伯赞传》,北京:北京大学出版社,1998 年,第 273 页。

主宰者无疑将是这些时代的宠儿们。

面对史学会、科学院这些新生组织、新生机构,史料派学人或许可以不闻不问、淡然处之,道不同不相为谋。但这种鸵鸟政策很快失效。1952年,高等院校院系调整工作大规模展开,指导思想是以培养工业建设人才和师资为重点,发展专门学校与专科学校,整顿和加强综合性大学等。其中北京大学、南开大学、复旦大学、南京大学、山东大学、中山大学等确定为综合性大学,清华大学、天津大学、浙江大学等改为多科性高等工业学校,辅仁大学、燕京大学、齐鲁大学、岭南大学等教会院校被撤销。改为工科或撤销的大学的历史系合并到综合性大学历史系中。如清华大学、燕京大学历史系并入北京大学,齐鲁大学历史系并入山东大学,岭南大学历史系并入中山大学,等等。在院系调整过程中,原来的负责人如校长或系部主任被大批撤换,代之以具有中共背景的干部和学者。例如,翦伯赞出任北京大学历史系主任,侯外庐出任北京师范大学历史系主任,吴玉章任中国人民大学校长,吕振羽任大连大学、东北大学校长,成仿吾任东北师范大学校长,华岗任山东大学校长,邓初民任山西大学校长,王亚南任厦门大学校长,李达任湖南大学校长,等等。情况如翦伯赞所描述的:"院系调整以来,马克思列宁主义的历史学进入了大学和研究机关,并且取得了支配地位。在全国各地的历史学研究机构和各高等学校的历史系中,一般都插上了马克思列宁主义的旗;就是过去顽固的反对马克思列宁主义的少数史学家也一再在群众面前标榜自己的进步,并背诵一些马克思列宁主义的词句。"[1]

史料派衰落的另一重要标志是学术期刊主办权的丧失。在近代,随着专题研究的盛行,论文体成为一种主要的学术表达形式,学术期刊也成为一种重要而且稀缺的学术资源。学术期刊常常是学术流派的阵地、喉舌,学术期刊的存废,往往与某个学术流派、学术思潮的兴衰相关联。原来由史料派垄断、在民国学界具有巨大影响力和号召力的《国学季刊》《历史语言研究所集刊》《燕京学报》等专业杂志,都在新政权成立后或停办、或迁移,其中,创刊于 1923 年的《国学季刊》在 1952 年 12 月停刊;创刊于 1927 年 6 月的《燕京学报》在 1951 年 6 月停刊;创刊于 1928 年的《历史语言研究所集刊》1948 年底随史语所迁往台湾。这些学术期刊在中国大陆的迅速销声匿迹,对于传统学人来说无疑是个重创。史料派的研究论著无处发表,或者只能发表在当时不起眼的刊物上。史料派几乎完全失去了自己的学术阵地,学术成果的输出渠道被堵塞,从而对学术界的影响力也大大削弱。

另一方面,50 年代初期,唯物史观派着手创办了一批新学术期刊。《历史教学》《新史学通讯》《文史哲》等学术刊物相继问世。虽然史观派主办的新刊物也与史料派存在这样那样的联系,离不开他们的响应和参与,但传统学人已经处于从属地位,无法继续出版自己独立的刊物,则是不争的事实。1952 年 9 月,顾颉刚一度想复刊

---

[1] 翦伯赞:《历史科学战线上两条路线的斗争》,《人民日报》1958 年 7 月 15 日。

当年在学术界颇有影响的《禹贡》,屡屡受挫。1955年2月6日,顾颉刚以一句"禹贡学会从此终了矣"为自己殚精竭虑半生的禹贡学会画上了句号,《禹贡》复刊事也随之作罢。[①]

旧的学术舞台坍塌了,而新的学术舞台又没有史料派的位置。史料派只能从台前退到幕后,逐渐归于沉寂。

同时,唯物史观派展开了对史料派声势浩大的正面进攻,直接摧毁和打击旧学术。在思想改造运动中,以胡适为代表的"资产阶级学术思想"是学术界重点清算的目标。在排山倒海般的舆论攻势下,胡适的朋友、弟子及其他交往圈内的人都受到不同程度的牵连,纷纷表示与他划清界限,并积极进行揭露批判。[②] 这些批判对史料派起到了巨大的分化瓦解作用。旧时代的学术偶像被摧毁打倒了,旧学术群龙无首、四分五裂。

国民党政权虽然于1949年退出了大陆,但史界有影响的人物

---

① 顾潮:《历劫终教志不灰·我的父亲顾颉刚》,第240页。以上内容参考借用了蒋海升的相关研究,蒋海升:《1951:唯物史观派主流地位的确立》,《史学月刊》2004年第12期;《从主流到边缘:20世纪50年代初期的史料考订派》,《山东大学学报》2005年第6期。

② 值得注意的是,大批判中也有少数不甘随波逐流的学者为胡适辩护正名,如中山大学的容庚、刘节等。在1955年5月中宣部《关于胡适思想批判运动的情况和今后工作的报告》中指出,1954年12月容庚在中山大学的胡适思想批判讨论会上,"公开发言为胡适的'学术成绩'辩护,并要求中大校刊发表他的发言稿"。中共中央宣传部:《关于胡适思想批判运动的情况和今后工作的报告》,《中共党史教学参考资料》第20册,北京:国防大学出版社,1986年,第563页。刘节则公开表示,胡适的各种学术观点是否错误,"要等二十年后才看得清楚",而且,"批判胡适也就是批判四十岁以上的人","批胡适搞坏了学风,百年后自有定论","从批判胡适开始以来的一股歪风,是要不得的"。这几乎成为一种反批判。详见陆键东:《陈寅恪的最后二十年》,北京:生活·读书·新知三联书店,1995年,第131、225—226页。

只有胡适、傅斯年和钱穆等极少数人愿与这一政权共进退,其余的包括著名的"史界二陈"和顾颉刚等头面人物及几乎全部少壮派则选择留在大陆。[1] 可以说,一个主体部分基本完好的史料学派仍屹立在 1949 年后的大陆史学界中,虽然它在巨大压力下正处于急剧的分化与解体之中。史料学派不得不正面应对唯物史观派的管理控制,主动进行自我调整和革新,以适应变化了的现实。

不过,新的社会并没有时间和耐心坐等这批唯物史观阵营之外学者的转化。中华人民共和国的成立当然意味着马克思主义在中国的胜利,也当然意味着唯物史观派学者在史学领域里的胜利。这对史料考订派成员来说本已构成生死存亡般的压力,而紧接而来的一系列运动和措施,则使这一学派迅速走向瓦解:"思想改造运动"使他们不得不放弃"实证主义",接受"马列主义";而与此一运动几乎同时的院系调整,使得史料派的几乎"每一个人都不得不面对唯物史观派管辖这一事实"。[2] 此后的胡适批判,是胜利了的唯物史观派对步步退让的史料派的一次最大规模的出击。"胡适派"从此声名狼藉,甚至成为"反动"的代名词;顺理成章的是毛泽东史学思想权威地位的确立。而毛泽东的历史观念和由此产生的对史家的期待,又无一不与考据史家的治史路数针锋相对。随着毛泽东史学思

---

[1]　伊格尔斯等诠释陈、顾等人"留下"的原因,以为一方面出于"对蒋氏的失望",另一方面出于"对中国文化的眷恋"。Iggers, Georg G., Q. Edward Wang, and Supriya Mukherjee. *A global history of modern historiography*. Routledge, 2013, p. 321.

[2]　参见蒋海升:《从主流到边缘:20 世纪 50 年代初期的史料考订派》,《山东大学学报》2005 年第 6 期。

想对史界全局的规范，史料考订派的存在显得尤不合时宜了。

处于崭新的时代、面对突如其来的变局，留居大陆的史料学派，表现出三种类型的姿态：幡然醒悟型、遗世独立型、艰难改造型。

其中，幡然醒悟型当以陈垣为代表。陈垣可以说与旧社会有着千丝万缕的联系。1921 年 2 月，他出任教育部次长。后相继在北京大学、北平师范大学、辅仁大学、燕京大学等校任教授，并先后担任过北平师范大学历史系主任，辅仁大学校长，京师图书馆馆长，中央研究院院士、评议员和历史语言研究所特约研究员等职。但陈垣与旧时代的决裂也非常及时、非常果决。1949 年 4 月 29 日，陈垣在《人民日报》上发表了《给胡适之先生一封公开信》，意味着他与旧学术的分道扬镳。他在信中说："我们的治学方法，本来很相近，研究的材料也多有关系，所以我们时常一起研讨，你并肯定了我们的旧治学方向和方法。但因为不与外面新社会接触，就很容易脱不开那反人民的立场。如今我不能再让这样一个违反时代的思想所限制。这些旧的'科学的'治学方法，在立场上是有着它基本错误的，所以我们的方法，只是'实证主义的'研究历史和其他一切社会科学相同，应该有'认识社会，改造社会'两重任务。我们的研究，只是完成了任务的一部分，既有觉悟后，应即扭转方向，努力为人民大众服务，不为反人民的统治阶级帮闲。""我也初步研究了辩证唯物论和历史唯物论。使我对于历史有了新的见解，确定了今后治史的方向。"①

　　中华人民共和国成立后，陈垣摆脱了与旧社会、旧学术的干系，学习毛泽东思想，史学观发生根本性变化，迅速走上马克思主义的学术道路。1950 年陈垣在致丁树声的信中说："孔孟，古圣；马列，今圣也。生今之世，宜先读马列主义之书，然后以马列主义衡量古籍。庶几不迷方向。"1952 年 12 月，陈垣致信语言文字学家杨树达劝其"法高邮"不如"法韶山"，劝杨不要再效乾嘉学派，泥古不化，而应向毛泽东学习，投身新社会。② 陈垣的学术立场从此转变了，以后他每做文章，几乎都要否定自己的过去，说自己以前"所讲所学皆井蛙夏虫之见"，表示"不愿作旧社会史学大师，而要做一名马列主义小学生"。③ "史学工作者的最大幸福，就是有了马克思主义的思想指导，这是我这几年来切身的体会。"④他晚年曾回忆自己的治学经历和思想变化，归纳为"钱、顾、全、毛"四阶段，即"由钱大昕的考据学，经由顾炎武的经世致用和全祖望的故国文献之学，终于找到了毛泽东思想"。⑤ 陈垣的积极转变和主动配合得到了新政权的欢迎和鼓励，他在学术界也继续担当重要职位。1952 年陈垣任北京师

---

　　① 　陈智超编注：《陈垣往来书信集》，上海：上海古籍出版社，1990 年，第 193、704 页。

　　② 　杨伯峻编：《积微居友朋书札》，长沙：湖南教育出版社，1986 年，第 97 页。

　　③ 　陈智超：《陈垣传略》，《中国现代社会科学家传略》第 1 辑，太原：山西人民出版社，第 206 页。

　　④ 　《陈垣往来书信集》，第 774、193 页。陈垣：《史学工作者的今昔》，《光明日报》1959 年 10 月 22 日。

　　⑤ 　白寿彝：《要继承这份遗产》，《励耘书屋问学记》代序，北京：生活·读书·新知三联书店，1982 年。

范大学校长,1954年任中国科学院历史研究所第二所所长,1955年当选为中国科学院哲学社会科学部委员。1959年,年届80高龄的陈垣光荣入党。陆键东在《陈寅恪的最后二十年》中有这样的评价:"陈垣思想的巨大转变是一个典型,它映照出时代铺天盖地的潮流。北京的人们相信,在这股洪流面前没有人能置身于外。"[1]

　　遗世独立型最著名的是陈寅恪。陈寅恪对新政权显然持不信任态度,于是远离漩涡中心,南下岭南大学避居。尽管已经改朝换代,但陈寅恪一如既往地坚守自己的独立性,保持与现实政治的距离。1953年他在答复中国科学院邀其任历史所第二所所长时,他提出这样一条:"允许中古史研究所不宗奉马列主义,并不学习政治",并且要求最高当局也应与他有同样的看法。陈寅恪认为,研究学术最主要的是"独立之精神、自由之思想",不要有桎梏,不能先存马列主义的见解,再研究学术。[2] 他的学术立场没有明显转变,还是继续以往的研究路数,先后撰著了《元白诗笺证稿》《论再生缘》和三大卷的《柳如是别传》,"至文化大革命之难起,他至少完成了十几篇文章,两本专著,以及《寒柳堂记梦未定稿》。盲目衰翁有此成绩,殊可惊叹"[3]。陈寅恪与新时代、新社会、新学术格格不入,保持了类似于民国成立后王国维式的遗老姿态。

　　不过,对于绝大多数知识分子而言,他们难以克服自身清高迁

---

①　陆键东:《陈寅恪的最后20年》,北京:生活·读书·新知三联书店,第118页。
②　同上书,第111—113页。
③　汪荣祖:《陈寅恪评传》,南昌:百花洲文艺出版社,第166页。

腐，过分珍惜人格、尊严、名节的弱点，缺乏顽强的生存适应能力，不能像陈垣一样与时俱进，幡然易帜，做常青树、不倒翁，也没有资格和条件选择"遗世独立"，采取不合作态度和规避逃逸策略，毕竟这只是陈寅恪等极少数知识精英的特权和专利。因此，艰难改造型成为一种最普遍、最常见的类型。这一类型反映了大多数史料派复杂而矛盾的内心世界：想积极适应这个对他们来说完全陌生的社会，但又处处感到格格不入；想与过去诀别以取得基本的信任，但又积重难返，步履维艰；想努力学习新知接受改造，但又难以立即舍弃中国文人素来看得很重的气节操守。

　　艰难改造型以顾颉刚为代表。曾是胡适派嫡系的顾颉刚，在1950年写的自传中还不忘对胡适的感念之情。① 但到了大规模批胡之前的1951年，一向执弟子之礼甚恭的顾颉刚开始与"适之先生"划清界线了，在《大公报》上发表了《从我自己看胡适》一文。顾颉刚表态说："胡适是政治上的敌人，也是思想上的敌人。"②批胡高潮期间，在政协的一次扩大会议发言中，顾颉刚当众检讨了自己的兴趣主义的治学旨趣，检讨了自己起草向蒋介石献礼的九鼎铭辞的行为，特别是检讨了自己所受胡适的影响。其中说，胡适的实验主义研究方法，"乃是腐朽的资产阶级唯心论的方法，他的一切学术工作乃是替封建势力和美帝国主义服务、转移青年目标、进行反革命

---

　　① 　高增德、丁东编：《世纪学人自述》第 1 卷，北京：北京十月文艺出版社，2000 年，第 67 页。

　　② 　顾潮：《历劫终教志不灰·我的父亲顾颉刚》，第 246—247 页。

活动的手段"，承认自己"是在一定程度上替他造成他的虚名和声势的一个人"。①

从《顾颉刚年谱》中可以看到，顾颉刚在通过与"适之先生"划清界线努力向新的"道德标准""社会风气"认同的同时，私下也颇多不满与抱怨。在谈到对当时思想改造运动不满时，1952 年 7 月 9 日的日记中说："此次学习，时怕者三：天正热，不堪炎热，一也。刺激太甚，使予接连不得安眠，二也。开会太多，无写作自我批判时间，三也。"1952 年 10 月 22 日，在致友人祝瑞开的信中又说："本年三反、五反、思想改造三种运动，刚无不参与，而皆未真有所会悟。所以然者，每一运动皆过于紧张迫促，无从容思考之余地。刚以前作《〈古史辨〉自序》，是任北大助教六年慢慢读、慢慢想而得到的。因为(此)有些内容，所以发生了影响。今马列主义之精深博大，超过我《古史辨》工作何限，而工作同志要人一下就搞通，以刚之愚，实不知其可。……若不经渐悟之阶段而要人顿悟，所谓'放下屠刀立地成佛'，此实效人之语耳。"想用对待学问的态度来对待当时令人日不暇接的运动，极其拙笨地对待思想改造，看来是顾先生不满与苦恼的根子。而且，他还通过各种渠道、场合反映他的不满与痛苦。1953 年 8 月 20 日，他与"李亚农同访中共华东宣传部副部长匡亚明述现时难以从事研究及整理古籍工作之痛苦"。反右前夕，他又呼吁"打倒令人窒息的教条主义"，说当时"很多人有话无处说，或有话

① 《人民日报》1954 年 12 月 25 日。

不敢说"。正因他如此较真，所以，他自己也受到了批判。1955 年 3 月 5 日，在中国科学院批判胡适思想会上，顾颉刚曾发言一小时："近来批判胡适历史学、考据学的文字中，常常牵到我的《古史辨》，因此，我在今天会上说个明白。""我愿为考据学说一公道话，考据学是反封建的。"结果，"闻者大哗，对我抨击"。"因发言不当，会后作检讨书，3 月 26 日，在统战部批判会上受尖锐激烈之批判。" ①

在周恩来、陈毅等领导人的关照下，顾颉刚于 1954 年 8 月从上海迁到北京任中国科学院历史研究所第一所一级研究员，待遇是当时的最高月薪 200 元。同年 11 月，顾颉刚受命担任标点《资治通鉴》工作的总校对。但顾颉刚的境遇并未因此而扭转。历史研究所负责人尹达看到顾颉刚的二百多箱书籍说："我看你就害在这几百箱书上了。"后来顾颉刚上交自己的稿件和研究计划，尹达不屑一看，对他以往几十年的工作讥之为"大而无当"。历史所的当权者流露出了一种居高临下的征服者姿态。顾颉刚在相当长的时间内在中国科学院历史研究所得不到基本的信任和最低限度的尊重，可以看作是史料派整体的被冷落，他所感受到的轻蔑也绝不是他个人独特的际遇。

大部分从旧社会过来的学者都试图弃暗投明，反省以往的学术立场。在对胡适及"古史辨"派的批判中，顾颉刚的弟子童书业、杨向奎表现活跃。童书业的揭批可谓不留情面、不遗余力。他说，所

---

①　以上参见顾潮编著：《顾颉刚年谱》相关条目。

谓"疑古派史学"是美国实验主义传到中国后的产物,首创者是五四时代资产阶级的代言人、当前的战犯胡适。他认为顾颉刚所说的一系列不反对人们运用唯物史观的话,"其实都只是抗拒唯物史观的一种手段";反对唯物史观的"方法不必一致;或者尽情诋毁,或者托词抗拒,或者截取变质;而这三种方法我们这批人之中就都用过的"。又说,疑古派史学的真实企图,最初是右面抵抗封建阶级,而左面抵抗无产阶级,到后来,"这派的史学家多数与封建阶级妥协,只坚决抗拒无产阶级了"。进而说,"古史辨派"的作品"在考据学上说,也没有什么价值"。"我的结论是:当前的思想改造运动,是要肃清封建思想和改造资产阶级意识,疑古派的史学思想是资产阶级阶级斗争的工具,正是应改造的对象之一,同志们赶快起来改造自己罢!"1955年批判胡适形成高潮时,童书业指出,胡适考证"井田"的用意,是在证明"古代没有均产的时代",而《古史辨》在胡适的实验主义指导之下的"疑古",也就变成原始共产主义的抹杀论了。"实验主义的'考据学',确实是主观唯心论所支配的'考据学',根本谈不上有一丝一毫的科学气息!'古史辨'派中了实验主义的毒,所以敢于大胆抹煞古代的传说,抹煞史料的真实性,把中国原始社会史完全否定。"[①]这就不是学术问题了,从中让人感到"古史辨派"的工作似乎已隐藏着政治意图。

---

① 童书业:《批判胡适的实验主义"考据学"》,《光明日报》1955年2月3日,后收入《胡适思想批判》第3辑。

杨向奎也不甘落后，进行了深刻反省。他说自己"过去也是受顾颉刚教授影响很深的一个人，……曾经跟他读书多年，曾和他合写过"一系列名文，现在也站出来与顾氏决裂了。顾颉刚"是一个彻头彻尾的唯心论者，……这一派的治学方法，彻头彻尾是唯心论的"。又说"层累地造成的古史说，有没有学术上的价值呢？肯定地，没有。层累地造成的古史说根本不能成立。……这一'发现'，没有说明任何问题，没有解决任何问题。"同样地，《五德终始说下的政治和历史》一文，"没有而且也不能解决问题"。总之，"顾颉刚教授生在半封建半殖民地的中国，接受了开明地主阶级的改良主义思想，又接受了买办、资产阶级的实验主义方法，造成了他的疑古学说，因而没有解决任何古史问题，反而造成了混乱"①。

与新社会的磨合是一个痛苦的过程，童书业等人的改造转化历尽了艰难。从批判胡适起，中经肃反运动，一直到1958年的"拔白旗插红旗""批判资产阶级学术思想"，童书业可以说一直生活在惊恐之中。他虽然及时地转变了立场，在对旧学术的批判活动中一马当先、冲锋在前，但在思想改造运动中，童书业的反思仍然9次都未通过，经过组织"做工作"只好继续挖掘"根源"。②可以说，童书业等大部分史料派学者正经历着一场思想上的"炼狱"。

就传统学人的改造而言，政治思想自然首当其冲，此外还必须

---

① 杨向奎：《"古史辨派"的学术思想批判》，《文史哲》1952年第6期。
② 童教英：《从炼狱中升华》，上海：华东师范大学出版社，2001年，第187页。

落实在学术研究方面。在时代风气的席卷之下,不少传统学人也在积极调整自己的治学路数。《文史哲》创刊号上发表杨向奎的《学习〈实践论〉——一个历史工作者的体会》。以杨向奎和童书业等为骨干组建的《文史哲》杂志同时推出学习毛泽东著作和社会发展史的文章,明确表达了他们弃旧从新的愿望,向马克思主义、唯物史观积极靠拢的态度。童书业还迅速成为马克思主义系列课程的骨干教师。他的学生回忆说:"解放后首先遇到的是开新课的问题。马列主义名著选读、辩证唯物主义与历史唯物主义、中国社会发展史、中国手工业商业史等都是当时教师们不熟悉的,世界古代史里要讲古代东方史也是过去不曾有过的。没有人教,丕绳教授一一把它承担起来。"[①]而且,童书业还尝试应用马克思主义进行历史研究。"在科研上,丕绳教授在解放前'去伪存真'的考证基础上进一步提高,开始从缜密的考证中寻找事物发展的规律,用历史唯物主义给予合理的解释。"[②]童书业、杨向奎等人率先掀起或积极参与了一系列大讨论。例如,1949 年后关于亚细亚生产方式的讨论就是由童书业发表在《文史哲》1951 年第 4 期上的《论"亚细亚生产方法"》一文启动的。亚细亚生产方式讨论本是唯物史观史学内部的一个命题,原来对这类问题不屑一顾的史料派,现在却摇身变为急先锋。后来,在

---

① 黄永年:《童书业传略》,晋阳学刊编辑部编:《中国现代社会科学家传略》(第 1 辑),太原:山西人民出版社,1982 年,第 334—335 页。

② 黄永年:《童书业传略》,晋阳学刊编辑部编:《中国现代社会科学家传略》(第 1 辑),太原:山西人民出版社,1982 年,第 335 页。

包括著名的史学"五朵金花"在内的一系列大讨论中，史料派学人也大都担当要角。①

　　这种转变不能简单归结为政治上的压力。客观地说，绝大多数传统学人积极融入新社会、投身新学问的愿望是相当自觉、相当真诚的，是发自内心的。国民党政权的腐败使他们对新政权抱有希望。他们对"中国人民站起来了"感到由衷的喜悦，对革命的成功、马列主义的胜利感到钦佩，尤其有主动了解、学习马列主义的愿望，马列主义确实也提供了与以往不同的新思维、新观点，在一定程度上启发、推进了他们的学术研究。1949 年后的童书业，真诚地学习马克思主义的历史唯物主义著作，真诚地尽力将唯物史观运用于各学术领域的研究，真诚地想将自己的研究适应社会的思潮。② 由此他开始踏上一条新的治学道路。这一切，大概正是想向世人表明，他想努力适应这个新的社会。几位原来出身于史料考订派阵营的学人在若干年后的自传中也陈述了 50 年代初期学习马克思主义过程的艰难与收获。张维华说自己"初读一些马克思列宁主义文献时，真是如读天书一般……以后学习多了，明白的也多了，逐渐体会到用马克思列宁主义研究历史，确实是个广阔的途径，能使历史研究的面貌为之一新"③；傅振伦说："解放以来，我所写的东西较之一

---

① 参见朱春龙：《"旧史家"与"五朵金花"的讨论》，《史学理论研究》2015 年 2 期。

② 童教英：《童书业》，《山东现代著名社会科学家传》，济南：山东教育出版社，1991 年。

③ 张维华：《张维华自传》，晋阳学刊编辑部编：《中国现代社会科学家传略》第 6 辑，第 238 页。

九四九年以前的论著,觉得在质量上大不相同"①;等等。这表明,经过一段时间的适应磨合,唯物史观已经成为传统学人治学的理据,已经可以初步应用了。② 外在的政治要求与内在的自我改造形成合力,史料派的衰落已指日可待。部分学人的自动转变或许可以改善他们个人的生存处境,但作为整体的史料派的命运却大局已定。

史观、史料两派学人地位的变化,造成了整个学术界风向的调整。1951 年,郭沫若在对比新旧中国的史学界时就说,新中国的史学界"在历史研究的方法、作风、目的和对象方面","已经开辟了一个新纪元",具体表现是:由唯心史观转向唯物史观,由个人研究转向集体研究,由名山事业转向群众事业,由贵古贱今转向注重研究近代史等。③ 陈垣的概括和感受则似乎更为具体:"过去我们这些人只凭兴趣,不顾需要;只愿单干,不愿集体;只爱专门,不爱普及;只重材料,不重理论;只顾自讲,不求人懂;只讲往古,忽略现代;只愿研究,不愿教课;只重著作,轻视讲义。"④现在,这一切都已经翻转过来了。

在史观、史料两派地位的转化史上,1958 年是个分界线:此前是量变的积累,这一年则是质变的爆发;此前,史料派尽管已经低头

① 傅振伦:《傅振伦自传》,晋阳学刊编辑部编:《中国现代社会科学家传略》第 6 辑,第 466 页。
② 蒋海升:《从主流到边缘:20 世纪 50 年代初期的史料考订派》,《山东大学学报》2005 年第 6 期。
③ 郭沫若:《中国史学会成立大会上的发言(摘要)》,《光明日报》1951 年 7 月 29 日。
④ 陈垣:《要做一个又红又专的史学工作者》,《历史教学》1958 年第 4 期。

弯腰，但毕竟还是站立姿态，此后，整个史料派已经匍匐在地了。总之，1958 年的所谓"史学革命"，大大加速了中华人民共和国成立以来史学演变的进程，从此，史料学派受到重创而溃不成军，唯物史观派则树立了绝对权威。而且，在这场剧变中，以激进青年为主体的新一代史观派登台亮相，初露锋芒。唯物史观派内部的激进化、极端化倾向正在滋长，一场更猛烈、更彻底的革命已经蓄势待发。

1958 年 3 月 10 日，在国务院科学规划委员会第五次会议上，应郭沫若之邀请，中共中央宣传部副部长陈伯达在会上作了《厚今薄古，边干边学》的报告。他指出当时"哲学社会科学中的主要缺点是'言必称三代'（指夏、商、周）、脱离革命实践的烦琐主义；有一批资产阶级知识分子逃避社会主义的现实政治生活，企图躲到'三代'的象牙塔中去，只喜欢讨论几千年前至少是一百多年前的事"，并呼吁学术界的"主要力量应该用于研究当代的现实"，"主要的应该从现代开始到古代，应该克服目前那种偏重研究古代的倾向"。陈伯达认为"哲学社会科学可以跃进，应该跃进，而跃进的方法之一就是'厚今薄古，边干边学'，所谓厚今薄古，就是说不要薄今厚古"。①

"厚今薄古"的号召一经发出，学术界顿时沸腾起来。陈伯达的讲话主题是"哲学社会科学如何跃进"，但所提出的问题、所举的实例，都是史学界的或者是与史学有关的，因此对史学界震动尤巨。历史学界尤其是全国高校历史系掀起了所谓"史学革命"以为响应。

---

① 陈伯达：《厚今薄古，边干边学》，《红旗》1959 年第 13 期。

4月,国务院科学规划委员会召集在京百余名历史、考古工作者座谈,主题是"为历史科学的大跃进而战斗",提出历史科学必须厚今薄古,学术研究要与无产阶级政治结合起来。《历史教学》1958年第4期在"历史科学和历史教学也要来个大跃进"的总目下,发表了叶圣陶、郭沫若和林砺儒的题词,同时还有陈垣、翦伯赞、吕振羽的文章。在《历史教学》之后,《人民日报》《光明日报》《文汇报》等有影响的报刊,纷纷刊发文章拥护"厚今薄古"的口号。其中,范文澜的《历史研究必须厚今薄古》一文影响较大。5月8日,毛泽东在八大二次会议上说:"范文澜同志最近写的一篇文章,《历史研究必须厚今薄古》,我看了高兴。这篇文章引用了很多事实证明厚今薄古是史学的传统。敢于站起来讲话,这才像个样子。"①此后他又指示:"这篇文章讲的道理很重要研究历史的人应该注意。"②

　　由于主流报刊的宣传鼓噪,由于政治权威和学术权威的出面表态、推动,加上国人当时普遍处于亢奋状态,逐渐掀起了一场"厚今薄古"大辩论。这场辩论席卷整个学林,高校历史系的辩论尤其轰轰烈烈。复旦大学历史系编写了《厚今薄古辩论集》,1958年8月由上海人民出版社出版。1958年10月、1959年1月,人民出版社汇集了北京大学、北京师范大学、南开大学、山东大学、中山大学、西

① 蒋建农主编:《毛泽东全书》第3卷,石家庄:河北人民出版社,1998年,第366页。
② 王学典主编、郭震旦编撰:《20世纪中国史学编年(1950—2000)》上卷,北京:商务印书馆,2014年,第182页。

北大学、四川大学、东北师范大学、华东师范大学等历史系学生所贴出的部分"揭发"性大字报，先后出版了两辑《历史科学中两条道路的斗争》大字报专集。

权威学者的文章和几乎所有高校历史系的大字报，都揭露和批判了"厚古薄今"的所谓种种严重表现，如厚资料而薄理论的倾向。北京大学的大字报批判了邓广铭的"年代、地理、职官、目录为学习中国史的四把钥匙"论，指责他对这四把钥匙讲解很详尽，可是却忘了历史学通向科学大门的一把金钥匙——马克思列宁主义。《唯史料论的治学方法把我们引到何处去?》的大字报，认为片面强调史料，忽视马列主义的指导思想，是南开大学历史系主要的治学方法。大字报举郑天挺在《历史研究》1958 年第 1 期发表的《关于徐一夔的"织工对"》一文为例，说此文是唯史料论治学方法的典型。因为全文引用了 101 条史料，花了一万多字的篇幅，其目的不外说明一条史料，而且仅此而已。陈寅恪所在的中山大学历史系，自然也首当其冲，把陈氏作为靶子。一份大字报说：对陈寅恪不能当作历史系的招牌，泰山北斗，盲目崇拜；不能只羡慕其引证广博，记忆力强。另外还"众口一词，说他能够精通十多国文字，津津乐道。但他究竟懂哪种外国语言，大家又数不出来，可见盲目崇拜之一斑"。大字报认为，"外国语文只是治史的工具，是手段而不是目的，也不是学问的大本大源"。"如果没有正确的理论指导，多识几国文字也是徒然。"另一份大字报更加直截了当，说对于陈寅恪，"应该拔掉这面白旗"。

与"厚史料而薄理论"的倾向相联系的是"厚专史而薄通史"的考据倾向。山东大学的大字报说：考据之风，在"双反"运动之前，在山大历史系里一直占着统治地位；而且一直蔓延、发展着。有的教授大喊"只有考据文章，才算真本领"。大字报批评了童书业、王仲荦、郑鹤声等。大字报说王仲荦在《魏晋南北朝隋初唐史》讲义里，对帝王生活，如武则天哪年出生、几岁入宫、何时当尼姑等细节，都花了很大功夫去考证。最突出的是精心考证出杨贵妃漂亮的脸型。至于帽子考、雨伞考那就更不在话下了。《烦琐考证是反科学的》大字报，批判了《天王洪秀全状貌考》，认为此文花了很大精力去考证洪秀全的胡子，是烦琐考证的典型例子。

权威学者的文章和一些大字报，还深挖和清算了所谓"厚古薄今"的实质。有人说："厚古薄今"表面上看似兴趣问题，实质上是路线问题。对社会主义采取对立的态度，至少采取消极的态度，这就是"厚古薄今"的实质。有人说，"厚今薄古"与"厚古薄今"是史学界存在着两条路线的表现，这里面也必然存在着"兴无灭资"和"兴资灭无"两条路线的斗争。不是"兴无灭资"，就是"兴资灭无"，妥协并存是不可能的。有人说，"厚古薄今"和"厚今薄古"的问题，是两条道路的问题，是白专和红专的问题。白专道路只是一条死胡同，妄想走白专道路的人，在一个社会主义国家的史学界来说，结果只有白，没有专。而且他们的专，在社会主义国家的史学界里是不会有什么真正的用处的。厚古薄今，就是脱离政治，不务实际。其实脱离政治不务实际，只不过是一种假象，其实质乃是拒绝思想改造，拒绝马列主义,与社会主义背道而驰。厚古薄今成为历史学为社会主义事业服务的一个重要障碍。[1]

一部分政工人员给那些老专家和知名教授写大字报,一部分青年教师给那些学界前辈、权威泰斗写大字报,学生们给几乎所有的教师写大字报。这些大字报从不同的角度挖苦、嘲弄、辱骂他们,教育他们如何运用马克思列宁主义,教育他们如何对待资料,教育他们如何关心现实政治,等等。这种学生对老师、晚辈对前辈、政工人员对专业人员的"教育"运动,被称为"拔白旗、插红旗"运动,并名曰"史学革命"。这种以"拔白旗插红旗"为内容的"史学革命",造成极其严重的后果。

首先,它摧残伤害了那些老专家、老教授们的自尊心,剥夺了他们最后所保存下来的那点尊严。中华人民共和国成立之初,那些被新政权"包下来"的专家教授,尽管也感到种种"不适应",但依然基本上能够按照他们的兴趣从事著述和教学。现在所进行的所谓"拔白旗",则把他们视为安身立命基础的东西,亮出来当众羞辱、践踏,弃之如敝屣,这不能不使得相当一部分传统学人心灰意冷,并从此一蹶不振,造成了难以弥补的损失。

其次,1958年的"史学革命",使人们形成这样一种认识:谁的学问深、知识多、水平高,谁就是该拔掉的"白旗",谁钻研业务、专心读书,谁就是走"白专道路"。这成为所谓"知识越多越反动"之说的

---

① 奚原:《历史科学研究必须为社会主义事业服务》,《学术月刊》1958年第5期。

滥觞，释放出反智主义的幽灵。"白旗"之"白"、"白专"之"白"，与十年内战时期的"白区"之"白"的意义并无不同，拔"白旗"斥"白专"实际上就是把钻研业务、努力学习看作是反动行为、不光彩的行为、危险的行为。以至于使人把"专"视为畏途，谈"专"色变。如果说，"拔白旗"运动使得学富五车的老专家们离开了自己心爱的书斋和讲台，而"史学革命"中对"白专道路"的批判，则直接扼杀了一批史坛新秀，并断绝了新的专家成长发育之路，造成了后来"青黄不接"的局面。

最后，史学研究从此开始，几乎完全、彻底地丧失了作为一门学问所应具有的独立地位，沦为接连不断的政治运动的附庸。"厚今薄古"的讨论从一开始，就是围绕着历史研究与政治的关系这个主题进行的。范文澜在推测"持厚古薄今论的人"的"想法"时说，他们以为学术是独立的东西，牵涉到政治就失去独立性，就不成其为学术。讲古，不牵涉政治，所以是学术。讲今，总要牵涉到政治，所以不是学术。范文澜们认为，在社会主义大建设的今天，还保持学术脱离政治的想法是错误的。学术一定要为政治服务。而当前的政治就是搞阶级斗争，所以为政治服务，就是为当前的阶级斗争服务，为当前的政治运动服务。这使当时众多的研究者感到，历史学最神圣的使命无非是去迁就和满足眼前的政治需要。这样，历史学也就被实用主义所支配，所谓真正、科学的历史研究事实上被中止了。

在"厚今薄古"的大讨论中，这一口号起先被理解为厚近现代史薄古代史，厚理论薄资料，厚通史薄专史(考据)，稍后，"厚今薄古"

则主要被理解为要厚劳动人民的历史薄剥削阶级的历史；最后发展为"打破王朝体系"，"写没有帝王将相的中国通史"，直至导致"见地主就骂，见封建就反"的"狭隘的阶级观点"的大泛滥，从而引发了"历史主义与阶级观点关系"的激烈论战。1958年的这场"史学革命"，由于观念与做法太过极端，到1959年初便很难以原来的规模进行下去了。①

事与愿违，这场喧闹一时的、短命的历史学大跃进并没有带来马克思主义史学的大繁荣、大发展。② 然而，1958年的"史学革命"，事实上构成了对考订派的最后一击，是以往历次所谓"批判资产阶级学术"运动的总汇，斗争的烈度达到顶点，而"两条路线的斗争"的定位，赋予了浓厚的政治色彩，其后果是史料考订派被彻底打倒，它作为一个潜在的整体已经不复存在。这显然是五四以后史料派与史观派长期对抗的自然延续，这两大史学流派的漫长对抗到这时以史观派的大获全胜而告终。

1958年7月，在中山大学遭受严厉批判和重重围剿的陈寅恪宣布不再开课，黯然告别讲坛。史料派学人的一面旗帜倒下了。③ 1958年11月中旬至12月上旬，顾颉刚出席民进四届三中全会及第

---

① 关于1958年"史学革命"的相关研究，可参考李红岩：《马克思主义史学思想史》第4卷，北京：中国社会科学出版社，2015年，第180—194页；杜学霞：《史殇：二十世纪五六十年代的史学研究》，北京：国家行政学院出版社，2013年，第136—177页。

② 参见储著武：《"厚今薄古"：1958年历史学大跃进》，《安徽史学》2017年第1期。

③ 参见陆键东：《陈寅恪的最后二十年》，第240—249页；王汎森：《"主义崇拜"与近代中国学术社会的命运——以陈寅恪为中心的考察》，载《中国近代思想与学术的系谱》（增订版），上海：上海三联书店，2018年。

三次全国人民代表大会，作大会发言时说道："我是一个彻头彻尾的旧知识分子，说我是'资产阶级知识分子'其实是高看了我，应该称我为'封建地主阶级的知识分子'才合适。我生在一个陈旧的家庭，又进了十几年的私塾，规行矩步，四书五经，封建思想的根基打得既深且透。后来读了梁启超的《新民丛报》才孕育了改良主义的政治思想；进了北京大学，又接受了胡适的所谓'科学方法'（实际是达尔文进化论的庸俗化）来整理国故；于是我才部分转化为资产阶级知识分子。所以我现在分析我自己的思想，封建主义表现在我的立身行事上，资本主义表现在我的学术研究上。几十年来老是以为学术工作和政治工作必当分之，否则一手画圆，一手画方，结果方和圆都画不好。"①经历了"史学革命"的严厉打击，以顾颉刚为代表的史料派彻底缴械投降了。

如果说从1949年至1958年的史坛变动是史观派与史料派漫长冲突的余波的话，那么，从1959年至1989年则基本上可以看作是史观派内部的分裂及冲突的时期。这时，史观派内部争端上升为主要矛盾，占据主导地位。

1958年的"史学革命"虽然短命，但影响深远，它埋伏下此后史学界主要冲突的根源。② 1959年初春，史观派的内部分裂即已呈现："一方面，一些人继续沿着'史学革命'的道路往前走，直到与'文

---

① 顾颉刚：《从抗拒改造到接受改造》，《光明日报》1958年12月18日。
② 王学典：《历史主义思潮的历史命运》，天津：天津人民出版社，1994年，第70页。

革'前夕掀起的更大规模的'史学革命'合流;另一方面,许多人则开始觉醒,企图制止这场'革命'的进行。"①史观派的内部冲突由此而起。这一冲突可以看作史观派内部稳健派与激进派的冲突,也可以看作是历史主义派与阶级观点派的冲突,还可以看作是中华人民共和国成立前国统区派与解放区派冲突的延续。冲突的一方代表人物是郭沫若、范文澜、翦伯赞及吴晗和黎澍,这些人在和史料派的冲突中是站在第一线的,现在,他们则面临正在崛起的一批更激进的青年学者的压力与挑战。而且这批激进青年学者与他们信守着同样的理论假定和治学取向,坚持着同样的政治原则和基本立场。

郭沫若、范文澜、翦伯赞等为什么在击倒史料派后又转身针对同一阵营的激进青年或自己的激进追随者呢?就在"史学革命"之初翦伯赞还号召"为培养一支红色的历史科学的青年队伍而战斗"。② 局势的变化何以如此诡异?原因很可能是,这批青年学生和青年学者在批判"史料学派"或"资产阶级史学"时,已经从深处动摇了历史学本身存在的根基,破坏了学术研究的基本规则,郭、范、翦对这些青年人的批评,实际上可以看作是在捍卫历史学之所以是历史学的那些元素、那些准则。这些青年的激进做法可能导致历史学的混乱甚至毁灭,岂能任由这些无知无畏的后生小子在学术园地中横冲直撞、肆意妄为?而奉行政治至上原则的青年将这种对历史学

① 王学典:《历史主义思潮的历史命运》,天津:天津人民出版社,1994年,第96页。
② 《为历史科学的大跃进而战斗——4月5日在国务院科学规划委员会史学组座谈会上的发言》,《光明日报》1958年4月14日第3版。

科学性的捍卫视为保守和落后,是资产阶级史学向无产阶级史学的进攻,老一代马克思主义学者自然成为他们眼中资产阶级史学的新代表。从本质上说,"文革"前史观派的内部冲突,也可以看作流行的"政治"与"科学"的冲突。

从1959年初开始至1966年"文革"爆发为止,史观派的内部冲突主要是围绕着下述问题进行的:(1)在"历史与现实""学术与政治"的关系问题上,所有的史观派学人一致认定:历史不能脱离现实、学术不能独立于政治;但稳健派认为,二者之间毕竟有一条可以分辨也必须加以分辨的线,而激进派当时的做法和言论则将导致学术的完全意识形态化,从而取消了学术自身,郭、范、翦诸人对此深为忧虑。(2)在"理论与材料"的关系问题上,如前所述,所有的史观派学人也均一致认定:理论处于更根本的地位上;但稳健派认为应大体平衡"理论与材料"之间的关系,"论从史出"和"史论结合"的口号由此提出,而激进派则主张应"以论带史",郭、范、翦认为,这样做会败坏学风,所以反对起来便不遗余力。(3)在"历史主义与阶级观点"的关系问题上,认为历史研究必须坚持"马克思主义阶级观点"是当时的共识,但稳健派认为应将"阶级观点"放在"历史主义"的框架内加以约束;而激进派则断言,用不着"历史主义"出来"补偏救弊"。郭、范、翦特别是范、翦感到,这会摧毁历史学的基础即历史研究的"客观性"或"科学性",所以他们站出来维护"历史主义"。(4)在如何估计"地主阶级"和"农民阶级"在封建历史创造中的相对地位问题上,激进派认为,"中国封建社会长期停滞",根源在于地主阶级的压迫与剥削，只有农民起义和斗争才是这个社会前进的真正动力；稳健派认为，地主阶级及其代表帝王将相是有贡献的，农民阶级及其起义是有局限的，论战于是不可避免。

　　"曹操论战"①"关于打破王朝体系问题论战"②"农民政权性质问题论战"③"史（材料）论（理论）关系问题论战"④"历史主义与阶级观点关系问题论战"⑤"民族关系问题论战"⑥"历史人物评价问题论

---

　　①　参见：《曹操论战集·附录》；穆欣：《办〈光明日报〉自述》，北京：中共党史出版社，1994 年，第 32—52 页；王学典：《历史主义思潮的历史命运》，第 97—98 页。

　　②　王学典：《历史主义思潮的历史命运》，第 99—102 页。

　　③　参见王学典：《二十世纪后半期中国史学主潮》，济南：山东大学出版社，1996 年，第 306—361 页。

　　④　见《历史科学概论参考资料》（上册），济南：山东教育出版社，1985 年，第 451—486 页相关内容；另参见梁友尧、谢宝耿：《中国史问题讨论及其观点》，太原：山西人民出版社，1984 年，第 49—52 页。

　　⑤　王学典用"历史主义"和"阶级观点"的冲突和斗争作为基本线索勾画"文革"前十七年史学发展。参见王学典：《历史主义思潮的历史命运》；《二十世纪后半期史学主潮》，第 203—225 页。周文玖则提出，中华人民共和国成立后十七年有两种相互斗争的史学思潮，一种是历史主义史学思潮，强调马克思主义的历史主义，努力将马克思主义的基本原理与具体的历史研究相结合，建立有中国特色的马克思主义历史学；一种是教条主义史学思潮，以教条主义的态度对待唯物史观，以阶级斗争理论代替唯物史观，片面主张史学为政治服务。前者在十七年的大多数时间居于主导地位，但在"文革"前夕受到批判，后者则占据支配地位。周文玖：《关于建国后十七年史学思潮的认识》，《淮北煤炭师范学院学报》2003 年第 1 期。其实，历史主义与阶级观点并非同一层面的概念。历史主义是历史研究的一种基本法则或戒律，而阶级观点主要是一种历史观，是一种阐释历史的角度。一般而言，历史主义与阶级观点是可以兼容的，并非针锋相对。事实上，两派学者也都是认同阶级观点的。分歧在于是将阶级观点绝对化、无限放大，还是合理适度地运用阶级观点，贯彻阶级观点是否可以突破史学研究的底线。历史主义一派无意挑战阶级观点，只是试图节制阶级观点；阶级观点一派则试图摆脱任何限制而无限膨胀。这场争论已经超出了学术的范畴，成为政治立场的选择问题。

　　⑥　参见周朝民等：《中国史学四十年》，南宁：广西人民出版社，1989 年，第 68—83 页。

战"①"李秀成评价问题论战"②"清官问题论战"③"让步政策与反攻倒算问题论战"④等一系列或齐头并进或前后相继的史学论战,构成了从 1959 年至 1966 年"文革"发生这一时期史学界的"节目单"。今天看来,这些论战究竟有多少建设性是值得怀疑的,至少可以说这些论战的意识形态意义远大于学术意义,而且,上述"问题"之所以成立,也大都基于当时特定的意识形态背景。这样说,绝不意味着上述论战的双方从根本上没有是非可言,而只是强调,即使是与学术立场最接近的一方,也是在当时的意识形态话语脉络中发言的。而且,当时有些论战简直可以说就是政治理论论战,遂自然演化为比较重大的意识形态事件。如"农民战争史问题论战"就是如此。长期以来,"中国革命"被看作是一场"现代农民战争",农民是这场革命的"主力军",而农民又被认为"最富有社会主义的积极性",而这场论战中的主角翦伯赞却断言:"不要忘记农民是小私有者,也不要忘记农民并不代表新的生产力"⑤,"农民本身是一个封建的阶级"⑥,农民不可能没有皇权思想⑦,也因而"只能建立一个封建性的政权",不能是其他的什么性质的政权,等等。在当时特定的意

---

① 参见《建国以来史学理论问题讨论举要》,济南:齐鲁书社,1984 年,第 347—389 页。
② 参见梁友尧、谢宝耿:《中国史问题讨论及其观点》,第 586—601 页。
③ 参见王学典:《历史主义思潮的历史命运》,第 279—298 页。
④ 参见王学典:《二十世纪后半期中国史学主潮》,第 332—342 页。
⑤ 翦伯赞:《对处理若干历史问题的初步意见》,王学典编:《史学理念》,重庆:重庆出版社,2001 年,第 319 页。
⑥ 翦伯赞:《关于历史教学和研究的几个问题》,《史学理念》,第 281 页。
⑦ 同上书,第 277—278 页。

识形态语境下，这些论点招致"批判"是再自然不过的事情。但反过来说，翦伯赞对历史上农民的描述也并未离开当时的意识形态话语系统，翦也是用当时的一套政治言说来谈论历史上的农民的，尽管他的论点可能包含更多的历史真实的成分。

史观派内部老一代与激进青年的冲突最终却没有赢家。当时的激进政治固然通过"学生"打倒了"老师"，但即使这批"学生"也跟不上当时激进政治的步伐，所以也被当时的"政治"甩开了。这就进入了毁灭学术文化的"文化大革命"。"文革"一开始就取消了所有的史学期刊，大学的历史系、专职的历史研究机构，要么不复存在，要么停止了科研活动。一个完整的史学界固然已被"政治"彻底同化，但"文革"与"历史"却仍结下了不解之缘："文革"可以说创造了利用"历史""历史事件"来从事现实政治活动的奇迹，"文革"的全过程都伴随着政治对"历史"的利用：《评新编历史剧〈海瑞罢官〉》[①]充当了"文革"发动的引信，《爱国主义还是卖国主义？——评反动影片〈清宫秘史〉》[②]是"文革"深化的标志——当代的"走资本主义道路"的"光绪"随之呼之欲出，此后的"评法批儒"，则意味着"文革"进入了最后的阶段。[③]总是"借历史说事"构成了"文革"的突出特征。这不能不看作是把学术与政治、历史与现实、昨天与今天之间那条不可忽视的界线撤除之后所导致的结果，换句话说，激进政治对"历史"的征用可以说与史观派内部的激进青年所遵循的思路并无实质

①　戚本禹文，载1965年11月10日《文汇报》。
②　戚本禹文，载《红旗》1967年第3期。
③　参见肖黎主编：《中国史学四十年》，第312—359页。

的差别。不仅如此,作为当时激进政治思想基础的历史观念,也是那批激进史学青年所固守所捍卫的东西。对统治阶级、上层精英带着固执的成见,对被剥削阶级、下层民众带着特殊的偏爱,认为下层民众的一切都是好的,上流社会的一切总是坏的,既是"文革"赖以发动的思想资源,也是"文革"时期始终占主导地位的观念基调。完全意识形态化让历史学走上了一条歧路。①

1978—1989年"文革"结束后的10年,历史学开始摆脱教条主义的羁绊,呈现出诸多新气象、新面貌,但它与1949年以来的历史学仍属于同一段落。"文革"后十多年的史学事实上带有一种恢复重建的性质,是在新的历史条件下对"文革"前史学的重续。在这一阶段,历史研究的理论、课题、方法与此前没有实质性差异。与以往一样,马克思主义居于主导地位、核心地位,是绝大多数研究者从事工作的基本理论方法。就史学理论研究而言,这一时期的史学界投入大量精力清理和辨析"文革"前业已提出的一系列历史理论问题,如历史规律与社会形态的演进,历史发展的统一性和多样性,历史发展动力,历史创造者,阶级观点与历史主义,历史学的社会功能,历史人物评价标准,关于中国封建社会长期延续问题,等等。可见,"文革"后史学仍是"文革"前史学的影子,即便两者表面上有着极大

---

① 有研究者指出:"文革"期间以"史学"登场的政治,极大地败坏了史学的声誉,是"20世纪中国史学上最为严重的历史性的沉痛教训"。见瞿林东:《二十世纪的中国史学》(下),《历史教学》2000年第5期。

的不同。尽管这一时期的史学以反思为旗帜、为特色，[1]但仍是马克思主义史学的内部反思，依旧处在马克思主义的话语系统之内。同时，就当时史学界的总体格局来看，仍然是马克思主义的一统天下，尽管也出现过一些不同的声音，如 1980 年前后一度潜滋暗长的"回到乾嘉去"的思潮，1983—1986 年喧嚣一时的系统论思潮，都没能够动摇马克思主义的绝对权威。"回到马克思去"是贯通"新时期"的史学主流，没有出现另外一种堪与马克思主义分庭抗礼的思潮或流派。史学界的多元化格局，是 20 世纪 90 年代才形成的。现在看来，20 世纪 90 年代之前的史学界其实是史学史上的一个"后文革时代"，从 20 世纪 90 年代始，中国史学的发展才进入另一个全新的时期。所以说，1949—1989 年的 40 年属于同一阶段，即马克思主义基本占主流的阶段。

在唯物史观派前 60 年（1929—1989）的生命历程中，最突出的一点就是它与政治意识形态的形影相随、难解难分。正是政治意识形态的强力介入，使唯物史观派史学具有了与众不同的特点。这也是我们今天观察、评价唯物史观派史学的要害所在。因此，这里有必要对学术与政治意识形态的关系做一辨析和检讨。从理论上说，学术与政治意识形态是两回事，各有其疆域和运作规则，可以平行

---

① 有论者称 20 世纪 80 年代的史学为"反思史学"。详见周朝民：《新时期"反思史学"简论》，《探索与争鸣》1992 年第 3 期。20 世纪 50—70 年代的中国史学则被称为"斗争史学"。参见张艳国：《中国马克思主义史学理论的再发展：继承与创新》，《社会科学辑刊》2000 年第 1 期。

发展互不干涉。但事实上,二者不可避免地会纠缠在一起,"老死不相往来"的状态只是空想。即使是极力标榜客观中立、主张如实直书的楷模兰克也未能走出意识形态的笼罩。兰克的历史观念和历史实践贯穿着国家中心论,与当时德意志的民族国家建构达成了某种默契。他身上体现出"那种既要求严格的学术应该避免价值判断又要求历史学实际上投身于政治社会价值双方之间的紧张对立"①。所以说:"意识形态与学术思想在实践中不能截然划分","学术思想中往往杂有意识形态的成分,而意识形态也不会全无学术思想上的根据"。②

应当承认,当政治意识形态全面控制史学时,产生的负面效应相当强烈。这是因为:首先,作为政治合法性论述的意识形态要求统一思想,这就扼杀了学术发展所必需的自我批判与反思能力。意识形态起源于社会集团的自我认识,服务于社会集团自我形象的塑造,以维护自身利益为根本出发点。这种工作当然不会是忠实客观无所偏党,而是带有鲜明的倾向性和强烈的辩护色彩,它不鼓励反思与批判。意识形态不可批判,但学术却离不开批判。没有批判与反思,学术也就丧失了免疫力,其发展必然是病态的。其次,意识形态具有独断性,不鼓励自由争论,学术思想恰恰建立在自由争论的基础上,依靠自由争论达到深化和完善。这是因为政治是非取代了学术是非,政治上一旦确立的东西是不允许讨论辩驳的。但学术领

---

① 〔美〕伊格尔斯:《二十世纪的历史学》,何兆武译,第 31 页。
② 《中国思想传统的现代诠释》,台北:联经出版事业公司,1987 年,第 69、81 页。

域却不须遵循政治意识形态领域的特有规则。从根本上说,意识形态之所以会弱化批判性、禁绝讨论在于意识形态的本质。从知识论的角度看,在多数情况下,意识形态并不完全反映现实。学术本以求真为目的、为生命,意识形态化却常常与求真取向背道而驰。这是学术与意识形态之间关系紧张的根源所在。

但是,二者之间的紧张状态不是不能缓解的。只要意识形态不对学术实施全面垄断和绝对控制,学术拥有足够的自由空间,学者又能对意识形态假定保持警觉,避免陷入极端主义的误区,政治意识形态对学术建设仍可发挥不可低估的正面价值。(1)由于政治意识形态的牵引和诱导,历史学提出了一系列新问题,开辟了一些新领域。意识形态启发史学家们关注以前被忽略的课题。(2)从外部引入动力机制,打破封闭式循环,刺激学术生长。专业化、尖端化是学科发展的趋向。但专业化利弊并存,过度专业化使学术研究陷入一种封闭式循环状态、自我孤立状态。在这种状态下,学术发展完全局限于学科内部,只能依靠自我繁殖。正如霍布斯鲍姆所说,目前学术研究不是根据问题做出来的,而是根据前人的论著做出来的。学术研究成了自言自语、孤芳自赏。学术之外、学科之外的因素是一种动力,失去了这种动力也就失去了活力。而意识形态或党派偏见正是克服学科自闭性和惰性的最有威力的机制。① 当

① 〔英〕埃里克·霍布斯鲍姆:《史学家——历史神话的终结者》,马俊亚译,上海:上海人民出版社,2002年,第160页。同时参见陈峰:《利弊交织:史学与政治意识形态的关联》,《山东社会科学》2004年第8期。

然，这是以具有一个自由宽松的意识形态环境为前提的。绝对化、高度一元化的意识形态只能窒息学术创造的活力，最终将学术变为意识形态机器上的一个零部件。

唯物史观派身上就鲜明地体现出这种学术与意识形态的双重关系。由于意识形态力量的渗透，在某些极端时期，唯物史观派史学的确听命于政治指挥棒的调度，亦步亦趋终至丧失自我。但另一方面，正是由于意识形态因素的引导，唯物史观派拥有了一些其他学派所短缺的学术品质，而且这些品质相对于其他学派是非常宝贵的。我们应当正视唯物史观派与意识形态相接触所产生的积极效应。况且，唯物史观派归根到底是一个史学流派。将史观派贴上政治标签后，就绕开它避而不谈，径直与民国时期的主流学术对接，不仅无法完整还原中国史学 20 世纪的演变轨迹，也未必能轻松地翻开历史学新的一页。学术变迁固然受外部语境的规制，但其内在演变逻辑同样不能取消。这样，仅仅着眼于它的社会史含义进行表彰或贬抑是不完全的，我们最终还应回归到学术史层面来检视和评估唯物史观派的作为。这在当前的学术氛围中是一项非常迫切也非常必要的工作。

以下五个方面就是我们参照世界史学的发展大势，对唯物史观派进行学术上的考察衡估后所得出的初步结论。①

---

① 这一内容在王学典、陈峰的《20 世纪唯物史观派史学的学术史意义》（《东岳论丛》2002 年第 2 期）一文中有更为集中的阐述。

第一，唯物史观派在历史学认识论层面上的意义。美国历史学家伊格尔斯认为：年鉴学派"并没有总结出一套历史理论或史学理论"，"他们没有总结出一套公然的历史理论或历史哲学；事实上，研究总是领先于理论反思的。然而，他们的历史学著作却反映了某些理论上的前提假设"。① 在中国，1949 年后近三十年间，马克思主义一统天下，唯物史观派同样缺乏对自身学科理论及历史理论进行系统总结的自觉，但这并没有妨碍其史学及历史主张通过具体的历史研究表达出来。② 尽管这些表达仍然是在马克思主义史学的框架内，但仍不乏与法国年鉴学派新史学的相通之处，尤其是关于史学与现实的关系，二者的立场大体吻合。

年鉴学派的创始人之一布洛赫提出过一个"通过过去来理解现在，通过现在来理解过去"的著名公式。他说："古与今之间的关系是双向的。对现实的曲解必定源于对历史的无知；而对现实一无所知的人，要了解历史也必定是徒劳无功的。"③其另一位创始人费弗尔也认为，历史学应当是为了现实生活中的人们，并通过他们重现过去。④ 英国史家爱德华·卡尔说，历史是现在与过去之间永无休止的对话，"只有借助于现在，我们才能理解过去；也只有借助于过

---

① 〔美〕伊格尔斯：《二十世纪的历史学——从科学的客观性到后现代的挑战》，何兆武译，第 58—59 页。

② 见肖黎主编：《中国历史学四十年》，北京：书目文献出版社，1989 年，第 1 页。赵世瑜：《20 世纪历史学概论性著述的回顾与评说》，《史学理论研究》2000 年第 4 期。

③ 〔法〕马克·布洛赫：《历史学家的技艺》，张和声等译，上海：上海社会科学院出版社，1992 年，第 36 页。

④ 〔英〕巴勒克拉夫：《当代史学主要趋势》，杨豫译，上海：上海译文出版社，1987 年，第 57 页。

去,我们才能充分理解现在"。他把理解过去的社会和掌握现在的社会视为历史的双重作用。[1] 在注重史学与时代、生活和社会的关联这一学术理念上,唯物史观派与现代西方史学的主流认识是呼应的。唯物史观派自诞生之初就主张沟通过去与现在,注重在"改变世界"而不只是"解释世界"上释放自身的能量。释古变今的现实性是其与生俱来的品格。

1949 年后,唯物史观派对史学对社会现实的参与力度进一步加大。著名的"五朵金花"几乎都与时代主题相通。例如,"古史分期论战"关乎"五种生产方式"理论是否适应中国国情的问题,进一步说,关乎中国革命与历史的前途问题,即马克思所说的理想社会形态能否在中国实现;同样是把社会形态学说引入中国史领域的产物,为了说明没有帝国主义也能发展到资本主义去,资本主义萌芽问题应运而生。但现实性并未将学术性完全稀释掉,其学术意义不可低估。有论者指出:"中国的大部分史学家们纷纷浸淫于'五朵金花'及其相关命题的研究,这就不能不使得这些命题的研究深度,得到空前的发掘,从而形成这个时期中国史学成就的一个显著特色,尤其是中国古代生产关系史、农村社会经济史、商品经济史的研究,为后人的学术进步打下了坚实的基础。"[2] 在"为现实而历史"的观念的导引下,唯物史观派也同样取得了一批嘉惠学林、传之久远的学

---

① 〔英〕爱德华·霍列特·卡尔:《历史是什么》,吴柱存译,北京:商务印书馆,1981年,第 57 页。

② 陈支平:《20 世纪中国历史学的三大情结》,《厦门大学学报》2001 年第 4 期。

术成果。《中国近代史资料丛刊》又是一例。翦伯赞在最先编辑的《义和团》"序言"中明确指出："清算帝国主义的血账"是编辑此书的动机。《丛刊》基于"反帝反封建"的现实需要而编纂，但其学术影响既深且巨，它涵盖了近代史上的重大政治事件，共计 11 种，2700 多万字，收录文献资料 1800 余种。①《丛刊》不但是国内近代史研究者的必备参考书，而且颇受海外汉学界的重视。据美国学者说，他们利用这套丛刊，培养了数百名汉学博士。② 1957 年，美国汉学界的费正清、刘广京、邓嗣禹、芮玛丽等对《丛刊》均有所赞许。③

海外华裔学者余英时曾这样评论道：史观派"自始至终便不是从纯学术的立场来研究历史"，"他们的史学主要是为现实服务的，或者更具体地说，是为他们所从事的政治运动寻找历史的依据的"，"这种态度的本身是绝对无可责难的，相反的，一个人如果真是从爱国家、爱民族的纯洁动机去治史，他正是表现了一种高贵的道德情

---

① 参见陈其泰：《〈中国近代史资料丛刊〉的学术价值》(《浙江学刊》2002 年第 6 期)和《新中国历史科学的盛举——论中国史学会主编〈中国近代史资料丛刊〉的重大成就》(《当代中国史研究》2002 年第 2 期)；张传玺：《翦伯赞传》，北京：北京大学出版社，1998年，第 246—249 页；张革非：《中国近代史料学稿》，北京：中国人民大学出版社，1990年，第 229—235 页。

② 见曾业英主编：《五十年来的中国近代史研究》，上海：上海书店出版社，2000 年，第 686 页。

③ 据朱政惠：《美国对中国史学史研究的几个问题》，《历史教学问题》2003 年第 3期。同时可参吴原元：《略论美籍华裔史家对建国初马克思主义史学的评价及其思考——以"中国近代史资料丛刊"的评述为考察中心》，《东方论坛》2017 年第 1 期；吴原元：《美国史学家对中国马克思主义史学的探析》，《史学理论研究》2017 年第 4 期。

操"。① 历史与现实、过去与现在的完全隔离,不但不能导致"客观"历史的出现,反而会使历史学成为无源之水、无本之木。所以,唯物史观派的现实诉求为其学术发展提供了巨大的驱动力,其积极作用不可小视。

第二,今天看来,经济史是唯物史观派贡献最巨、生命力最长久的一个专门领域。即使是马克思主义理论在 20 世纪西方学界的主要论敌波普尔,也曾这样评价马克思的贡献:"在马克思之前没有严肃的经济史",因此,"马克思对社会科学与历史科学"的一个"不可磨灭的贡献",就是"强调经济条件对社会生活的影响","这可以说完全扭转了先前历史学家的观念"。② 历史哲学家说:"自从马克思以来,或者不如说自从 19 世纪末年以来",历史研究的"重点已经转移到经济史和社会史","人们日益接受……与政治因素相对而言的经济因素乃是历史变化中真正的决定因素"的"论点"。③因此,唯物史观派史学先天具有注重经济史研究的特性。"食货之学"即社会经济史研究的空白在 20 世纪的被填补,应该在 20 世纪中国学术史上占有极为重要的一页,而这一页的写就,应该说主要来自史观派

---

① 余英时:《中国史学的现阶段:反省与展望》,《史学与传统》,台北:时报出版公司,1982 年,第 6 页。

② 〔英〕卡尔·波普尔:《二十世纪的教训》,王凌霄译,桂林:广西师范大学出版社,2004 年,第 17 页。

③ 〔英〕沃尔什:《历史哲学——导论》,何兆武、张文杰译,北京:社会科学文献出版社,1991 年,第 185—186 页。

的努力。"井田制""初税亩""均田制""地主制""庄园制""农村公社"等经济史上一系列关键史实的发覆,不能不归功于唯物史观所强调的"经济因素"的指引,①其中,"铁"的发现和对"铁制工具"给当时社会所带来的剧烈变动的强调,更使人真切地感受到"生产力",

---

①　唯物史观派对井田制等土地制度问题表现出极大的热情。首先是唯物史观派的理论预设使他们关注井田制问题。"土地制度自古就是史家的研究对象之一,一般来说,食货类史籍首要谈到的就是土地制度。但在古代,土地制度仅仅是作为典章制度的一个门类而被研究,并不表现出特殊的意义,即使对史学家和经学家所共同关心的两周土地制度,也是这样。自本世纪初马克思主义传入中国以来,土地制度研究在马克思主义史学家中成为重要研究领域,特别是在持续了五六十年的中国古史分期问题讨论中。由于按照斯大林对生产关系的描述,生产资料所有制是生产关系的核心与基础,它决定了生产中人与人之间的关系、生产品的分配形式。遵循历史唯物主义一般原理,就总的历史过程而言,生产力决定生产关系,经济基础决定上层建筑,而经济基础不过是生产关系的总和。这样,在马克思主义史学家中,就形成了一种思维定势:如果立足于一定的生产力水平,或者说暂时不考虑生产力发展水平,来研究社会结构与社会性质,那么生产资料所有制居于第一重要地位。在他们看来,由于生产资料所有制形式决定了生产关系整体,也即决定了经济基础,并从而决定了上层建筑,而在中国古代,土地是最基本的生产资料,因此,土地制度是决定中国古代社会结构与社会性质的第一重要因素。……正是由于这个原因,史学家们对被认为是西周土地制度的'井田制'予以极大关注。"(袁林:《两周土地制度新论》,长春:东北师范大学出版社,2000年)
再者,唯物史观派的价值立场尤其是政治倾向也使他们对井田制问题情有独钟。井田制不同于一般的土地制度,它或多或少地与原始公有制相联系,被赋予原始共产主义色彩,成为共产主义合法性的一种历史论据,因而具有特殊重要的意义。如孙中山认为,中国历史上"井田之制"体现了"社会主义之精神",是中国实行社会主义的"事实"。(《孙中山全集》第2卷,北京:中华书局,1982年,第507页;《孙中山全集》第8卷,北京:中华书局,1986年,第472页)列文森也指出井田制问题与现代知识分子的政治信仰之间的对应关系。(〔美〕列文森:《儒教中国及其现代命运》,郑大华、任菁译,北京:中国社会科学出版社,2000年,第292—303页)总之,井田制是一个具有强烈政治诉求的历史问题,尤其受到唯物史观派的青睐。
因此,近代关于井田制研究的繁盛,恐怕主要应归功于唯物史观派史学。有学者明确指出:对井田制的科学探索是"'五·四'运动以来马克思主义传入中国以后的事",自1919年始到40年代,"此段的兴起与发展是伴随着马克思主义的传入,特别是大革命失败以后,中国社会性质的论战而兴起和发展起来"。中华人民共和国成立以后的50—60年代,井田制研究是由50年代初期以来的一系列史学问题的讨论逐渐推动、引发的。中华人民共和国成立初期的1950年的殷周人殉问题、殷代奴隶制特点、西周社会性质等问题的讨论,1951年的"众人""庶人"讨论,1952年古史分期问题、"亚细亚生产方式"问题的讨论,1954年开始的封建土地所有制问题,都使井田制问题更加突出。(周新芳:《关于井田制研究的回顾与展望》,《齐鲁学刊》1997年第5期)在相当长的一段时期内,井田制的历史与马克思主义捆绑在一起,它甚至成为唯物史观史学内部的一个论题。

特别是其中的"生产工具"在历史发展中所起的巨大作用:"铁器"如同"机器"一样,曾经在历史上造成过巨大的"革命"。①

中华人民共和国成立后,经济史日益受到重视,进入了史学主流之中。与民国时期相比,它在史学学科体系中的地位发生了根本性变化。经济史研究的空前活跃,一方面表现在史料整理上。近代经济史资料整理的成绩最为卓著,规模较大的有严中平等编的《中国近代经济史统计资料选辑》,孙毓棠、汪敬虞编的《中国近代工业史资料》两辑,李文治等人编的《中国近代农业史资料》三辑,陈真等编的《中国近代工业史资料》四辑,彭泽益编的《中国近代手工业史资料》四卷,另外还有涉及中外经济关系的资料,如《帝国主义与中国海关》十五编,它是辑自海关的第一手资料。可贵的是,这些作品并未完全停留在资料汇编的层次上,而是渗入了编者的研究心得,

---

① 我国古代铁器的研究,肇始于20世纪20年代,即章炳麟所著《铜器铁器变迁考》和章鸿钊所著《中国铜器铁器时代沿革考》,但真正对铁器进行全面深入研究的是唯物史观派。此派学者赋予铁器以特殊地位,它的产生和应用被作为确定社会性质、进行古史分期的重要依据。郭沫若之所以提出战国封建制,重要的根据之一是铁器的使用,即:"奴隶制与封建制的更替之发生在春秋、战国之交,铁的使用更是一个铁的证据"。20世纪50年代关于中国古代史分期问题大论战高潮的出现,使铁器在社会历史发展进程中的地位和作用受到前所未有的重视,即"大家在讨论这个问题时,几乎没有一位不接触到中国古代冶铁技术的发明和发展问题",尤其是"西周封建论"和"战国封建论"者更是如此,使得学术界在探讨中国古代社会发展进程中对先秦铁器,即中国铁器的起源和早期发展进行讨论。唯物史观派的铁器研究,重点不在冶金技术层面,而更注重历史学的研究,主要是把铁器及铁器生产作为一种社会历史和文化因素,通过对铁器的出现、形态及构成的演变、分布地域、流行年代等进行分析,考察铁器从出现到普及的发展进程,结合其他冶铁遗存考察铁器的生产与流通,进而探讨铁器在社会生活中的应用及其在社会历史发展进程中的作用,乃至当时社会历史的变迁。详参白云翔:《先秦两汉铁器的考古学研究》,北京:文物出版社,2005年;陈峰:《唯物史观与二十世纪中国古代铁器研究》,《历史研究》2010年第6期。

所以总体质量较高,其中不乏上品。另一方面的表现是各种研究性论著大量涌现。通史类有傅筑夫的《中国封建社会经济史》,田昌五、漆侠主编的《中国封建社会经济史》,汤明燧的《中国古代社会经济通史》等,皆是体大思精,自成一家。由经济日报出版社出版的《中国经济通史》也是上乘之作。[①] 专史类更是硕果累累,如农业史、工业史、手工业史、商业史、财政史、交通史均不乏名家力作。像林甘泉主编的《中国封建土地制度史》,郭正忠主编的《中国盐业史:古代篇》,李锦绣的《唐代财政史稿》等。据统计,1986—1995 年中国经济史论文和著作有近两万种,可见研究状况之盛。

同时,重大理论问题的讨论仿佛一种高效催化剂,将经济史研究向纵深推进。尤其在中华人民共和国成立后的前 17 年,理论争鸣的焦点同时就是经济史研究的热点、重点。这里仅以"资本主义萌芽"问题的讨论为例略作说明。"资本主义萌芽"问题是中华人民共和国成立后史学最重要的研究课题之一,与之相关的成果已达到汗牛充栋的地步。在寻觅资本主义在何时何处"萌芽"的过程中,人们几乎遍及这一时期丝织业、棉纺业、矿冶业、农业、商业、手工业、市镇等方面的有关资料,深入开展了明清区域社会经济史——苏、

---

① 其中周自强主编《先秦经济史》分卷,林甘泉主编《秦汉经济史》分卷,高敏主编《魏晋南北朝经济史》分卷,宁可主编《隋唐五代经济史》分卷,漆侠主编《宋代经济史》分卷,漆侠、乔幼梅主编《辽夏金经济史》分卷,陈高华主编《元代经济史》分卷,王毓铨主编《明代经济史》分卷,方行等主编《清代经济史》分卷。李根蟠:《二十世纪的中国古代经济史研究》,《历史研究》1999 年第 3 期。吴承明也说这套书"部分分卷曾先行问世,饮誉海内外"。《吴承明集》,北京:中国社会科学出版社,2002 年,第 335 页。

淞、杭、嘉、湖地区和徽商——研究。① 如同一位明史专家所说:"尽管有关资本主义萌芽涉及的每一点学术界都存在着种种分歧,然而,围绕这一问题展开的探讨,使我们对明代社会经济状况的研究大大深化了,较之40年前这一领域的近于空白,不能不承认已取得重大进展。"②林甘泉也认为关于资本主义萌芽的讨论"就为后来明清经济史研究成为一个热门打下了基础,今天明清经济史的研究有这样一个局面,得益于50年代以来关于资本主义萌芽的讨论"。③李伯重评价道:这一研究中国学者"付出了巨大努力,并且取得了丰硕成果。不论存在什么样的局限,这个研究对于中国经济史学的发展所起到的重大作用,是无可比拟的"。"学者们对于商品经济、雇佣劳动、早期工业化等至关重要的问题,进行了充分的探讨,可以说已经弄清了事实真相。"④连海外的余英时也承认,大陆学者从事的资本主义萌芽讨论虽未达成最后共识,但仍对明清经济史研究做出了贡献。不但"发掘出不少以前未受注意的有关明清工商业发展的史料",而且"对明清社会经济史的大体面貌有了比较明确的认识",特别是确定了以下两点:第一,明清的商业远比以前为活跃,第二,

① 详参《中国资本主义萌芽问题讨论集》(北京:生活·读书·新知三联书店,1957年),《中国资本主义萌芽问题讨论集(续编)》(北京:生活·读书·新知三联书店,1957年),《明清资本主义萌芽研究论文集》(上海:上海人民出版社,1981年),《中国资本主义萌芽研究论文集》(南京:江苏人民出版社,1982年)等。
② 肖黎主编:《中国历史学四十年》,第219页。
③ 邹兆辰、江湄:《正确看待马克思主义史学的历史发展》,《史学月刊》2000年第1期。
④ 李伯重:《理论、方法、发展趋势:中国经济史研究新探》,第20页。

这一历史变化大致发生在 16 世纪。"大陆史学界的讨论对这两个重要史实的建立是功不可没的。"①甚至可以说，经济史学科的发展，其基本推动力量就是所谓"资本主义萌芽情结"。进一步说，若没有立足于唯物史观的理论争鸣，近几十年经济史研究的繁盛局面是不可能出现的。从世界范围看，20 世纪是社会经济史占主流的世纪，唯物史观派攻治社会经济史，填补"食货之学"的空白，使中国史学得以"预流"世界史学。美国中国学名宿费正清、崔瑞德、费维恺 1986 年编著《民国史》，他们在绪论的一个注释里提及中国大陆学者出版的《明清资本主义萌芽研究论文集》和《中国资本主义萌芽问题论文集》，认为其中"包含有中国经济史专家在这一题目上做出的最出色的工作"。②

第三，"从下往上看"的价值立场。随着学科开放和相互影响的加深，社会人类学的民间取向逐渐得到历史学家的认同，并开始以"从下往上看"的视角和价值立场重新审视历史。以普通人的日常生活为研究对象的社会生活史逐渐成为包括年鉴学派、英国"社会史学派"在内的西方现代史学新的研究取向。研究对象从精英转向民众被视为新旧史学转型的标志之一。

早在 20 世纪初，梁启超就痛斥君史湮没民史的弊病，但真正在

---

① 详见余英时：《中国近世宗教伦理与商人精神》增订版，北京：九州出版社，2014 年，第 208、60 页。

② Fairbank, John King, Denis Crispin Twitchett, and Albert Feuerwerker, eds. *Republican China*, *1912-1949*. Cambridge University Press, 1986, p. 14.

史学实践中扭转精英本位局面的是唯物史观派。在这一方面,史观派所起的作用与年鉴派所起的作用一样。伊格尔斯说:进入 20 世纪后,渗透在历史著作中的实际上是贵族的观点。或者说:一种贵族的偏见支配了历史研究,大众的历史、日常生活史和人民文化史都被认为没有价值。年鉴派的努力纠正了这一偏向。[①] 中国的唯物史观派也起了同样的作用。从价值立场的选择上看,唯物史观派更同情历史上的"小人物"和普通百姓,对历史上反复发生的农民暴动、平民造反尤为推崇。正是由于这一学派的努力,几千年来乡下百姓的生活才在史书上得以显现。

中华人民共和国成立后,以农民战争史为中心的对农民的研究曾经是"五朵金花"中最为繁茂的一朵。据不完全统计,自 1949 年来的 40 年中,共发表文章 4000 多篇,各种资料、专著和通俗读物达 300 余种,可谓极一时之盛。农民战争史可能是中华人民共和国成立后史学成果密集度最高的专门领域。[②] 1978 年成立了全国性的中国农民战争史研究会,1981 年它主编了《中国农民战争史研究集刊》,中国社会科学院也陆续出版《中国农民战争史论丛》。据 20 世纪 70 年代的海外学者观察,1955 年以后,中国历史学著作和研究

---

① 《历史研究国际手册》,北京:华夏出版社,1989 年,第 1、5 页。

② 有关农民战争史的著作主要包括:漆侠等:《秦汉农民战争史》(北京:生活·读书·新知三联书店,1962 年),朱大渭主编:《中国农民战争史:魏晋南北朝卷》(北京:人民出版社,1985 年),李斌城主编:《中国农民战争史:隋唐五代十国卷》(北京:人民出版社,1988 年),孙祚民主编、孟祥才著:《中国农民战争史:秦汉卷》(武汉:湖北人民出版社,1989 年),孙祚民主编:《中国农民战争史:宋辽金元卷》(武汉:湖北人民出版社,1991 年)等。

的最显著特征是，"对农民起义和农民战争的关注"。甚至"可以毫不夸张地说，评价农民运动在中国历史上的作用是今天中国共产主义史学研究中的中心问题"，"这个问题为中国历史学增添了一个新领域，却是毫无争议的"。农民战争史研究"'从根本上改变了中国历史的语言'，建立了评估和重现中国过去历史的标准"。① 的确如此，无论翻开赵俪生、高昭一的《中国农民战争史论文集》，孙祚民的《中国农民问题探索》，还是浏览郑天挺、孙钺编的《明末农民起义史料》，漆侠的《秦汉农民战争史》，我们都可以清楚地看到，以农民战争为轴心的集中研究不仅使学者们在宗教、宗族、人口诸方面收集、整理、积累了下层民众的各种材料，②为今天对基层社会的研究提供了大量的素材，而且更大的价值在于使中国史学界的目光聚焦于民间社会，构成了今日社会史、民间史复兴的内在理路。90 年代以来，虽然从表面上看人们研究农民战争史的热情已然冷却，但事实上它所导引的那种"从下往上看"的研究取向仍在继续。把农民

---

① 〔英〕巴勒克拉夫：《当代史学主要趋势》，杨豫译，第 217—222 页。美国汉学界有哈里森（James. P. Harrison）的《中国共产党和农民战争》（雅典：雅典出版社，1971 年）一书作了专门评述。另外，中国农民战争史的研究还得到日本史学界的有力参与，并且他们对中国大陆学界的研究现状做了重点介绍。

② 这一方面的成果包括：安作璋编：《秦汉农民战争史料汇编》（北京：中华书局，1982 年），张泽咸、朱大渭编：《魏晋南北朝农民战争史料汇编》（北京：中华书局，1980 年），王永兴编：《隋末农民战争史料汇编》（北京：中华书局，1980 年），张泽咸编：《唐五代农民战争史料汇编》（北京：中华书局，1980 年），何竹淇编：《两宋农民战争史料汇编》（北京：中华书局，1976 年），杨讷、陈高华编：《元代农民战争史料汇编》（北京：中华书局，1986 年），中国人民大学历史系、中国第一历史档案馆合编：《清代农民战争史资料选编》（北京：中国人民大学出版社，1984 年）等。

战争史研究的遗产放在社会史的范畴内重新予以消化，将有助于对"历史上的小人物""农民""奴隶"所起作用的发现，进一步实现中国史学由精英史到民间史的结构性转换。

第四，跨学科的治史路数。广泛吸收社会学、经济学、心理学等社会科学的理论与方法辅助历史研究，恐怕是年鉴学派最大的创新之处，并成为现代西方史学的一个基本特征。唯物史观派也在从事跨学科研究，致力于社会学、经济学、人类学等在史学领域里的引进。以摩尔根的人类学发现为参照，从中国上古神话传说中清洗出一个类似于西方史前社会的"原始社会"来，是唯物史观派一问世就贡献给20世纪中国史学的一大成就。

在对中国传统史学进行"改造"的各个史学流派中，真正做到以现代科学方法治史的当推唯物史观派学者。他们从社会学、人类学、经济学等诸学科借取理论和方法，致力于历史事件和历史现象的阐释。唯物史观派史学的发展本身就是跨学科研究的结晶。唯物史观派史学不自觉地将历史学、考古学、社会学、经济学、人类学整合在一起。在1949年以后关于"五朵金花"的讨论中，马克思主义中蕴含的经济学、社会学内容广泛渗透到历史研究之中。

唯物史观派还普遍借鉴马克思的社会学中的阶层分析和集团分析方法来作为研治史学的辅助手段。其中有郭沫若的《中国古代社会研究》、范文澜的《中国通史简编》、吕振羽的《简明中国通史》和翦伯赞的《中国史纲》（前两卷）等。在相当长的一段时期内，阶级观点被作为开启中国历史神秘之门的总机关。应当承认，将历史上的社会划分为不同的利益集团，对它们加以考察，从而达到对社会历史的总体把握，这的确不失为一条可行途径。适当取用阶层分析和集团分析方法不但无损于历史学，而且会提升历史学家的问题意识和思维能力，有助于从史中求史识。

此外，唯物史观派史家倾向于将思想史上的问题进行社会学的处理，这颇类似于知识社会学的方法。例如侯外庐《中国思想通史》即基于社会存在决定社会意识的唯物史观立场，强调思想史必须以社会史为基础，"把思想家及其思想放在一定的历史范围内进行分析研究，把思想家及其思想看成生根于社会土壤之中的有血有肉的东西，人是社会的人，思想是社会的思想，而不作孤立的抽象的考察"。[①] 的确，尽管思想演化的"内在理路"不容抹煞，但流质多变的思想绝非单一的"内在理路"所能充分说明，凿通社会史与思想史的"内外交融"之法有充分的合理性。这样就超越了纯史学方法而具有了跨学科性质。此外，马克思的政治经济学方法在唯物史观派史学中体现得也十分明显。由于以马克思的政治经济学原理为分析工具，唯物史观派史家剖析中国古代社会、考察历史上的经济现象自然得心应手。

第五，唯物史观派着眼于对中国历史的贯通性考察，注重长时段和重大事变。"通"是其一贯的追求。这当然首先体现在通史编纂上。可以说，诵史在唯物史观派的著述体裁中占有首要的位置。

---

① 侯外庐：《韧的追求》，北京：生活·读书·新知三联书店，1985 年，第 303、327 页。

中华人民共和国成立后,范文澜历时近 20 年继续对已有的《中国通史简编》加以修订和扩充,延续了原著观点新颖、材料丰富等特点。"文革"后,在蔡美彪主持下进行续作,并改名《中国通史》行世。这部十卷本中国古代通史成为最有影响的通史著作之一。由翦伯赞主编的《中国史纲要》的特点是史与论冶为一炉,是当时编写最精粹、最规范的中国通史教材。"文革"后,通史编纂无论数量质量都有明显上升,其中白寿彝主编的《中国通史》尤为突出。这部书共 12 卷 22 册,约 1400 万字,堪称鸿篇巨制。其基本宗旨是体现中国作为一个统一的多民族国家的历史,并在通史体裁方面进行了可贵的探索。全书采用"远古时代""上古时代""中古时代"和"近代"命名历史阶段,但仍以社会经济形态理论作为基本线索。书中尤能注意到社会转型时期"多种生产关系并存"的历史特点,克服以往公式化和简单化之弊。①

正是因为立足于通古今之变,史观派这一学术共同体特别喜爱研究历史上的大规模社会变动。殷周之际、春秋战国之际、秦汉之际、魏晋之际、明清之际这些历史上大关节、大转折点之所以能得到相对透彻的清理,与这一学术嗜好密切相关。唯物史观派热衷于研

---

① 参见吴怀祺:《马克思主义社会形态理论与新时期的通史编撰——再读多卷本〈中国通史·导论〉卷》,《史学史研究》1997 年第 2 期;瞿林东:《白寿彝教授和〈中国通史〉》,《人民论坛》1999 年第 10 期;陈其泰:《史学体系的重大创新——白寿彝先生主编〈中国通史〉成就略论》,《史学理论研究》2000 年第 1 期;邹兆辰:《马克思主义理论中国化的成功探索——白寿彝主编〈中国通史·导论卷〉对马克思主义史学理论的贡献》,《廊坊师范学院学报(社会科学版)》2014 年第 4 期;李振宏:《当代史学平议》,北京:社会科学文献出版社,2015 年,第 51—55 页。

究社会的大变动、历史的大关节、时代的大转折，本身就是将中国历史纳入到一个较长的时段中进行考察的努力。

社会形态的更替是最大规模的社会变动，关于它的研究构成了20世纪唯物史观派史学史上一道绚丽的风景。中华人民共和国成立后学术界对社会形态更替问题的热情再度升温，古史分期问题的讨论形成高潮。它"所涉的问题之多，方面之广，以及各种意见相互争鸣之热烈"，是前此20年间所不能比拟的。[①] 要区分不同的社会形态，就必须对处在各形态交替点上的历史时段进行细致入微的和全面的探究。而殷周之际、春秋战国之际、魏晋之际、明清之际是中国历史发展的关键点，自然是研究中应当予以倾斜的内容。在古史分期讨论中，为了论证自己的观点，各派都去挖掘史料，分别对某个历史时期内的经济、政治、思想等作了较为全面的清理。例如，为了论证西周封建说，范文澜、翦伯赞、吕振羽等考察比较了殷周两代的殉葬和祭扫、人身隶属关系、土地所有制度、宗法制度等，得出殷、周两代社会性质有异的结论。郭沫若、杨宽、吴大琨、白寿彝、田昌五等人的战国封建说则着重从铁制农具的普遍推广、井田制的破坏、私田制的出现、"庶人"身份的改变、诸子纷起这些事实来判断社会形态更替。尚钺、王仲荦、何兹全等通过考察农村公社、流民暴动、世家豪族、农民部曲和佃客等历史事实而分析得出魏晋封建说的结

---

① 林甘泉等：《中国古代史分期讨论五十年》，上海：上海人民出版社，1982年，第147页。

论,等等。在近年"五种生产方式"学说受到根本质疑的情况下,社会形态问题仍未从学者们的视野中消失。[①] 这样一来,材料最为稀缺、研究难度最大的上古史,却率先得到精细、深入的清理。这不能不归功于古史分期问题的吸引。

这种对重大历史关头的研讨,大大增加、推进了人们对历史进程的总体认知。因为殷周之际、春秋战国之际等关键时期,风云变幻,山重水复,千头万绪。先对它们进行集中勘探、研析,重点突破,然后以点带面,结合对其他时段的考索,才能达到对中国历史全局的深切体认。这一优先攻坚的治史策略,仿佛在一条河流上航行,渡过了急流险滩,其他平缓水域则可乘风扬帆,顺流而下。唯物史观派从历史关节点入手,聚焦于大规模社会变动、经济变动、思想变动,从整体上、宏观上、全局上把握人类历史演进的线索与轨迹,揭示人类历史变迁的深层动因。

最后申明一点,我们在澄清和重估唯物史观派的学术史意义的

---

① 目前,不少重新思考社会形态问题的成果业已问世,如田昌五的《中国历史体系新论》一书将中国历史区分为"族邦时代""帝制时代"两大阶段,认为中国历史上出现过"三次大循环";商传、王和等总主编的《中国大通史》依照多元发展的史前文化、宗法集约型家国同构农业文明、专制个体型家国同构农业文明、农业文明的变异、向工业转轨几个环节来描述社会形态的更替和演进。2018年,曹大为、商传、王和、赵世瑜总主编的《中国大通史》由学苑出版社正式出版。本书参照马恩将人类历史演进从宏观上划分为采集渔猎、农业文明、工业文明三大时代的分期框架,将中国历史大致划分为史前社会、农耕社会、工业社会三大阶段。进入文明时代之后四千年农耕社会的历史则以周秦之际、唐宋之际和明清之际三个变革期或过渡期为界限,区分为三代到春秋战国、秦汉到唐中晚期、宋代到明中叶、清代至民国初期四个段落。其分期依据是占主导地位的社会结构和生产方式。

同时,不能不深刻反省其存在的严重缺失。上述五个特点是唯物史观派史学的价值所在,惜乎它们曾经流于极端化或片面化,从而在相当大的程度上损害了历史学的学术品格。时人公开宣称:"历史是阶级斗争的教科书"①"历史学始终是阶级斗争的工具"②"历史研究是阶级斗争思想斗争反映最尖锐的场所"③。所以,有研究者指出:"'历史学'在上个世纪50年代以后的位置一度相当微妙,其存在的基本功能是为刚刚夺取政权的中国共产党论述统治的合法性,它毫不妥协地服务于至高无上的政治目的,具有鲜明的'党性'特点。"④"从下往上看"的视角固然合理,但在社会革命的背景下,农民战争史研究从一开始就负载着意识形态使命,其"一度成为显学",也不过是"当时强调阶级斗争理论的产物"⑤,并非完全出自学术自觉。唯物史观派所跨用的社会科学理论,多不出马克思主义思想体系的范围,其人类学理论只是一种根据欧洲的经验事实概括出来的关于"欧洲型"的理论,是一种"西欧历史法则"而不是"东方历史法则";其社会学也基本上是一种冲突社会学,其经济学则是《资本论》中阐发的政治经济学,等等。其时代和地域的局限都非常明显。同时,中华人民共和国成立后长期的封闭状态,也使得中外史学交流

---

① 戚本禹:《为革命而研究历史》,《红旗》1965年第13期。
② 臾尔钜:《历史科学的任务和古为今用》,《哲学研究》1963年第5期。
③ 余子道:《历史科学必须为无产阶级政治服务》,《复旦》1960年第1期。
④ 杨念群:《中国历史学如何回应时代思潮(1978—2008)》,《天津社会科学》2009年第1期。
⑤ 赵世瑜、邓庆平:《二十世纪中国社会史研究的回顾与思考》,《历史研究》2001年第6期。

陷入停顿。唯物史观派史学与国际史学潮流的契合毕竟还相当
有限。

4. 未曾中断的史考传统

总的说来,1949 年以来到 20 世纪 80 年代的中国史学史,是一
部唯物史观派上升、史料派下降的历史。这是大趋势。但是,我们
能不能就此说,史料学派在史观派的挤压下无所作为,逐渐销声匿
迹,史料考订的路数从此完全中断了呢? 恐怕不能。理由主要包括
以下两点:一是主流史学对史料派仍心存敬畏,不能忽视其存在;二
是史料派自身仍不同程度地坚守其治学门径,虽薪尽而火传。

民国时期备受推崇的"史界二陈"(陈垣、陈寅恪),唯物史观派
掌权后对他们表现出相当的礼重。1949 年之后,陈垣继续担任辅
仁大学校长,1952 年至 1971 年任新组建的北京师范大学校长,还
担任中国科学院历史研究所第二所所长,同时他又是第一、二、三届
全国人大常委会委员。[①] 因此,至少从表面上看,陈垣仍维持着不低
的学术地位和社会地位。陈寅恪享受的礼遇更为引人注目。1953
年中国科学院筹备成立历史研究所时,拟让陈寅恪任第二所所长
(其余两所所长分别是郭沫若和范文澜)。1954 年创刊的《历史研

---

① 参见陈清泉等编:《中国史学家评传》(下册),郑州:中州古籍出版社,1985 年,第
1244—1296 页;牛润珍:《陈垣学术思想评传》,北京:北京图书馆出版社 1999 年。

究》又将他列为编委。陈毅、周扬、胡乔木等高级官员曾亲自登门拜访过陈寅恪。新史学权威郭沫若对陈寅恪这位旧史学权威的态度最具代表性。1953 年，郭沫若以学界领导人的身份写亲笔信邀请陈寅恪进京共事。1958 年，郭沫若公开宣称要在不太长的时间内在资料占有上超过陈寅恪。1961 年，郭沫若到广州拜访陈寅恪，即兴吟出"壬子庚金龙虎斗，郭聋陈瞽马牛风"的对子，暗示两人的关系。[1] 可见，地位显赫的郭沫若一直没有忽视旧史学大师陈寅恪的存在，并察觉到二人的分野隐然是新旧两种史学的对峙。这在一定程度上折射出史学界的新主宰面对传统学人时的复杂心态，既有一种当权派的优越感，又不能不油然而生一种敬畏之情。[2]

同时，部分史料派学人仍坚守其治学门径。他们一方面真诚地学习新理论，接受新思想的洗礼，一方面继续从事以往驾轻就熟的史料工作，没有出现"邯郸学步，反失其故"的局面。在坚持既往的治学路数上，陈寅恪表现得近乎极端，表示不宗奉马列。对新理论、新史学的公开拒绝，显然是为了维持既往的学术旨趣和门径。但大

---

①　可参看陆键东：《陈寅恪的最后 20 年》（北京：生活·读书·新知三联书店，1995年）一书。

②　伊格尔斯、王晴佳论 1949 年后的正统马克思主义史学家，谓其即使在中国科学院完全仿苏联模式构建、大陆史学话语已一统于马克思主义史学框架之内的前提下，亦多皆努力发出异声，因"他们之走近马克思主义，乃自不同的方向"。以郭沫若为例，郭氏对马克思主义的了解，多得自日本马克思主义经济学家河上肇（Hajime Kawakami），他对古代中国奴隶制及其向封建制度转化的研究，则多受到另外一位日本学者安良城盛昭（Araki Moriaki）的启发。郭氏在甲骨文研究上得王国维的先驱之力则更不待言。Iggers, Georg G., Q. Edward Wang, and Supriya Mukherjee. *A global history of modern historiography*. Routledge, 2013, p. 322.

多数人并未采取陈寅恪这样坚决的方式,而是不事张扬地埋首于史料考据。例如,批判《古史辨》和顾颉刚的童书业,并未完全放弃原有的治学路数。就在童书业发表《"古史辨派"的阶级本质》后不久,他就与《古史辨派"的学术思想批判》一文的作者一起,代表《文史哲》杂志向顾颉刚约稿。在复王树民的信中,顾颉刚对此举的含义作了推敲:"苟我之学术工作已不足存于今之世,胡近来二君又为《文史哲》向我索稿乎?"①的确,如果"顾先生""顾颉刚教授"真如同他们所批判的一样,为何又向自己的批判对象要稿子呢?这不是引火烧身吗?这不又是对顾氏的承认吗?顾颉刚后来"应童书业邀,为《文史哲》作《息壤考》"。1956 年 7 月下旬至 9 月下旬的两个月,顾颉刚"养病于青岛",就住在上述另一位批判者家里,"整理《史记》"。这都说明了"古史辨派"之间的联系。童书业之女说:尽管童先生拼命想使自己的研究适应新的社会风气、学术风气,但是他仍"难以跟上越来越'左'倾的'理论'。彷徨痛苦中,他把自己的研究方向又转向古史、古籍的考辨"。后来的事实证明,史料派这种低调、地下的做法取得了不可小视的效果。

据观察:"很多人都是以考据治史,以自由主义方式讲学。"②徐旭生也说:1949 年唯物方法被接受为"最高轨范"后,疑古思想仍"藏蔽于思想的深处以隐隐作祟",史学界仍是"极端疑古思想在那

① 顾潮:《顾颉刚年谱》,北京:中国社会科学出版社,1993 年,第 352 页。
② 刘淑娟:《侯外庐同志在北京师范大学历史系》,《史学史研究》1982 年第 3 期。

里隐隐统治"。① 疑古思想体现的是一种史料批判态度,是民国时期尤其是 20 年代史料派的治史原则。疑古思想在史学界的"隐隐统治",表明史料学派的潜在势力之大。在高校中,史料学派的影响仍然不小。1958 年"史学革命"时,南开大学的大字报揭示:1952 年前,历史系的教师已用考据学来教学和研究,郑天挺到后,这种风气更有所增长。② 山东大学的情况更为严重:在"双反"运动之前,考据之风一直占统治地位,而且一直在蔓延发展。③ 尽管这些立足于批判的大字报为取得耸人听闻的效果有夸大事实之处,但它们确实反映出一批史料派学人仍然沿循着旧途治学,并且形成了一定的气候。傅衣凌在后来自己反思,中华人民共和国成立初期"虽力图用历史唯物论的观点来研究中国的历史,但所得结果并不满意,存在有很不少传统的影响痕迹和堆砌史料的毛病,甚至难免以史料代史学的错误"④。其中虽有自谦自责的成分,也表明了一种实际状态,折射出史料派并未完全脱离旧轨,对以往的治学路数仍有所坚持。

尽管如此,在新思想、新方法的冲击下,史料派对自身的治学法宝考据学有了新的认识,试图改造、丰富考据学,为其注入新的生命。正如当时学者所主张的,批判继承传统的考据,在辩证唯物主

---

① 徐旭生:《中国古史的传说时代》,北京:文物出版社,1961 年,第 27 页。
② 《历史科学中两条道路的斗争》,北京:人民出版社,1958 年,第 233—234 页。
③ 《历史科学中两条道路的斗争》(续辑),北京:人民出版社 1959 年,第 6 页。
④ 傅衣凌:《明清社会经济史论文集》,北京:人民出版社,1982 年,"巢前题记"第 1 页。

义指导下,开创新的考据学风和考据方法。① 罗尔纲的认识转变可以视为一个典型。中华人民共和国成立后,罗尔纲将胡适与乾嘉学派的考据方法通称为"旧考据方法",而把唯物辩证法指导的考据方法称为"新考据方法"。前者使用形式逻辑,在形而上学思维方式下进行考据。而后者则以辩证逻辑为主导,只将形式逻辑当作技术性的方法,在马克思主义的立场、观点、方法下进行考据。罗尔纲将新旧考据的不同总结为六项:第一,旧考据方法片面地、孤立地看问题,只有新考据方法才能全面地、联系地看问题;第二,旧考据方法只是从现象看问题,只有新考据方法才能从本质看问题;第三,旧考据方法"是则是,否则否"地看问题,只有新考据方法才能从矛盾对立中看问题;第四,旧考据方法静止地看问题,只有新考据方法才能发展地看问题;第五,旧考据方法无视或掩盖阶级斗争,唯有新考据方法正视和揭露阶级斗争;第六,旧考据方法无视或蔑视群众,惟有新考据方法才会有群众观点和走群众路线。总之,新考据方法之所以具有正确性与优越性,在于"它所用的是高级的辩证逻辑,同时不仅不排斥有局限性的初等的形式逻辑,并且把旧考据方法所用的形式逻辑的技术,作为宝贵的遗产而予以批判的接受"。他还指出,在扭转当时史学研究中主观主义和教条主义的作风上,新考据学正是"对症下药的好方针"。② 1949 年之后,罗尔纲实现了从旧考据学向

---

① 吴则虞:《论考据》,《文汇报》1962 年 3 月 18 日。
② 罗尔纲:《从太平天国史的考证体会到新旧考据的不同》,《忠王自传原稿考证与论考据》,北京:科学出版社,1958 年,第 3—8、23、24 页。

新考据学的转型,也因此在太平天国史领域登临"当代考证学的高峰"。①

面对变化了的形势,史料派对自身的学术定位也进行了调整。处于守势的史料派有所退让,避免与史观派正面交锋,他们不再开口闭口谈论"史学",而是以"史料"画地为牢,以"史料"为专门之学,将自身定位为史料研究者。在民国时期颇有声名的金毓黻就表示要做一个"人民史料专家"。②

史料派的领军人物之一顾颉刚,在中华人民共和国成立初就认同"史学该和史料学分开"的看法,认为"古史辨"固然不能担负建立新史学的任务,但在建立史料学上仍能发挥作用。③ 考据学"是一门中国土生土长的学问,它的工作范围有广、狭二义:广义的包括音韵、文字、训诂、版本、校勘诸学;狭义的是专指考订历史事实的然否和书籍记载的真伪和时代"。"它以书籍为主体。"顾氏显然不赞成完全废弃考据学。他认为应当在中国传统考据学的基础上"正式建

① 参见祁龙威:《当代考证学的高峰——追怀罗尔纲先生》,《近代史研究》1998 年第 3 期。但陈垣反对否定旧考据的科学性,他在 1957 年为《历史研究》杂志审查罗尔纲《论科学的考据与旧考据的不同》一文所撰意见中说:"旧考据有不科学的,但也有科学的,不能一笔抹煞。故此文题目只能说科学的考据与不科学的考据不同,不能说'科学的考据与旧考据的不同'。"他又说:"诚如此文所标志,容易令人误会,以为旧考据都是要不得的。……如果说这些都是要不得的,那我们就无历史可看,更无前人文化遗产可继承。"陈垣:《〈论科学的考据与旧考据的不同〉一文审查意见》,《陈垣学术论文集》第 2 集,北京:中华书局,1982 年,第 471—472 页。
② 金毓黻:《静晤室日记》(1952 年 10 月 6 日),沈阳:辽沈书社,1993 年,第 7567 页。
③ 顾颉刚:《顾颉刚书话》,杭州:浙江人民出版社,1998 年,第 268 页。

立起史料学来"。现在"考据学这个名词应当改为'史料学'"。而
"史料学的目的,是从资料的来源和它的真确性以及作者的时代和
他的环境等问题来揭示出每一件资料的本质,认定它是一定的社会
环境下的产物,以便人们根据了这样的分析,进一步综合某一时代
的资料而得着正确的历史知识"。[①]

郑天挺的态度和做法更加典型。1954 年 9 月至 1955 年 6 月,
郑天挺在南开大学尝试开设"史料学"课程,注意区分"史料学"和
"历史编纂学"[②]一年后,郑天挺对其进行总结,他把"史料学"定位为
"阐明史料的研究方法和利用方法","是探讨研究方法的学科";而
不是"史料的记录",不是对史料的罗列,不是"目录学"。[③] 而且,"马
克思列宁主义的史料学,把历史资料看成是一定社会环境的产物,
无论史料的内容与形式即是由每一时代的社会经济关系、政治制度
和思想意识的观点决定的",这就比就史料论史料高出一筹。郑天
挺进而把"史料学"从"历史研究法""史学方法论"中明确独立出来
作为一门课程,使处理史料的"史料学"与研究历史的"历史学"相区

---

① 顾颉刚:《〈古籍考辨丛刊〉第一集序》,《古籍考辨丛刊》第 1 集,北京:中华书局,
1955 年,第 1—10 页。

② 郑天挺:《史料学之一——从史料的角度看中国的史书(1954 年 9 月—1955 年 6
月授课)》,《及时学人谈丛》,北京:中华书局,2002 年,第 326—406 页。

③ 郑天挺:《史料学教学内容的初步体会》(1956 年 4 月),《南开大学学报》1956 年
第 1 期。

别,从而进一步把史料和历史区分开来。[1]　在教学中,区别史料和历史编纂是郑天挺讲授史料学的起点。不仅史料本身不是历史,而且被证实的、确定的史料和史料组合也不能成为历史。史料只有"经过深刻、仔细和全面地分析研究,并与其他史料联系比证"才能再现和恢复历史事件的特征,"因此,研究史料不仅在搜集,而更重要的是批判分析;史料学不是史料的记录,而是史料的研究方法和利用方法"。正因为史料不等于历史,史料学才得以成为一门专门的学问;因为需要对史料做大量的工作以服务于历史研究,史料学也需要成为一门专门的学问。[2]

那么,如何使独立出来的"史料学"成为一门科学呢? 郑天挺指出,科学是"有组织有系统的知识","杂乱无章的、真伪杂糅的、彼此无关的、存亡不定的事物中的知识",只有经过排比、整理、淘汰、保存才"有了头绪,有了分类,有了联系,有了规律",知识才具有了科学的形式。史料学就是关于史料研究和利用的系统化知识,就如同经过整理的、全面的、系统的历史研究才成为科学。郑天挺将史料

---

① 后来,郑天挺有进一步的阐述。他强调"史料只是资料,不是历史",那些"以叙述排斥分析,用史料代替历史"的做法都仅是注意了史料的形式,而没有把握其本质;他认为"史料不经整理,不经过全面的批判分析,不经过正确深刻的解释是不能发挥其作用,发现其价值的"。同时,史料和历史又是密切关联的:"我们研究史料,是要根据史料再现那个过去的时代,并写出它的历史";"历史要根据史料分析,恢复其时代的代表特征,指出其共同的东西,揭示其规律性"。郑天挺:《史料学之二——史料的分类、鉴别与利用(1957 年 9 月—1958 年 1 月授课)》,《及时学人谈丛》,第 407—413 页。

② 郑天挺:《史料学教学内容的初步体会》(1956 年 4 月),《南开大学学报》1956 年第 1 期。

学作为历史学的辅助学科之一,而且是内容最广泛的辅助科目。[①]

　　毕竟时代不同了,通过对马克思主义唯物史观的初步学习和了解,史料派学人对史料问题有了新的认识,超越了"史学只是史料学"的观念,克服了唯史料论,达到一个新的境界。经过这一番改造,史料学得到了升华,获得了新生。他们主张将史料学从史学中分离出来单列一科,既保护、保存了史料学,又不至于代替、淹没了整个的史学。

　　既然唯物史观派成为史学界的主流派,而史料派又没有完全退出历史舞台,他们之间的对立冲突也就不可能终结。不过,中华人民共和国成立后两派的关系呈现出了新的特点。第一,两派的较量不再公开化、不再针锋相对。在以往,两派学人势同水火,基本上形成一种剑拔弩张的局面。中华人民共和国成立后两派的冲突要缓和得多,敌我对立的意识大大减弱,观点的分歧被作为"人民内部矛盾"来处理。不过,1958年的"史学革命"和"文革"时期是例外。史料派在承认史观派的强势地位的前提下,委婉含蓄地表达出自己的学术主张。史料派不争一时之短长,更看重著作能否传世的远期效果,以此维系自身的学术自信。同时,史观派对业已失势的史料派也并不穷追猛打、斩草除根,而是采取了一种相对宽容的态度。因为对建设新史学来说,史料派学人尚有可取之处。第二,两派开始

---

　　① 郑天挺:《史料学之二——史料的分类、鉴别与利用(1957年9月—1958年1月授课)》,《及时学人谈丛》,第407—413页。

携手合作,由对抗转向对话。民国时期,两派学人无论公私两方面,都极少交往。史料派对史观派采取了一种"冷处理"的方式,不理不睬,不闻不问。即使进行较量时,史料派都表现不够积极,更不用说在学术建设方面与史观派有什么合作了。史观派由于是后起,它不断地挑战史料派的权威,以扩大自身的影响力。1949 年后,由于政治上团结和学术上互补的需要,两派开始合作。这种合作对史料派尤具意义。因为史料派学人必须通过这种合作来争取一定的生存空间。这样,两派表面上尚能和平共处,实际上已由明争变为暗斗。

尽管 1949 年后两派的地位发生了置换,史料派不断下沉,但在新的格局之下,史料派的研究工作仍在继续。史料派的研究工作大致可从三个方面来谈:一是许多学人仍在从事考据工作,其成果照常发表或出版;二是大规模的史料整理工作陆续开展,并且取得了空前的业绩;三是在重大理论问题的导引下从事史料搜考,以具体的史料工作辅助理论问题的研讨。

考据是史料派学术活动的主要项目之一,为此派学人所擅长。中华人民共和国成立后的顾颉刚、童书业等传统学人没有放弃考据工作。顾颉刚一直在从事《尚书》研究。其实,他对《尚书》的整理自 1922 年就已经开始。1951 年,他以《尚书》为自己的专业,萦情于《尚书》今译工作,用半年时间将最艰涩难解的周诰八篇译出。1959年应历史所、中华书局之命,顾颉刚开始按全书整理《尚书》本文,分校勘、注释、章句、今译、评论数项,尤其在史事的考证上花费了极大气力。在做《大诰译证》时,他"以四年之力,易稿三次,成四十万言,不第在文字、训诂、语法各方面尽力搜讨古今人之著作,一一为之批判接受,并考证周初史事,以周公东征,东方民族大迁徙为中心,自信甚多新见,足揭三千年前之史实"。顾颉刚对《尚书》的整理考证一直持续到其生命的最后阶段。①

顾颉刚的弟子童书业,中华人民共和国成立前是"古史辨"派的中坚,所发表的文字多为考据性质。1949年之后,他开始转向理论研究,在古史分期问题上投注了大量精力。但在童书业身上,理论与考据是并行的,考据工作一直就没有停止过。其实,童书业一直未忘情于"古史辨派"的考辨路数。他这一时期出版的《唐宋绘画谈丛》《中国瓷器史论丛》,主体部分仍是历史考辨。童氏的春秋左传研究也是明证。1949年后,他时时关注《左传》,一有发现就写信告知顾颉刚,有时一封信达"万数千字",相当于一篇论文了。从1965年开始,童书业全力投入《左传》研究,1966年5月完成《春秋左传考证》,1967年下半年写成《春秋左传札记》初稿。后来二者汇集为《春秋左传研究》一书。此书是对古史传说和西周、春秋重要史事的系统而全面的考证。他晚年从事的另一项关于美术史的研究,除少数评论性文字外,绝大多数是考据性的。甚至有人认为,童书业在研究理论时,仍在应用考据的方法。直到去世前的8个月,他还念

---

① 以上参见:刘起釪《顾颉刚先生卓越的〈尚书〉研究》,《文史哲》1993年第2期;刘起釪《尚书学史》,北京:中华书局,1996年;顾潮《历劫终教志不灰·我的父亲顾颉刚》,第243—284、295页。刘起釪是顾颉刚晚年整理《尚书》的助手,其总结与评论更具系统性。

念不忘考据。不但一如既往地肯定考据学的价值,还对考据学的规律进行总结。①

与顾颉刚、童书业一样,其他来自旧学营垒的学者也在默默地从事考据工作,如陈寅恪研究柳如是、黄云眉考证明史②、杨树达研究《汉书》等。③ 一部分人仍在从事传统的注史、补史、考史的工作。1958 年岑仲勉出版《隋书求是》,订补《隋书》的事实错漏。④ 1960 年他出版了成稿于 1944 年的《唐史余沈》,在正史以外,据其他杂史、金石诗文以及近代发现的各种史料,对唐代相关史实做了整理考订。⑤ 针对《资治通鉴》存在的"取舍失宜,排比弗当,先后无序,褒贬无章"等问题,岑仲勉将《资治通鉴》与其他相关史料比较而得的史实"可商可疑之处"670 余条,在 1958 年前后编为《通鉴隋唐纪比事质疑》一书。⑥ 邓广铭从 20 世纪 50 年代起陆续对《三朝北盟会编》进行了校勘和标点;对《涑水记闻》与《续资治通鉴长编》所引录条目

① 此据童教英:《从炼狱中升华——我的父亲童书业》,上海:华东师范大学出版社,2001 年,第 292—299、225、72—73 页;张志哲:《春秋左传研究和童书业教授》,《读书》1980 年第 11 期。

② 详见梁自洁主编:《山东著名社会科学家传》第 1 集,济南:山东教育出版社,1991 年,第 28—45 页;张世林编:《学林往事》,北京:朝华出版社,2000 年,第 438—456 页。

③ 最近,陈其泰以谭其骧、唐长孺为例对 1949 年之后的历史考证学作了专门考察,认为传统考据与唯物方法的结合使考证学达到了一个新境界。见《新中国成立后历史考证学的新境界》,《当代中国史研究》2003 年第 5 期。

④ 岑仲勉:《隋书求是》,北京:商务印书馆,1958 年,"自序""隋书州郡牧守编年表重修再序"。

⑤ 岑仲勉:《唐史余沈》,北京:中华书局,1060 年,"出版说明"。

⑥ 岑仲勉:《通鉴隋唐纪比事质疑》,北京:中华书局,1964 年,"自序"。

做对勘研究。[①] 冯家昇1959年汇集出版的《辽史证误三种》，主要从文献学方法入手，一方面考察"金元时代修《辽史》的经过，说明《辽史》的底本及其用书，探本求源，看它究竟是在什么样的基础上纂修成的"；一方面针对《辽史》缺略和伪误两个主要问题，通过各版本互校、本校、他校等方式对其加以校勘，并补以前人见解。[②] 陈述继续从事在史语所时已开始的《辽史》的补注工作。[③] 陈直在汉史文献整理方面用力甚勤。1957年完成的《汉书新证》，以《汉书》"本文为经，以出土古物材料证明为纬"，区别于旧注家的方式，仿效裴松之对《三国志》的证闻式注法，"旁搜远绍""不偏重于音义"，对汉代的官吏名、地名、姓名、物价、典制、文字、避讳、俗语、建筑、军事等作了多方面的考证和补充。[④] 1958年陈直还撰作了《史记新证》，以考古资料证实传世文献。

同时，专题史料的编辑整理工作也在继续。中华人民共和国成立后，北京大学文科研究所明清史料整理室还在继续进行明清档案的整理工作。1950—1952年，郑天挺主持了"明清史料丛书"的编辑出版。郑天挺认为，这部史料丛书是为了帮助研究者"从说明历

① 陈智超：《邓广铭先生访问记》，《中国史研究动态》1992年第5期，第21—22页。邓广铭：《〈涑水记闻〉点校说明》，《涑水记闻》，北京：中华书局，1989年。

② 冯家昇：《辽史证误三种》，北京：中华书局，1959年，"序"、第90页。

③ 关于陈述在史语所的工作，参见陈雯怡：《从"以书为本位"到"历史问题"的探索——陈述在史语所时期的学术发展》，台北中研院历史语言研究所编印中央研究院历史语言研究所七十周年纪念文集《新学术之路》，1998年版，第495—531页。

④ 陈直：《汉书新证》，天津：天津人民出版社，1959年，"自序""附记"；《汉书新证》，天津：天津人民出版社，1979年，"自序"。

史事件发展及其相互联系的史料中去正确的具体分析和正确的具体总结",而且,郑天挺认为过去的历史学家兼史料搜求、抄集、整理于一身,"在时间和效力上是浪费而迟缓的",历史研究的分工带有"进步"意义,故而这部"明清史料丛书""只是辑录排比,不加删节,不加增改的印出来,作为史料搜求抄集的初步工作,以供历史学者们进一步的审查整理,稍省写录之劳"。① 1952 年高校院系调整,郑天挺调任南开大学后,"明清史料丛书"没有继续出版。②

1955 年,岑仲勉编辑《突厥集史》,对各种史书、文集、杂著、笔记、碑志中散见的突厥史料进行编年,对叙述较系统的各史志内的突厥本传、突厥属部的史传以及突厥部人的列传、碑志等进行校注、译释和考证。③ 为补法国学者沙畹的《西突厥史料》中汉文史料之不足,他采撷散见于史部石刻中涉及西突厥的材料加以编年考证,1958 年出版了《西突厥史料補闕及考证》。④

1958 年之后,向达开始埋头整理中外交通方面的史料,筹划编辑一套"中外交通史籍丛刊"并得到支持,列入了古籍整理出版规划。⑤ 丛刊计划整理出版 4 世纪以来中国使节、僧侣和商人前往西域、南海等地活动中形成的重要文献,包括"正史"外国传以外的有

---

① 郑天挺:《明清史料丛书序》,《明末农民起义史料》,"序言"第 3—4 页。
② 袁良义:《读〈明清史料丛书序〉》,冯尔康、郑克晟编:《郑天挺学记》,北京:生活·读书·新知三联书店,1991 年,第 154 页。
③ 岑仲勉:《突厥集史》,北京:中华书局,1958 年,"引言及编例"。
④ 岑仲勉:《西突厥史料補闕及考证》,北京:中华书局,1958 年,"自序"。
⑤ 谢方:《忆我和向达先生的首次见面》,《学林往事》中册,第 652—658 页。

关中外交通的各种著述以及资料片断的辑录。整理工作采取"校注"的方式,对文献加以校勘、注释、标点分段、评介并附录地图和人名、地名索引。① 到 1966 年向达去世前,这套丛刊出版了他亲手整理的《西洋番国志》(1961)、《两种海道针经》(1961)和《郑和航海图》(1962)三种。② 1966 年春,向达还曾发起了一项选辑明初至 1948 年中国与非洲交通史料的计划,后因时局变化而中断。③

金毓黻则主要从事中国近代史料的整理。1949 年 1 月北平解放后,金毓黻进入北京大学文科研究所,继续推动其民国史料整理计划。1949 年 6 月 4 日,他邀请向达、王重民、罗常培、邓广铭、韩寿萱、唐兰等人参与民国史料座谈会,并将其搜集的民国史料作了一个小型展览。他编纂的《民国史稿长编》,到 1950 年 6 月已完成 70 余万字,《民国碑传集》也积稿至千篇。1952 年金毓黻进入中国科学院历史研究所第三所后更不遗余力地整理近代史料以为开展近代史研究之预备。他在《关于整理近代史料的几个问题》一文中表示:他所整理的是"介乎旧新民主主义革命之间的一段,是从一九一一年辛亥革命开始,往下拖长一点就要到一九四九年中华人民共和

① 向达:《〈中外交通史籍丛刊〉整理缘起》,巩珍著、向达校注:《西洋藩国志》,北京:中华书局,1961 年。

② 向达:《记现存几个古本《大唐西域记》》,《文物》1962 年第 1 期;谢方:《二十六年间——记〈大唐西域记校注〉的出版兼怀向达先生》,中华书局编辑部编:《回忆中华书局》下编,北京:中华书局,1987 年,第 136—144 页。

③ 向达遗稿:《自明初至解放前(Cir,1405—1948)中国与非洲交通史料选辑说明》,《社会科学战线》1982 年第 1 期。向达这种强调史料的倾向曾受到时人批评,被认为是"妄想用历史资料的编辑来偷换马克思主义历史科学"。白寿彝:《历史资料的伪装》,《北京师范大学学报》1957 年第 3 期。

国诞生的那一天，划作一个段落"，"先把整理的重点放在辛亥革命
五四运动及第一次国内革命战争几个标题之上"。金毓黻强调，整
理的重点是革命史料部分，是关于从事生产的工农劳动人民的，但
对于作为统治阶级的地主官僚军阀大资本家欺压剥夺劳动人民的
种种行为也要作"极忠实、极正确的记载"。以革命史料为主，但"也
要和反革命史料加以严密的配合，如此分外显得人民革命史料的重
要性，更不至于把革命史料陷于单调"。金毓黻在近代史料的搜集
方面的最大特点是对口述史料的重视。他自称其史料收集"以得口
询者为多，且咸为信史，益以知修近代史考献尤重于征文，口耳相传
者十九，布在方策者仅十一也"。他 1951 年撰写的《五四运动琐记》
即是由采访北大同学朱尚瑞而完成。可惜由于时代条件所限，金毓
黻大规模整理近代史料的计划并没有真正实现。①

　　上述学者在很大程度上延续了历史研究的史料原则。中华人
民共和国成立后，邓广铭不满于史学界的教条主义倾向，对"搞历史
不在乎能罗列现象，排比材料，而只应当按照马列主义的指导，去寻
求历史发展的规律"的主张"期期以为不可"；他认为应"从最具体的
历史事实中引出的结论"，坚持将搜集和排比历史资料作为历史研
究"最基本的工作"，并提出将职官制度、历史地理、年代学和目录学

---

① 以上引自赵庆云：《金毓黻与中国近代史研究》，《学术界》2008 年第 2 期。

作为研究历史的"四把钥匙"。① 可见,史料考据工作在当时的史学建设中仍具有不可忽视的地位。

不过此时的史料考据工作与以往有一个显著的不同点,就是必须承认以马克思主义为指导,从属于新的理论和观念,它是作为马克思主义新史学的一个部分而存在的。像顾颉刚就认为,整理《尚书》可以"为中国社会发展中的一个课题供给确定可靠的材料"②。这自然与先前的"为考据而考据"有所区别。1951 年顾颉刚还曾评论童书业"历史知识已极丰富,近年又得史观理法,一经贯穿,遂能道人所不能道,使人昭若发矇"。③

考据文字在中华人民共和国成立后的学术刊物上仍不断发表。尤其值得注意的是,考据话语在新创刊的《历史研究》中延续下来。1949 年之后,《国学季刊》《燕京学报》《中央研究院历史语言研究所集刊》等民国时期具有重要影响的刊物,或停或迁,而一批代表新史学的刊物,如《文史哲》《新史学通讯》《历史研究》等迅速崛起。其中,1954 年创刊的《历史研究》成为中国大陆最具权威的史学专业期刊。它的办刊宗旨是确立马列主义在史学研究中的领导地位,但属于旧史学范畴的考据文章也占了一定的比例。陈寅恪、顾颉刚、

---

① 邓广铭:《追怀中华书局总编辑金灿然同志》,《回忆中华书局》下编,第 189 页;邓广铭:《邓小南〈宋代文官选任制度诸层面〉序言》,《邓广铭治史丛稿》,北京:北京大学出版社,1997 年,第 48 页。

② 转引自刘起釪:《顾颉刚先生卓越的〈尚书〉研究》,《文史哲》1993 年第 2 期。

③ 参见童教英:《从炼狱中升华:我的父亲童书业》,上海:华东师范大学出版社,2001 年,第 190 页。

郑天挺等人的考证之作都曾在《历史研究》上发表过。创刊伊始,陈寅恪就连续发表了《论唐代之李武韦婚姻集团》和《论韩愈》两篇长文。[①] 1958 年发表了郑天挺的《关于徐一夔的"织工对"》。此文具有鲜明的史料考证性质,全文引用 101 条史料,以一万多字的篇幅来说明一条史料,可谓考据方法的一次精彩展示,以至于被认为是"唯史料论治学方法的典型"。[②] 1962 年应黎澍之邀,顾颉刚在《历史研究》上将《〈尚书·大诰〉今译》摘要发表其结论。这篇考证,"集合二三千年中留下来的资料,加上七八百年中学者们不一致的讨论,组织成一个历史系统"。文章发表后,李平心立即撰文予以高度评价。[③]

　　考据话语为什么能够在新史学的权威刊物中延续下来呢? 郭沫若的"发刊词"中透露出若干信息。郭沫若说:"我们并不想在目前就提出过高过急的要求","假使一时还得不出'理论性的结论',只要能够根据'详细的材料加以具体的分析',甚至只要能够提供出'详细的材料'或新出的材料,也是我们所一律欢迎的"。因为"任何研究,首先是占有尽可能接触的材料,其次是具体分析,其次是得出结论。只要是认真能够实事求是地做到这其中的任何一步都是有价值的工作"。这与建设新史学并不冲突,因为"认真能够实事求是

---

① 分别载于《历史研究》1954 年第 1 期和第 2 期。

② 郑义载《历史研究》1958 年第 1 期,相关评论见《历史科学中两条道路的斗争》,北京:人民出版社,1958 年,第 229—230 页。

③ 顾颉刚文载《历史研究》1962 年第 4 期,李平心文载《历史研究》1962 年第 5 期。

的人，他的立场、观点和方法，必然会逐渐地和马克思列宁主义接近而终于合辙"。①这表明，《历史研究》在创刊时有很大的包容性。这种包容性显然是针对史料考订路数的。即使不是纯正的马克思主义史学，该刊也可以接受。之所以郭沫若有这番申说、《历史研究》有如此雅量，主要是受到当时史学发展状况的制约。1949 年之前，马克思主义史学已经具备了一定的规模和实力，堪称史坛的一支劲旅。1949 年后，它取得正统地位，进入了一个新的发展阶段，需要迅速扩张。为此，在原有的马克思主义史学充实汇集力量的同时，还要对其他学派进行改造，学习马列理论成为当时的一项重要任务。既是学习，当然还没有全面进入实质性的学术研究，马列理论与中国历史实际的真正结合这时还只是一个构想。就全国范围而言，中华人民共和国成立初的四五年间，马克思主义史学尚停留在一个较低的发展水平上，相当不成熟。新成立的中国史学会的第一项工作，是根据毛泽东对中国近代史的指导原则，编辑一套中国近代史料（详后）。高校中从事历史教学的教师们则从不同角度探讨经典作家的理论命题，只是通过编写教学讲义来交流学习经验。总体上处于摸索尝试阶段。如郭沫若所说："目前还得不到一本像样的通史，或其他各文化部门比较精密的专史。"②正是基于这一现实，《历史研究》才不得不降低要求，放宽标准，向其他学派开放。同时，

---

① 郭沫若：《开展历史研究，迎接文化建设高潮》，《历史研究》1954 年第 1 期。
② 同上。

必须指明的是,考据文字的分量远远不及理论文章。在创刊号中,两类文章平分秋色。但不久以后,《历史研究》就进入了马克思主义史学的轨道,史料方面的文章越来越显得微不足道,被马克思主义史学话语内的问题争论所淹没,处于一种隐而不彰的状态。但无论如何,考证路数在《历史研究》中是延续下来了。[①]

考据或史料研究成果,不但在《历史研究》等刊物中时有发表,而且还出现了一个专门的园地——《文史》。1962 年,中华书局和《新建设》编辑部合作,由吴晗、冯定、何其芳、金灿然和吉伟青等人组成编委会,编辑出版不定期的《文史》集刊。[②] 创办这个刊物的初衷,就是为那些非马克思主义的却有学术价值的文章开辟一块发表的园地。第一辑的《编者题记》中说:"所收辑的文章大抵偏重于资料和考据"。这是因为"积累和辨析资料"是学术研究工作"不可缺少的第一步",只有"大量占有资料,才能使研究工作建立在坚实的基础之上"。考据同样是必要的。因此,"我们不应该夸大资料工作和考据工作的作用,但是必须充分重视它们的作用"。《文史》要造就这样一种鲜明的风格,即"崇尚实学,去绝浮言"。[③] 顾颉刚、陈垣、游国恩、于省吾、杨宽等人不断有文章发表在上面,这些文章基本上

---

① 值得注意的是,陈垣在《北京师范大学学报》的 1956 年第 1 期《发刊词》中宣示:"在科学研究中,如果有人有不同于马克思列宁主义的见解,或者不采取辩证唯物主义的方法,他还是可以发表自己的意见。"可见,就学术研究领域来说,当时马克思主义一统天下的局面尚未形成。

② 见《文史》第 1 辑(1962 年 10 月)。

③ 沈玉成:《〈文史〉诞生的艰难历程》,《回忆中华书局》下编,第 181—187 页。

属于其他刊物不愿接受的考据或史料方面的。《文史》引起了学术界的瞩目,受到专家们的青睐。不过,它始终是在夹缝中求生存的。第一,在酝酿阶段,刊物名称和运作方式经过慎重考虑。本来拟作《文史集刊》,为绕过登记审查程序,决定去掉"刊"字,采取以书代刊的形式出版。而且,在运作上,坚持"不组稿、不登广告、印数不超过三千",保持低调姿态。第二,《文史》是短命的。虽然稿源充足、销售迅速,但它到 1965 年 6 月印行第 4 辑后就无疾而终了。史料派学人从事考据和资料工作、维持学术薪火的处境之艰难,由此可见一斑。

与发表论文一样,出版书籍也是史料派输出研究成果、释放学术能量的重要方式。专书往往是作者多年心血的结晶,更为人们所看重。1949 年之后,各大出版社仍在编辑出版考据性质的著作。如顾颉刚的《古籍考辨丛刊》(北京:中华书局,1955 年)、《秦汉的方士与儒生》(上海:上海群联出版社,1955 年;上海:上海人民出版社,1957 年;上海:上海古籍出版社,1978 年)、《史林杂识初编》(北京:中华书局,1963 年),陈寅恪的《唐代政治史述论稿》(北京:生活·读书·新知三联书店,1956 年),童书业的《中国古代地理考证论文集》(北京:中华书局,1962 年),刘节的《古史考存》(北京:人民出版社 1958 年),杨树达的《汉书窥管》(北京:科学出版社,1955 年),罗尔纲的《太平天国史料辨伪集》(北京:生活·读书·新知三联书店,1955 年)、《太平天国史料考释集》(北京:生活·读书·新知三联书店,1956 年),陈垣的《通鉴胡注表微》(北京:科学出版社,

1958 年；北京：中华书局，1962 年)、《明季滇黔佛教考》(北京：中华书局，1962 年)等。大体说来，这些著作包括两类。一类是旧书重印，中华人民共和国成立前已经出版过。如顾颉刚的《秦汉的方士与儒生》，原题为《汉代学术史略》，1935 年上海亚细亚书局、1936 年中国文化服务社、1941 年上海东方书社、1944 年成都东方书社先后出版过。陈寅恪的《唐代政治史述论稿》是 1934 年商务印书馆初版。重刊这些旧作，说明它们仍具有一定的参考价值。尽管时代不同了，这批考据之作的生命力却未完全丧失。主流史学虽着意除旧布新，但学术自身固有的传承性又使得它无法回避、漠视前人的成就。另一类是以前未出版过的。作者在既有的基础上撰写而成，并非中华人民共和国成立后取得的新成果，因此仍与所谓"旧史学"有着割舍不断的联系。即使从史料派中走出来的新史学的代言人吴晗也有考据作品问世，如《读史札记》(北京：生活·读书·新知三联书店，1956 年)，这说明史料考订路数没有被完全阻断。

　　值得一提的是，在考据著作的出版方面，中华书局充当了一个非常活跃的角色。① 1958 年后，中华书局的方针是整理出版古籍，同时兼及一些当代学者的古典文学和哲学社会科学著作。这一定位使它与传统学人一直保持着密切的合作关系。像郑天挺、胡厚宣、陈垣、向达等人，都与中华书局有着业务往来。再者，中华书局

---

　　① 　此点详参《回忆中华书局》中的相关文章。关于中华书局在整理出版历史文献方面的成绩，见王子今：《20 世纪中国历史文献研究》，北京：清华大学出版社，2002 年，第 371—374 页。

的编辑队伍也有利于传统学术著作的出版。总编辑金灿然对出版旧学人的作品异常热心,多方奔走联络,因为他看重的是作者的学术功力,而不强调政治背景。1961 年 5 月,金灿然曾专程拜访陈寅恪,提出将《论再生缘》一稿修改后交中华书局出版刊行。[①] 中华书局能够推出一批"不合时宜"的著作,金灿然的眼光、胆识和魄力起到了重要作用。这是其一。其二,书局的编辑人员许多本身就是旧式学者。由于金灿然以"人弃我取"为原则罗致人才,马非百、傅振伦、杨伯峻、傅璇琮等人陆续调入,中华书局成为旧学者的栖身之地。编辑和作者拥有基本一致的价值标准,再加上惺惺相惜,促成了旧学者著作的顺利出版。因之,在马列主义铺天盖地的情形之下,中华书局为代表传统学术的史料派传播其成果提供了一条管道。

更值得注意的是,史料派与史观派开始合作,进行了大规模的史料整理工作。这主要包括几个重大项目:标点《资治通鉴》和"杨图"改绘、点校《二十四史》,以及编辑《中国近代史资料丛刊》。这几项工作有一个共同点,就是由唯物史观派主持策划,由史料派负责具体工作。唯物史观派借助国家权力,充分调动起可以利用的资源,把相关专家聚集起来联合攻关。史料派则在史观派的统一规划之下,分工协作,承担着繁重的整理任务。这样,两派实现了优势互补。虽是合作,这几项史料整理工作主要仍归功于史料学派。因为

---

① 陆键东:《陈寅恪的最后 20 年》,第 320 页。

史观派主要是出面组织协调,较少参与业务活动。史料学派默默地从事着基层工作,每一页纸甚至每一个字都凝聚着他们的心血。下面分别介绍一下这几项重大工程。

其一,标点《资治通鉴》。1954 年 11 月,根据毛泽东的指示,成立"标点《资治通鉴》、改编'杨图'委员会",由吴晗和范文澜领衔,尹达、侯外庐、刘大年、翦伯赞、金灿然以及高教部和地图出版社的负责人组成。标点《资治通鉴》的工作由王崇武为召集人,顾颉刚为总校对,聂崇岐、齐思和、张政烺、周一良、邓广铭、贺昌群、容肇祖、何兹全等参加标点。工作开始后,顾颉刚一人由于无力承担总校任务,1955 年又成立校阅小组,与王崇武、聂崇岐、容肇祖共同校阅。同年 5 月顾颉刚患病,由聂崇岐主持工作。① 标点工作选择版本较佳的清嘉庆年间胡克家翻刻的元刊胡注本为底本,并参考前人校勘过的宋、元、明各本,集历代校勘之大成。分工标点、分段的第一期成果,均再经两三人互校,最后交工作委员会复审。1955 年底标点完毕,由古籍出版社于 1956 年 6 月出版。②

其二,"杨图"改绘。由于《资治通鉴》的标点工作很快结束,原"标点《资治通鉴》、"改编'杨图'委员会"正式改名为"重编改绘杨守敬《历代舆地图》委员会",简称"杨图委员会"。"杨图"改绘工作由

---

① 参见顾潮:《历劫终教志不灰·我的父亲顾颉刚》,第 262—263 页;葛剑雄:《悠悠长水·谭其骧前传》,上海:华东师范大学出版社 1997 年,第 247 页;夏自强:《功不可没的聂崇岐教授》,载张世林编《学林往事》(中),朝华出版社,2000 年,第 1006 页。

② 参见肖黎主编:《中国历史学四十年》,第 65 页。

谭其骧主持,中国科学院和复旦大学等单位的百余人参加。其实,
自 1963 年开始,工作范围已超越改绘"杨图",进入了新编中国历代
疆域政区地图集的阶段。这项工作到 1973 年基本完成,1974 年起
陆续出版内部试行本,1982—1988 年出全 8 册,公开发行《中国历
史地图集》(以下简称《图集》)。《图集》有 4 个特点:(1) 以往的历
史地图一向只画中原五朝,实际上抹杀了非汉民族的历史地位和作
用;此《图集》则以 1840 年以前的清朝版图为基本范围,所有在此区
域内的少数民族政权都被绘入图中。(2) 以往的历史地图只以文
献资料为定点上图的依据,错漏较多;而《图集》广泛吸收了考古、地
理、民族等相关学科的成果,填补了文献的空白,纠正了前人的错
误。(3) "杨图"政区的年代太不统一,《图集》则确立标准年代,尽
可能显示同一年代的政权疆域和政区建置。(4) "杨图"通过将全
图分解的做法克服了"一朝一图"过于粗略的缺陷,但由于采用同一
比例尺,内容详略差异很大;《图集》则各分图按内容密度采取了不
同的比例尺,做到详略得当、清晰美观。这套图集共 20 个图组,有
图 304 幅、549 页;全部采用古今对照,绘入古地名约 70000 个。它
成为中国历史地图史上的一个里程碑。①

　　主持此项工作的谭其骧付出了大量心血,并表现出一个学者应

---

① 据谭其骧、葛剑雄:《中国历史地理研究的新进展》,《地理学报》1990 年第 2 期;
蔡美彪:《历史地理学的巨大成果——〈中国历史地图集〉评介》,《历史研究》1984 年第 6
期;谷苇:《谭其骧与〈中国历史地图集〉》,《读书》1983 年第 1 期;肖黎主编:《中国历史学
四十年》,第 560—563 页;谭其骧:《求索时空》,天津:百花文艺出版社,2000 年,第 276—
279 页;谭其骧主编:《中国历史地图集》第 1 册"前言",北京:地图出版社,1982 年。

有的严谨态度。在编绘图集的 8 年中，谭其骧夜以继日地勤奋工作，为此奉献出学术研究上的黄金岁月。按原计划，此项工作应与标点《资治通鉴》同时完成。由于改绘工作本身的复杂性，谭其骧坚持不降低学术质量，抵住上级吴晗的一再催促。正是谭其骧一丝不苟的治学态度保证了《图集》的学术水准。[①]

其三，点校《二十四史》。这一项目与两件事有关，一是古籍整理出版规划小组的成立，一是毛泽东的指示。1958 年 2 月，国务院科学规划委员会召开古籍整理出版规划小组成立会议。小组共 19 人[②]，由齐燕铭负责。下设文学、历史、哲学三个分组。历史组的召集是翦伯赞，成员有于省吾、尹达、白寿彝、吴晗、吴泽、汪篯、周予同、周云青、周谷城、邵循正、金兆梓、金毓黻、范文澜、徐中舒、徐炳昶、徐森玉、翁独健、夏鼐、宿白、张政烺、陈垣、曾次亮、贺昌群、傅乐焕、齐思和、邓广铭、邓拓、顾颉刚、阎文儒、聂崇岐共 30 人。[③] 点校《二十四史》是小组成立后进行的一个重大项目。此外，酷爱读史的毛泽东曾指示要把前四史标点出版，后经吴晗、齐燕铭、金灿然共同商定，扩大为点校《二十四史》。[④] 这就是事情的由来。

---

① 详参葛剑雄：《悠悠长水·谭其骧前传》，第十二章。

② 他们是叶圣陶、齐燕铭、何其芳、吴晗、杜国庠、陈垣、陈寅恪、罗常培、范文澜、郑振铎、金兆梓、金灿然、赵万里、徐森玉、张元济、冯友兰、黄松龄、潘梓年、翦伯赞。

③ 据李侃：《齐燕铭与中华书局》，《史林随想录》，第 135—137 页；张传玺：《翦伯赞传》，北京·北京大学出版社，1998 年，第 330—331 页。

④ 赵守俨：《雨雨风风二十年——〈二十四史〉点校始末记略》，《回忆中华书局》下编，第 113 页；中华书局编辑部编：《中华同人学术论集》，北京：中华书局，2002 年，第 48—51 页。

承担此项工作的或为个人,或为高校历史系。具体分工如下:
《史记》,顾颉刚;《汉书》,西北大学历史系;《后汉书》,宋云彬;《三国志》,陈乃乾;《晋书》,吴则虞;南朝四书和《南史》,山东大学历史系(王仲荦负责);北朝三史和《北史》,武汉大学历史系(唐长孺负责);《隋书》,汪绍楹;两《唐书》,中山大学历史系(刘节、董家遵);两《五代史》,刘乃和、柴德赓(陈垣指导);《宋史》,聂崇岐、罗继祖、邓广铭;《明史》,南开大学历史系(郑天挺负责);《辽史》,冯家升;《金史》,傅乐焕;《元史》,翁独健。整理工作自 1958 年开始,1966 年被迫中断。1971 年又恢复工作,由"顾颉刚先生总其成",点校组长为白寿彝,副组长为赵守俨和吴树平。参加工作的人员也有所变动。到 1978 年春,点校出版工作全部完成。[①] 这项工作历时 20 年,先后组织了 20 多家高校和科研单位,动用了数百位学者。这套 3000 余卷、40000 余万言的史书采取了统一的体例标点、分段,经过了全面的校勘,真正做到了超越前人,成为最权威的定本。日本学者这样评价道:它"肯定超过乾隆殿本,将成为今后研究者的标准本",而且,"二十四史的整理工作,作为学术史上旷古未有的事业,意义十分重大"。[②]

其四,编辑出版《中国近代史资料丛刊》(以下简称《丛刊》)。这一项目的开展与毛泽东的指示和中国史学会的成立直接有关。毛

---

① 赵守俨:《雨雨风风二十年——〈二十四史〉点校始末记略》,第 114—119 页。
② 同上书,第 121—122 页。

泽东 1942 年在《改造我们的学习》一文中指出："对于近百年的中国史，应聚集人材，分工合作地去做，克服无组织的状态。应先作经济史、政治史、军事史、文化史几个部门的分析的研究，然后才有可能作综合的研究。"《丛刊》的扉页上印着这段话。尽管编辑《丛刊》并非毛泽东的亲自指示，但的确是从毛泽东的意见出发的。1949 年 7 月，中国新史学会筹备会成立，负责人是范文澜，确立了以推动近代史研究为工作重点，立即开始组织《丛刊》的编辑。1950 年成立了总编辑委员会，由徐特立、范文澜、翦伯赞、陈垣、郑振铎、向达、胡绳、吕振羽、华岗、邵循正、白寿彝 11 人组成，并确立了各个专题及其负责人。1951 年 7 月，中国史学会正式成立。在此后的 10 年中，它的主要工作就是编辑《丛刊》。1950 年出版《义和团》(翦伯赞主编)，1952 年出版《太平天国》(向达主编)和《回民起义》(白寿彝主编)，1953 年出版《戊戌变法》(翦伯赞主编)，1954 年出版《鸦片战争》(齐思和主编)，1955 年出版《中法战争》(邵循正主编)，1956 年出版《中日战争》(邵循正主编)，1957 年出版《辛亥革命》(柴德赓主编)和《捻军》(范文澜主编)，1959 年出版《洋务运动》(聂崇岐主编)，1978 年出版《第二次鸦片战争》(齐思和主编)，共计 11 种。2700 多万字。它涵盖了近代史上的重大政治事件，收录文献资料 1800 余种，其中有些是罕见的珍本、抄本、孤本和外国档案及私人译著。除正文外，《丛刊》还附有"书目解题""大事年表""人物传记"

等,方便了学者们的查检利用。① 《丛刊》不但是国内近代史研究者的必备参考书,而且颇受海外汉学界的重视。据美国学者说,他们利用这套丛刊,培养了数百名汉学博士。② 它犹如一座金矿,供人们不断地采掘。

在这一项目中,两派的合作表现得最为明显。当时,向达认为,丛刊的编辑,"是新中国历史科学工作者团结的一个有力证明"。③ 从编委会成员组成上看,基本上是各居其半。不过,史料派仍起着基础性作用,立下了汗马功劳。各专题的主编者,除翦伯赞外,几乎都是史料派学人。即使在由翦伯赞主编的《戊戌变法》中,史料派也发挥了支援作用。其"序言"中说:"本书在编辑过程中,曾得到各方面的协助,在这里我们感谢张元济、叶恭绰、康同璧、梁启勋、梁思庄、张次溪诸先生的帮助,他们提供了一些从未发表过的资料,有些是手稿。也感谢陶孟和、顾颉刚、吕思勉、周谷城、金兆梓、郑鹤声、赵丰田、王崇武诸先生的帮助,他们对我们编的书目提了一些宝贵

① 参见陈其泰:《〈中国近代史资料丛刊〉的学术价值》,《浙江学刊》2002年第6期;陈其泰:《新中国历史科学的盛举——论中国史学会主编〈中国近代史资料丛刊〉的重大成就》,《当代中国史研究》2002年第2期;陈其泰:《范文澜学术思想评传》,北京:北京图书馆出版社,2000年,第129—132页;张传玺:《翦伯赞传》,北京:北京大学出版社,1998年,第246—249页;张革非等:《中国近代史料学稿》,北京:中国人民大学出版社,1990年,第229—235页;戴逸:《评〈中国近代史资料丛刊〉》,《人民日报》1959年4月11日。

② 此说法见庄建平:《近代史资料的整理和出版》,载曾业英主编:《五十年来的中国近代史研究》,上海:上海书店出版社,2000年,第686页。1957年,美国汉学界的费正清、刘广京、邓嗣禹、芮玛丽等对《丛刊》有所评论。据朱政惠:《美国对中国史学史研究的几个问题》,《历史教学问题》2003年第3期。

③ 方回:《解放四年来新中国历史科学发展概况》,《光明日报》1953年10月3日。

的意见。"①所以，无论台前还是幕后，都晃动着史料派学人忙碌的
身影。②

这表明，1949 年之后，史料工作并未戛然而止，而是延续下来
了。他们从事的还是以往的史料整理工作，但其关注点具有明显的
时代色彩，而且处于史观派的领导之下。

总之，上述几项重大的史料整理工作，是新中国史学的重要组
成部分，其贡献是不可磨灭的。它们的性质是史料整理，不是理论
建设，因此，主要沿循的是史料派的治学路数。承担具体工作的也
多为史料派学人或传统学者，因为此非唯物史观派所长，他们大多
不能胜任。由此可以看出，史料派的学统并未中断。与史观派保持
密切合作，是这时史料派开展学术活动的一个重要特点。这造成了
三方面的影响。其一，使史料派超越以往的工作层面，跃入新的境
界。这里以《丛刊》为例略作说明。《丛刊》"既承当年《食货》的传
统，又与史语所工作旨趣不悖。而规模之大，考订之精审，则为他们
所不敢想望"③。它立足现实，选题宏大，突破了以往史料学派的狭
窄视野。在研究方法上，它已不限于单纯的史料考订，比前人更合

---

①　翦伯赞等编：《中国近代史资料丛刊·戊戌变法》，上海：神州国光社，1953 年。
②　关于史料派学人在编辑《丛刊》时付出的劳作，可参看有关回忆文章，如齐文心
的《先父齐思和生平及其著作建树》和夏自强的《功不可没的聂崇岐教授》，均载张世林
编：《学林往事》，北京：朝华出版社，2000 年。值得注意的是，两派的合作并非完全平等
的，例如《捻军》一书实由聂崇岐独力编成，但由于翦伯赞从中斡旋，最终署名为范文澜、
翦伯赞、聂崇岐、林树惠、王其榘。详见赵庆云：《创榛辟莽——近代史研究所与史学发
展》，北京：社会科学文献出版社，2019 年，第 107 页。
③　王学典：《翦伯赞学术思想评传》，北京：北京图书馆出版社，2000 年，第 31 页。

理、更完善,被称为"以科学方法整理历史文献的典范工程"①。其二,在合作中,史料派找到了自己的位置,显示出自身的学术价值。中华人民共和国成立伊始,在马列主义的席卷下,史料派学人或多或少会产生一种在新旧之间的无所适从感,出现对自己以往学术的认识危机。而这些史料整理工作的开展,为他们提供了用武之地,使他们逐渐克服危机,找回了自己的位置。同时,史料派的学术,本来在被"打倒"之列,通过参与史观派领衔的项目,也得以存活下来而绵延不绝。其三,由于两派的沟通加强,史观派受到史料派一定的影响。两派的治学风格差异甚大或者说截然不同。但合作就必须互相妥协,双方开始彼此影响。史料派的一些学术理念,部分地为史观派学人接受。这种影响还会导致史观内部出现分化,为日后的史坛变动酝酿条件。20世纪60年代历史主义思潮的勃兴,虽是史观派的内部事务,却可能与史料派有间接关系。

此外,在中华人民共和国成立后若干重大理论问题的讨论中,也留下了史料派学人的身影。中华人民共和国成立后历史学的进展与若干重大理论问题的讨论密不可分。理论问题本来是唯物史观派的专利,史料派很少介入。而中华人民共和国成立以后,大量史料派学人积极参与其中,使讨论更加精细化和专门化,为讨论注

① 陈其泰:《新中国历史科学的盛举——论中国史学会主编〈中国近代史资料丛刊〉的重大成就》,《当代中国史研究》2002年第2期。

入了新的活力，提升了相关研究的学术含量。

在关于资本主义萌芽问题讨论中，郑天挺没有像其他多数学者那样投身于问题本身的热烈讨论，而是围绕被学者们作为重要证据的徐一夔的《织工对》展开集中考辨。他从徐一夔文集《始丰稿》的编排体例、语言用词、元明的钞法制度入手，结合徐一夔的生平以及元明的钞值、物价、工资等史实，确认《织工对》是徐一夔在元末所写，记录了元末的情况；他又从织机所需的织工人数认定，《织工对》是关于丝织业的叙述。① 郑天挺对徐一夔《织工对》的考析，被认为是通过考证去解决大的历史问题的典范，为中国资本主义萌芽问题的讨论做出了具体贡献，"在研究方法和学风上，也为后起的学者树立了一个良好的范例"。② 郑天挺还曾从史料角度提出关于资本主义萌芽问题讨论的意见：首先，史料工作很重要，"历史专家发现一条史料，和发明一个创见，功绩是一样的"；其次，对史料"必须广泛的比较分析加以解释"，横向联系、纵向比较；再者，理论不应当成为引用史料的装饰，"关于不明晰的史料，不作深入的分析，只依靠主观地引用经典作'注脚'，而又忽略经典所阐述的时代和范畴，是不容易解决问题的"。③ 看来，即使是涉足理论问题，这些学人也摆脱不了以史料为本的思维惯性。

---

① 郑天挺：《关于徐一夔"织工对"》，《历史研究》1958 年第 1 期。

② 张政烺：《忠厚诚笃·诲人不倦——悼郑天挺先生》，《郑天挺学记》，第 24—25 页。

③ 郑天挺：《关于中国社会资本主义萌芽问题史料处理的初步意见》（1956 年初稿节录），《及时学人谈丛》，第 243—247 页。

"资本主义萌芽"概念使傅衣凌"认识有了很大的提高，研究的信心增强了"①。1956年，傅衣凌出版《明清时代商人及商业资本》一书。其初衷是"想从商人和商业资本在中国封建社会里的地位及其所起作用这一角度来说明中国封建经济的发展规律问题"，以补充正史食货志多偏重国家财政税赋方面的记载而对于私人经济记载极少的不足，于是"先从搜集史料着手，作成长编式的初稿，俾在具体的史料里，能够一个一个的来解决问题"。他认为其中对于中国商业资本如何替封建制度服务，以及含有资本主义萌芽性质的经济因素对旧生产方式的分解作用，都能"从丰富的史料里完全可以得到证实"。他还强调这些文章只是将"所搜集到的有关明代和清代前期的商人及商业资本的史料，初步整理出来"，"希望通过这些具体的史料，俾能有助于中国历史的研究"。② 在1961年出版的《明清农村社会经济》一书中，他又提出，"占有大量史料，进行马克思列宁主义的科学分析，是历史研究的开端"。其中论述明清时代中国出现的资本主义生产的萌芽因素，"曾广泛的搜集工商业方面的资料"，"同时也注意于农村社会经济构成和阶级斗争资料的探索"。此书在撰作时"为提供更多的史料，以便进行研究，原作为中国农村社会经济史的长编"。傅衣凌自承其中"颇有堆积史料之嫌，在引用

---

① 傅衣凌：《我是怎样研究明清资本主义萌芽的》，《文史知识》1984年第3期。
② 傅衣凌：《明清时代商人及商业资本》，北京：人民出版社，1956年，第1页、"后记"；《明清时代商人及商业资本》，北京：人民出版社，1980年，"再版说明"。

时,不免有客观主义的倾向"①。从史料出发是傅衣凌研究历史的基本原则。

　　关于中国古史分期问题讨论,史料派学人也体现了自己的观察视角和思考向度。杨向奎指出,这场讨论的停滞不前,一个重要原因是"引用材料上的重复,没有深入发掘,只就大家全知道的材料反复使用,不能在'无字'处作文章"。② 他认为"古史研究如果只局限在有限的材料上,翻来覆去,因为各人的理解不一,结论就彼此分歧","如果不丰富我们的史料来源,就原有材料,很难得出大家一致的结论";要丰富史料,除了充分利用考古学材料,他还主张应重视和重新整理传世文献中的史料,特别是那些曾被认为真实性较低、很少被人用来研究古史的文献。如"三礼"、《尚书》中的虞书和夏书、《逸周书》等,杨向奎认为其中都有许多宝贵的材料。③ 在杨氏看来,问题的解决始终离不开史料的整理和扩充。同样,王仲荦在参与古史分期讨论中也高度重视史料证据。他全面论证魏晋封建论的代表作《关于中国奴隶社会的瓦解及封建关系的形成问题》就以史料丰赡见长,使其古史观点建立在坚实的基础上。④

　　也正因如此,他们对重大理论问题的澄清,一般不直接卷入唇

---

　　① 傅衣凌:《明清农村社会经济》,北京:生活·读书·新知三联书店,1961 年,"后记"。

　　② 杨向奎:《古代史研究中的几个问题》,《文史哲》1956 年第 6 期。

　　③ 杨向奎:《〈中国古史分期问题的讨论〉商榷》,《文史哲》1955 年第 1 期。

　　④ 发表于《文史哲》1956 年第 3、4、5 期,后结集为《关于中国奴隶社会的瓦解及封建关系的形成问题》(武汉:湖北人民出版社,1957 年)一书。

枪舌剑、口诛笔伐的理论争辩,不作泛泛之谈,而是多从具体研究和专门讨论入手,力图为讨论提供一个坚实的基础,从而切实推进讨论的深入。与一般史观派学者不同,他们少了几分意气风发,却多了几分平实稳健。

例如,在关于中国古代土地所有制形式的讨论中,唐长孺集中探究了魏晋南北朝以及隋唐时期土地所有问题,包括南朝的屯、邸、别墅及山泽占领等土地所有形式[①]和从北魏到唐代中期主导北方的均田制。他细致梳理了均田制的产生、性质和破坏,以及北魏均田制实施的年限、租调轻重、桑果田制的解释等具体问题,希望能为中国古代土地所有制形式的研究"提供一些讨论的资料"。[②] 贺昌群则对秦汉、隋唐间土地关系及赋役制度、阶级关系等相关问题进行了一系列具体研究。贺昌群把自己对汉唐间土地所有制形式问题的研究视为"把马克思主义的普遍原则,运用到秦汉、隋唐间历史的具体研究工作中去"。[③] 杨志玖通过考证北宋土地分配的比例数字,讨论了土地兼并问题;[④]从北魏均田制的具体实行评价其作用、判断其性质;[⑤]并认为关于中国封建社会土地所有制问题,应该从理论和史

---

① 唐长孺:《南朝的屯、邸、别墅及山泽占领》,《历史研究》1954年第3期。

② 唐长孺:《均田制度的产生及其破坏》,《历史研究》1956年第2期;《北魏均田制中的几个问题》,《魏晋南北朝史论丛续编》,北京:生活·读书·新知三联书店,1959年,第16—28页。

③ 贺昌群:《汉唐间封建土地所有制形式研究》,上海:上海人民出版社,1964年,"序",第3页。

④ 杨志玖:《北宋的土地兼并问题》,《历史教学》1953年第2期。

⑤ 杨志玖:《论均田制的实施及其相关问题》,《历史教学》1962年第4期。

实两方面着手。① 此外，如岑仲勉对西晋占田和课田制度、唐代租庸调与均田制关系的探讨，②陈登原对西晋占田制度、北魏和唐代的均田制度、明清的私租和田价的研究，③王毓铨对明代军屯制度进行的专题考察④等，也都反映出这种以具体研究带动、充实理论思考的倾向。

农民战争史研究是新中国历史学超常发展而最终一枝独秀的特殊领域。在史观派展开激烈的理论交锋的同时，史料派学人承担起搜集整理相关史料和考证具体史实的任务。首先是对大量零星分散的史料进行搜集、整理，并积极钩沉、抉发新史料。例如，北大文科研究所明清史料整理室还在继续进行明清档案的整理工作。1950 年 5 月，北大文科研究所利用收存的档案举行了一次小型的明末农民起义史料展览，后在此基础上编为《明末农民起义史料》。除此之外，北大文科研究所还利用其收藏分头辑录了多种史料，包括《太平天国史料》《太平天国参考书目》《宋景诗史料》《明末农民起

① 杨志玖：《关于中国封建社会土地所有制的理论和史实的一般考察》，《中国封建社会土地所有制形式问题讨论集》上，北京：生活·读书·新知三联书店，1962 年，第183—208 页。

② 岑仲勉：《租庸调与均田有无关系》，《历史研究》1955 年第 5 期；《西晋占田和课田制度的综合说明》，《中学历史教学》1957 年第 8 期；《就占田课田问题再说几句话》，《中学历史教学》1957 年第 11 期。

③ 陈登原：《试论西晋占田制度》，《人文杂志》1957 年第 1 期；《明清两代的私租与田价》，《人文杂志》1957 年第 2 期；《试论北魏的均田制度》，《人文杂志》1957 年第 3 期；《唐均田制为闲手耕弃地说》，《历史研究》1958 年第 3 期。

④ 王毓铨：《明代军屯制度的历史渊源及其特点》，《历史研究》1959 年第 0 期；《明代的军屯》，北京：中华书局，1965 年。

义史料续编》《清季山东教案与义和团史料》《清季山东对外交涉史料》《明末辽东军事史料》《捻军史料》《明末西南民族问题史料》等。①这套史料丛书已问世的有《太平天国史料》（1950）、《明末农民起义史料》（1952）和《宋景诗史料》（1953）。② 谢国桢爬梳整理了从清兵入关至1721年台湾农民起义间的清初农民起义资料,尤其注意从野史笔记中挖掘明代农民起义的史料,并利用这些史料开展对李自成和张献忠的研究。③ 罗尔纲对关于太平天国的史料和史实进行了系统全面的整理考订,推出了一系列成果。④

在关于历代农民战争的史实钩沉和考证方面,余嘉锡订补再版了早年关于宋江起义及相关文献记载和历史背景的研究,⑤张政烺也对宋江起义的人物和史实进行了考证。⑥ 邓广铭考察了晚唐农民起义的社会背景、起因和经过,并澄清了起义领袖的投降、农民军的

---

① 郑天挺:《明清史料丛书序》,《明末农民起义史料》,"序言"第3—4页。
② 袁良义:《读〈明清史料丛书序〉》,《郑天挺学记》,第154页。
③ 谢国桢:《清初农民起义资料辑录》,北京:新知识出版社,1956年;《关于李自成》,《历史教学》第1卷第5期(1951年5月);《农民起义与张献忠》,《历史教学》第3卷第2期(1952年2月)。
④ 包括《太平天国史记载订谬集》(1955年)、《太平天国史事考》(1955年)、《太平天国史料辨伪集》(1955年)、《天历考及天历与夏历公历对照表》(1955年)、《太平天国史料考释集》(1956年)、《太平天国文物图释》(1956年)、《太平天国史迹调查集》(1958年,以上皆由北京:生活·读书·新知三联书店出版)以及《太平天国史辨伪集》(上海:商务印书馆,1950年)、《李秀成自传原稿笺证》(上海:开明书店,1951年,上海:中华书局,1954年修改本、1957年增订)、《太平天国文选》(上海:上海人民出版社,1956年)、《太平天国诗文选》(北京:中华书局,1960年)等。
⑤ 余嘉锡:《宋江三十六人考实》,北京:作家出版社,1955年。
⑥ 张政烺:《宋江考》,《历史教学》1953年第1期。

作风等问题，①还探讨了南宋初年的钟相、杨幺领导的武装斗争及岳飞"绞杀起义军"等问题。② 丁则良在整理分析相关资料的基础上，研讨了北宋初年王小波、李顺起义的原因、背景和参与者等问题，③他最早将王小波、李顺事变定为"农民起义"。④ 王崇武结合元末的经济状况、阶级关系、民族矛盾及白莲教的产生和发展，论列了元末农民起义的背景及其发展变化。⑤ 金毓黻、童书业、陈登原等则对关于李自成之死的史实进行了考证。⑥应当承认，史料派的辛勤劳作比热闹一时的理论争鸣更加长命。在农民战争史研究冷却之后，这些具体史实的发掘、考辨，至今仍是认识下层民众历史的重要基础。

史料派终于在新旧史学之间寻找到一个恰当的结合点。史料派的这些工作，既没有游离于中华人民共和国成立后的学术潮流之外，又充分发挥了他们的优势和特长。面对新环境一度迷茫无所适

---

　① 邓广铭：《试谈晚唐的农民起义》，《进步日报》（天津）1952 年 10 月 17 日。

　② 邓广铭：《谈钟相、杨幺的起义》，《中国农民起义论集》，第 120—130 页。

　③ 丁则良：《关于宋初王小波李顺的起义》，《历史教学》第 1 卷第 1 期（1951 年 1 月）；《关于北宋初年王小波李顺起义的几个问题》，历史教学月刊社：《中国农民起义论集》，第 76—84 页。

　④ 朱瑞熙、程郁：《宋史研究》，福州：福建人民出版社，2006 年，第 98 页。

　⑤ 王崇武：《论元末农民起义的社会背景》，《历史研究》1954 年第 1 期；《论元末农民起义的发展蜕变及其在历史上所起的进步作用》，《历史研究》1954 年第 4 期。

　⑥ 金毓黻等：《关于大顺军领袖李自成被害地点的考证》，《历史研究》1956 年第 6 期；童书业：《李自成死事考异》，《山东大学学报》1957 年第 2 期；陈登原：《关于李自成之死》，《人文杂志》1957 年第 5 期。

从的史料派终于在史料整理中重新找回了自己的位置。①

1978 年之后,唯物史观派在思想解放的浪潮中开始了深刻的自我反省,思想观念大幅度调整,研究方法大规模更新,课题、领域大面积拓展。② 20 世纪 80 年代的中国历史学尽管未发生根本性转换,但的确出现了一种新局面。在这一时期,史料学派的路向再度浮现。最显著的表现有两点:一是"回到乾嘉去"思潮的泛起,二是大规模古籍整理工作的开展。前者出现在思想认识层面,后者落实为具体的学术成果。在此过程中,史料派释放出它的活力,显示了自身的存在。同时,人们对它的看法也在慢慢地发生变化。

"回到乾嘉去"是 1980 年前后史学界广泛流传的一种私议。③这股思潮主张退回到乾嘉时代的学术路径上去,把目光集中在史料的搜集和整理上,其言下之意就是放弃以马克思主义为指导,甚至

---

① 本节多处参考了李凌翔的《新中国的旧史学——建国初期的中国历史学与现代实证传统》(山东大学博士学位论文,2008 年)一文中的相关内容。张越断言,新中国建立后的"中生代"史家,已很快消弭了"史料派"和"史观派"之间的张力。相当一部分"中生代"史家,不久即成为马克思主义史学队伍中的又一批中坚力量。20 世纪 80 年代以后,他们中的佼佼者则成为中国马克思主义史学的领军人物。张越:《新中国建立后十七年"中生代"史家群体与中国马克思主义史学》,《史学理论研究》2012 年第 2 期。

② 新时期以来史学方法的革新,可参看王晴佳:《中国史学的科学化——专科化与跨学科》,罗志田主编:《20 世纪的中国:学术与社会·史学卷》(下),济南:山东人民出版社,2001 年,第 675—709 页。

③ 提到"回到乾嘉去"这种说法的文章有:胡如雷:《时代赋予历史学家的中心使命》,《光明日报》1982 年 2 月 1 日;尹达:《坚持用马克思主义指导社会科学研究》,《中州学刊》1982 年第 3 期;《李一氓同志的讲话》,《古籍整理与研究》第 7 期(1992 年);刘大年:《关于历史研究的指导思想问题》,《世界历史》1983 年第 4 期等。

从根本上回避理论研究。无疑，这是史料派治学旨趣的抬头，是对史观派学风的反动。"回到乾嘉去"思潮的出现，首先是长期以来史学界存在的史论关系争议的继续。史论关系问题贯穿于整个中华人民共和国成立后史学的发展过程之中。50年代初期，由于史观派根基不深、立足未稳，重史轻论的倾向一度占了上风。50年代中期以后，出现了"以论带史"的提法，强调理论对史料具有主导和驾驭作用。60年代初，由于"以论带史"蜕变为"以论代史"，"论从史出"的口号出现，认为史料先于理论。80年代初，"论从史出"再度被提出，明显压倒了"以论带史"。① "回到乾嘉去"比"论从史出"走得更远，它是要史不要论。二者一明一暗，互相呼应。其次，史观派史学信用度降低是"回到乾嘉去"思潮泛起的直接原因。"文革"使史观派史学受到重创。"文革"后人们对史观派史学"审美疲劳"。那么，历史学向何处去？"回到乾嘉去"自然是最便利的替代性选择。这时，一批关于史料搜集、鉴别和考据方法的论著先后问世，而且引起了广泛注意。② 这提示着七八十年代之交学风的变动。

由于"回到乾嘉去"是私下的议论，不是公开的旗帜，我们只能从反面、从对它的批评指责中寻觅其踪迹，体察其影响。1981年有学者明确指出："近来听说还有极少数轻视或不太信任马克思主义

---

① 详参蒋大椿、李洪岩：《近四十年来史论关系研究综述》，《历史研究》1992年第2期。Susanne Weigelin-Schwiedrzik, *On "shi" and "lun". Towards a Typology of Historiography in the PRC*, History and Theory, *History and Theory*, Vol. 35, No. 4.

② 肖黎主编：《中国历史学四十年》，第89页。

的史学工作者,又强调学习所谓'乾嘉学者'的考据。"紧接着一批著名学者郑天挺、熊德基、吴廷璆、杨生茂等,在接受《光明日报》记者访问时,一致强调指出:现在有人"不愿意再依靠马列主义,而是想用西方实证烦琐考据和史料学来代替马克思主义的历史科学"。随后一些历史学家陆续发表了看法,戴逸说:这些年有些人认为,"历史科学只凭史料说话,不需要任何理论,甚至认为,理论的指导必然会带来主观武断的弊病,反而会损害科学性"。郑昌淦指出:"最近两年,史学界有一个偏向——有人觉得马列主义理论过时了,搞历史是纯粹学术,着重考据、校勘,不搞理论研究了。"丁伟志认为,近来部分史学工作者理论兴趣相当淡薄,越来越只是醉心于琐细问题的考证。在中国史学会第二届理事会上,张友渔指出:"现在一些青年史学工作者中间,存在一种轻视理论的倾向,他们认为理论不重要,只有史料才重要,有了史料就有了一切。"李时岳说:"近年来,历史学界'重史轻论'的现象有所抬头:以'史'为'实'而以'论'为'虚',着力于史料的搜集和整理而忽视理论的概括和探求,有意无意地贬低了马克思主义对历史研究的指导意义,甚至认为理论指导有损于历史学的客观性、科学性,等等。"1982年在太原召开的一次学术讨论会上,人们指出:当前需要强调一下整体研究,因为"现在出现了一种倾向，即过于注重考证"。①

　　有学者根据 1950—1999 年中国学术期刊光盘资源的不完全统计，以任意词的形式，设计了两个表格。

表一　根据中国期刊光盘资源，以任意词检索所得论文条目，列表如下：

单位:条

年代	社会	社会史	文化	文化史	乾嘉（乾嘉史学)	国学	国学热	考证（包括考据)	史学危机	总数
50/79	36820	44	17086	26	11	505	无	124	无	54616
80/92	57175	154	17920	241	94	930	无	657	16	77187
93/95	56248	103	32133	236	62	989	13	386	6	90176

表二　根据以上数据，每专题在不同时期所占年平均数

单位:万分之

年代	社会史	文化史	乾嘉	国学	国学热	考证（考据)	史学危机	总数	年平均
50/79	0.27	0.16	0.07	3.08	0	0.76	0	54617	1821
80/92	1.53	2.4	0.94	9.27	0	6.55	0.16	77187	5937
93/99	1.63	3.74	0.98	15.67	0.2	6.11	0.1	90178	12883

　　由这两个表格的统计数据，可以发现：新时期以来，特别是在 80 年代初，确实存在乾嘉史学抬头的现象。因为此前"乾嘉"一词

----

① 以上材料见王学典:《新时期史学思潮的演变》,《中国社会科学》1994 年第 2 期。同时参看秦佩珩:《史海夜航——我对于经济史研究的一些看法》,《文史哲》1981 年第 5 期。

出现频率甚低，到 80 年代初突然增加。与此相对应的"考证"条，在三个时期中，此期独多，占万分之六点五五。90 年代"考证"一词仍居高不下，并且与 80 年代的年平均数持平，重考据之风仍然盛行。①

李振宏在考察改革开放以来的史学方法论研究时也注意到，这一时期实证方法重新受到重视，表现在两个方面。一是关于史料搜集、鉴别及考证方法的论文和专著较"文化大革命"前有了明显增加，发表的有关论文有四五十篇之多，专著有赵光贤的《中国历史研究法》、荣孟源的《史料和历史科学》等。这些论著多是讲的具体的考证方法。二是对以胡适、傅斯年、顾颉刚为代表的近代实证学派及其所倡导的科学史学、实证方法重新评价，倡导他们的科学史学方法。这在 80—90 年代，几乎成为一种思潮和时尚。重评近代实证主义方法的思潮，反映着这一时期史学方法论研究的一个带倾向性的问题。②

上述材料说明，20 世纪 80 年代前后，中国史学界存在着一种把历史学降为考据学——"回到乾嘉去"的明显倾向。这股潜滋暗长的思潮影响之大也是可以想见的。1982 年创刊报道史学界动态的《史学情报》几乎每期都摘录了这方面的代表性文章，也表明这种现象的受重视程度。"回到乾嘉去"思潮的出现，是史料学派再次浮

---

① 侯云灏：《20 世纪中国的四次实证史学思潮》，《史学月刊》2004 年第 7 期。
② 李振宏：《20 世纪中国的史学方法论研究（续）》，《史学月刊》2002 年第 12 期。庞卓恒、邓京力：《史学需要理论和实证研究齐头并进——访庞卓恒教授》，《历史教学问题》2000 年第 2 期。

出水面的表征。那么它当时为什么没能愈演愈烈，蔚为大观，达到左右学坛的地步呢？这主要是受当时政治文化氛围的乍暖还寒、学术环境民主不足的制约。由于"回到乾嘉去"的思潮对马克思主义史学的主导地位构成了冲击，它一露头就遭到各方面的围剿和打压，仅仅存在一两年就被当作异端而迅速扑灭了。再者，七八十年代之交的中国史学总体上仍处于一种徘徊状态，"回到乾嘉去"只是极端教条化史学被废黜后的众多选择之一。与之同时的"回到六十年代初期去""回到马克思去""走向系统论去"几股思潮同样强劲，而且它们能够以公开的姿态出现，其声势较之"回到乾嘉去"毫不逊色。所以，"回到乾嘉去"思潮虽一度抬头，但并未将史料派从边缘推到中心。史料派要取代史观派的主流位置，还需要经过一段修复和积累的时期。

古籍整理工作的恢复和开展，也是新时期史料派复出后的一项重要活动。古籍涵盖面甚广，不以史学为限，但古籍与史学研究的关系至密。"史实要靠史料来保存，古史的主要史料保存在古籍中，古籍中存在的问题可以直接影响史料价值的高低，所以认真研究历史的人特别重视对古籍的认识和整理。""整理古籍，无形中成为研究古史的一个先决问题，而且是一个不能回避的重要问题。"①

70 年代末 80 年代初，因"文革"中断的古籍整理出版工作开始恢复，并逐渐趋于繁荣。1981 年 9 月，中共中央下达《关于整理我

---

① 王树民：《曙庵文史杂著》，北京：中华书局，1997 年，第 216、372—373 页。

国古籍的指示》的 37 号文件,明确指出:"整理古籍,把祖国宝贵的文化遗产继承下来,是一项十分重要的、关系到子孙后代的工作。"这为整理出版古籍提供了政策依据。1981 年 12 月,根据中共中央和国务院的决定,古籍整理出版规划小组正式恢复工作,由李一氓任组长。次年 3 月召开全国古籍整理出版规划会议。8 月,《古籍整理出版规划(1982—1990)》经国务院批准颁布实施,并拨专款用作古籍出版补贴。根据中共中央"古籍整理工作,可以依托高校"的指示精神,1983 年 9 月成立了全国高等学校古籍整理研究工作委员会(简称"古委会"),负责组织协调高校古籍整理的科研人才培养工作。主任委员周林,副主任委员白寿彝、邓广铭。这样,古籍整理出版工作就有了两套系统。短短几年内,古籍整理研究就出现了前所未有的繁荣局面。①

首先,古籍出版数量上升,系统性增强。据《古籍图书目录(1949—1991)》的不完全统计,1982 年至 1991 年,全国共整理出版

---

① 参见:《新中国古籍整理出版的回顾与成绩》,《中华读书报》2003 年 9 月 10 日;《全国高等院校古籍整理研究工作委员会首次会议纪要》,《高校战线》1984 年第 3 期;张富祥:《中国历史文献研究的回顾和瞻望》,载《宋代文献学散论》,青岛:青岛海洋大学出版社,1993 年;周朝民等:《中国史学四十年》,南宁:广西人民出版社,1989 年,第 606—609 页;《当代中国的出版事业》(上),北京:当代中国出版社,1993 年,第 572—589 页;周庆、鲁新宁:《新中国的古籍整理与出版》,载宋原放主编:《中国出版史料(现代部分)》第 3 卷下册,济南:山东教育出版社,2001 年,第 122—132 页;程毅中:《中国古籍整理出版 40 年概况》,载宋应离等编:《中国当代出版史料》第 2 卷,郑州:大象出版社,1999 年,第 646—652 页;赵守俨:《建国以来古籍整理出版工作简述》,载《赵守俨文存》,北京:中华书局,1998 年,第 266—272 页;王树民:《建国以来古籍整理的回顾与前瞻》,《曙庵文史杂著》,北京:中华书局,1997 年,第 359—374 页。

古籍图书近 4300 种，是此前 32 年古籍出版总量的 1.9 倍。以历史古籍来说，1980 年出版 30 余种，1981 年出版 60 余种，1983 年增加到 120 余种，呈直线上升趋势。[①] 在数量增长的同时，古籍整理出版还体现出系统性。继《二十四史》标点本出版后，正陆续出版一套《二十四史研究资料丛刊》与之相配合。就编年体和纪事本末体来说，到 80 年代中期差不多完成了全部配套出版计划。这样，古代史书三种最重要的体裁都有了经过整理的新版古籍供治史者利用。此外，"会要体""典制体"等较为重要的体裁的史书，也陆续出版。至于门类繁复、数量众多的历史笔记也累计出版了几十种，为唐、宋、元、明、清的史学研究提供了难得的资料。[②] 古籍整理出版越来越系统化、系列化，水平大大提高了。

其次，出版古籍的机构不断增加。以前的古籍出版工作几乎为中华书局和上海古籍出版社两家所独有。80 年代以来，一些省市的出版社也加入进来，古籍出版的力量日益壮大。像山东的齐鲁书社、湖南的岳麓书社、四川的巴蜀书社、安徽的黄山书社、陕西的三秦出版社、辽宁的辽沈书社等地方性出版社，都是古籍专业出版社。[③] 出版社的增多、出版能力的增强，为古籍整理研究的成果输出提供

---

① 据傅璇琮：《历史古籍和专题资料的出版》，载《中国历史学年鉴（1981）》，北京：人民出版社，1981 年；魏连科：《历史古籍与专题资料的出版》，载《中国历史学年鉴》1982、1984 年，北京：人民出版社，1982、1984 年。

② 王义耀：《谈近几年的古籍整理、出版工作》，《图书馆杂志》1985 年第 1 期；同时参见这一时间段的《中国历史学年鉴》。

③ 李侃：《漫谈古籍整理》，《史林随想录》，郑州：河南人民出版社，1991 年，第 51 页。

了更多的渠道。

最后,古籍整理研究的机构进一步扩充,专业人才不断增加。以往的古籍整理,基本上处于一种散兵游勇状态,没有固定的组织。进入 80 年代后,高校系统内成立了 20 多个古籍所。这些古籍所初步形成了结构合理的学术梯队,汇集了一大批专家学者,具有较强的科研能力。古籍所还是人才培养的基地。大量中青年专业人才逐渐成长起来,缓解了以往青黄不接的局面,确保古籍整理后继有人。① 人才培养成为高校古籍工作的重点内容。

众所周知,中国古籍中以史书为多。1949—1988 年间,出版古籍 4511 种,其中历史文献 1338 种,占 1/3 以上。古籍整理基本上是一种资料工作,校勘考据是其基本方法,可归于史料派的治学路数,而与史观派的理论研究截然异趣。所以,大规模的古籍整理出版,实际上加强了史料学派的力量。此外,由于古籍是中国传统文化的主要载体,从客观上说,古籍的大量散播和流通,为 20 世纪 90 年代的国学复兴创造了条件。

---

① 参见周林:《弘扬民族优秀文化的新局面开拓者——缅怀李一氓同志》,《古籍整理与研究》第 7 期(1992 年);安平秋:《安平秋古籍整理工作论集》,北京:中国书籍出版社,1994 年。

最后十年:从"新汉学"复兴到"新史学"归来
(1989—2000)

1. "国学热"席卷而至

2. 执两用中的社会经济史研究

3. "新史学"归来:社会史研究的繁荣

1. "国学热"席卷而至

20世纪90年代史学界所发生的最深刻变动,莫过于所谓"国学"的复兴和史观派史学地位的下沉这一现象了。如果说80年代主要可以归结为史观派的内部冲突的话,90年代以来则完全可以看作史观派与正在东山再起的史料派或国学派的冲突。所有的圈里人几乎都能感受到,从进入90年代伊始,学风、语境、话语、人心、话题等,与80年代相比都处在巨大调整置换之中,学术界大有"换了人间"的感觉。

90年代的这种学术现象是否健康另当别论,这里不妨探讨一下导致这种现象的成因。首先,这种学术倾向的出现,大抵与80年代末的政治变化有关,不单纯是学术自身逻辑演变的产物。这种变化带来了语境的巨变:从激进主义转向保守主义,从西方化转向本土化，从启蒙转向传统。在这种语境下，所谓"思想淡出、学术凸显"的主张出现了，学术中人取代了问题中人。受这种语境的鼓励，许多人纷纷从关心与现实相关的重大历史问题的探讨转向钻故纸堆的文献考订，从引介运用形形色色的西方理论转向国学研究。《国学》季刊、《学术集林》《中国文化》《传统文化与现代化》《原道》《原学》等书刊在 90 年代初的集中问世及其取向，明确地表征着这一点。

其次，这种转向也是以当时知识阶层的普遍心态为心理基础的。这种普遍心态就是对"理论"的厌倦，而这种厌倦又与苏联解体有关。对学术研究取向的重新选择，源自学者对外界形势的判断。苏联解体业已表明那种教条化的"理论"对这些国家影响的丧失，人们甚至忧虑研究马克思主义的人面临失业。所以学者们必然关心以某种特定理论为指导的社会科学从业者的生存状态及其命运。当时一些人认为，最安全、最稳妥的是意识形态色彩最弱的传统典籍文化研究，将来唯一可能保留下来的学术领域也是对中国传统文化的研究。在这种心态背景下，不少人转向了国学研究，人们对"问题"纷纷避之唯恐不及。

最后，主流意识形态对传统文化研究的倡导与鼓励。80 年代社会思潮的总体倾向是西方化，而电视政论片《河殇》的推出，既是这一倾向的代表，又把这一倾向推向极端。所以，90 年代思想文化界的第一个举动，就是批判《河殇》，而批《河殇》反《河殇》当然就是批西化反西化，其逻辑结果就是"向东走，本土化"。1994

年,大陆召开了纪念孔子诞辰 2545 年的学术讨论会,地点设在人民大会堂,国家领导人出席。这次会议规格之高,令许多人感到惊奇。而第二年的 1995 年,即恩格斯逝世 100 周年,理论界平静如水,只有历史唯物主义研究会在武汉开了一次学术讨论会。这表明,从上层的认识来看,这时最能填补意识形态空白的也是中国的传统文化。

主流意识形态为什么要这样做?可能出于以下两点考虑:其一,马克思主义本质上是一种民间的理论,是一种反体制反压迫的理论,再进一步说,是一种促进斗争渴望革命的理论。而我们当前正处在社会转型的关键时刻,失业的人、在利益调整中的受损者比比皆是,原来那种革命意识形态急需调整,儒学在这时适得其所。与马克思的学说相反,孔子孟子基本上都是站在统治者立场上教导统治者如何施政临民的,长期以来这一理论很自然地成为官方意识形态。而作为官方意识形态的东西最好是保守性质的,至少也不能是批判性质的,而儒学强调纲常名教秩序等级名分、强调中庸和血缘亲情等,恰恰是最具保守性质的学说。其二,学界与媒体的某种共识。在提倡"国学"的举动中,《人民日报》表现得异乎寻常的热心,甚至可以说,所谓"国学热"与这家报纸的支持有关。1993 年 8 月 16 日,此报用一整版发表了《国学,在燕园悄然兴起》,隔日,该报又在头版《今日谈》栏目中刊发《久违了，国学》，①两文认为，研究国学就是研究中国的传统文化，弘扬中国的传统文化。在反西方的问题上，学界与这些媒体是一致的，共同要把西化派、河殇派、激进派压下去，把"新启蒙"派压下去，支持在80年代被边缘化的传统文化研究和"新儒家"。传统文化研究因此在90年代得到复兴。而传统文化在历史学领域最主要的体现就是考据学了。所以，在特定语境下，从"思想"到"学术"的大幅度转移，是导致90年代"国学"复兴的基本原因。

风起于青萍之末。1991年1月18日北京知识界"学术史研究"聚会，②可以看作是学术界对变化了的外部社会的最早回应。这次聚会的一个与会者当时即指出：对"学术史研究"的倡导，实际上"半遮半掩地亮出了一面复古的旗帜，好像在号召大家从某种程度上'回到乾嘉去'"；五年后，"回到国学""回到乾嘉"则形成了一种很有冲击力的思潮了。在这一背景下，遂发生了一次"马克思主义

---

① 《人民日报》不吝版面，报道了北京大学大型学术集刊《国学研究》第1卷的出版和该校考据学研究的实绩，两文都期待"国学的再一次兴起"，"并呼唤着新一代国学大师的产生"。10月14日的《光明日报》在《国学与国学大师的魅力》一文中报道了由北大校内百家学生社团联合组织的所谓"国学月"活动的盛况。11月30日《中国青年报》的《国学：在蓦然回首中》一文也报道了这一活动的有关情况。

② 见《学术史研究笔谈·编者按》，《学人》第1辑，南京：江苏文艺出版社，1991年，第1页。与会人员的发言也分别整理成文，汇集成本辑的这组"学术史研究笔谈"，其中包括陈平原：《学术史研究随想》；王守常：《学术史研究刍议》；钱文忠：《又一代人的学术史研究》；靳大成：《对历史的重新阐释与激进主义反传统的学术神话》；刘东：《不通家法》；葛兆光：《思想史与学术史》，梁治平：《学术史研究门外谈》；雷颐：《关于现代学术传统》；陈燕谷：《历史研究与话语分析》。另收入蒋寅的《学术史研究与学术规范化》及许明的《研究逻辑·学术规范·知识增长》两篇"赞助"之作。

史学"与"国学"的正面碰撞，这就是胡绳对"国学"的批评和遭受的还击。

这无疑可以看作是史观派与史料派在学界的力量对比已经发生重大变化的一个标志性事件。1994年底，在《历史研究》创刊40周年纪念会上，胡绳借着"介绍一篇文章"，基本赞同所谈文章的一个论点："不排除有人企图用'国学'这一可疑的概念来达到屏弃社会主义新文化于中国文化之外的目的。"①结果《孔子研究》在次年第2期上推出一组（11篇）笔谈，反驳胡绳，共同为"国学"辩护。这组笔谈在反驳胡绳时，或指名道姓，毫不避讳；或替"国学热"叫好，直陈理由，没有任何遮遮掩掩；或言辞激烈、直捣要穴，根本未考虑胡绳的所谓"身份"与"地位"，甚至认为胡心态"褊狭"，"他的意见"并不具有权威性，等等。②在这一事件中，引人深思的是，在胡绳遭到如此剧烈的反击后胡绳和他所属的史观派的沉默。而仅仅15年前，当所谓"回到乾嘉去"的思潮刚刚露出一点苗头的时候，史观派的气势是多么的强悍，步调是多么的一致！③两相对比，说学术界又

---

① 胡绳：《介绍一篇文章》，《瞭望》1994年第49期。胡这里所"介绍"的文章即为刊发在《哲学研究》1994年第6期上的《国粹·复古·文化——评一种值得注意的思想倾向》，署名"罗卜"。

② 这组名为"传统文化笔谈"的文章包括辛冠洁：《应该积极开展中国传统文化研究》；陈来：《"国学热"与传统文化研究的问题》；王树人：《"文化热"的由来与走向》；余敦康：《我也介绍一篇文章》；钱逊：《国学研究中的一个重要问题》；傅云龙：《坚持弘扬优秀传统文化》；默明哲：《反对虚无主义，增强民族信心，搞好现代化》；张永：《继往为开来，革旧以开新》；胡伟希：《少一点独断论，多一点宽容精神》；王国轩：《倾向、派别、口号与学术研究》及牟钟鉴：《当审判官，还是做探索者？》。

③ 详情见王学典：《二十世纪后半期中国史学主潮》，第119—120页。

"换了人间"，大概并不过分。

　　20世纪90年代的国学复兴使史料派的地位扶摇直上，发生了根本性变化。它终于有机会与史观派分庭抗礼而且占了上风。传统的国学研究是典型的实证研究，排斥理论与概括。清代的乾嘉学派就基本上依靠归纳，排斥抽象推理，他们只注重事实的还原、不想在弄清事实后去进行价值的判断和体验式的理解与分析。国学的复兴、史料派的得势，使整个史学界的风气为之一变。80年代对历史的理论研究处于主流的地位，受到广泛关注。而90年代史学界的基本特点是，回避对重大历史现象和大规模社会变动的研究与讨论。以至于有人认为，"到90年代，乾嘉传统已经无可争议地成为当代中国史学的主流"①。从《历史研究》《中国史研究》《世界历史》等专业刊物上发表的文章的主要倾向看，"回到乾嘉是一种主潮了"②。这种说法虽有夸大之处，但也表达出当代学人的切身感受。

　　这一新取向在90年代涌现的《国学研究》《学术集林》《中国文化》《传统文化与现代化》《原道》《原学》等书刊中有明显的体现。《中国文化》即宣称，其"着眼点在学术，即主要对文化现象作学术研究"，在方法上，"提倡从一个一个的具体问题入手，主张宏观与微观结合，思辨与实证结合、新学与朴学结合"。同时，它还主张在学术认知上"不唯上、不唯书、不泥古、不趋时，既不作传统观念的奴隶，

---

① 许纪霖：《没有过去的史学危机》，《读书》1999年第7期。
② 庞卓恒：《史学需要在理论和实证研究上齐头并进》，《求是》2000年第11期。

又不作流行观念的牺牲品".①《学术集林》的主编王元化说,所编文集是"颇不合时尚的读物",提倡一种"有思想的学术和有学术的思想"。他这里所谓的"不合时尚",是指不与时代问题密切配合,而非与当下学风反向。他主张的思想与学术的结合,是针对思想的空疏而言,重心仍在学术。② 他反对抬高义理而贬低考据。③ 从这些书刊可以看出,90 年代的确进入了一个"思想淡出、学术凸显"的时代。在这种语境下,史观派与史料派的易位也实在是不可避免的。

如果说中华人民共和国成立后至 80 年代郭沫若、范文澜等"马克思主义史学家"是历史学的代表和象征的话,90 年代的偶像则变为陈寅恪、王国维等"国学大师"。其中陈寅恪尤具典型意义。80 年代末 90 年代初出现了一股"陈寅恪热"。学界连续编辑出版了 5 种陈寅恪学术纪念文集。至于《史家陈寅恪评传》《解读陈寅恪》《陈寅恪的最后 20 年》等传记和传记资料,一段时间内更是遍布书店。这是包括章太炎、王国维在内的任何国学大师所享受不到的殊荣与尊崇。陈氏甚至已经取代了王国维,被人许为"新史学"的开山和 20 世纪中国史学的中心人物。最值得注意的是,这一现象可能标志着学界从重思想到重学术、从重义理到重考据这一重要变迁进程

① 《〈中国文化〉创刊词》,《中国文化》1989 年 12 月创刊号(1990 年 5 月出版)。

② 王元化:《〈学术集林〉卷一编后记》,载《学术集林》卷一,上海:上海远东出版社 1994 年版。

③ 王元化:《〈学术集林〉卷二编后记》,载《学术集林》卷二,上海:上海远东出版社 1994 年版。

的完成。既然陈氏已成为一种学术符号，那么，高度推崇陈寅恪，就只能是"回到纯学术"这种为学倾向的委婉表达，就当然不单单是对一个逝去先人的纪念，而可能是对一种学术传统的缅怀。总之，"陈寅恪热"折射出 90 年代学术气候的巨大变化。

唯物史观派地位的下沉，直接影响了人们对它在学术史上的地位的估计：它在 20 世纪学术史上的地位也随着这种下沉日益变得可疑起来。早在 20 世纪 80 年代末期，有学者就坦率指出：史料学派"阵容强大，成果显著"，大大超过了史观学派；"史观学派……不能与史料学派平分秋色"。① 进入 90 年代后，史观派的学术史地位就越发无足轻重，乃至可有可无了。在《20 世纪学术经典》的长篇"序言"里，陈寅恪及其所代表的史料学派已处于现代中国学术版图的中央位置，郭沫若如同胡适、梁启超一样被挤到这幅版图的边角地带；②来自海外的一种看法认为，处在这幅版图中央位置的除陈寅恪外尚有陈垣、钱穆和吕思勉；③在"国学大师丛书"策划者的心目中，这幅版图也多被传统学人占据着。这一幅幅新绘制出的现代学术版图，四至或有不同，但有一点却异常醒目：唯物史观派史学所占有的版面正在急剧缩小乃至消失。换句话说，唯物史观派在现代中

---

① 景戎华：《现代史学的反省与展望》，《学习与探索》1988 年第 5 期。

② 刘梦溪：《中国现代学术经典·总序》，石家庄：河北教育出版社，1996 年。刘序中所列举的"现代学术史上具有经典意义的著作"，也几乎全数为史料派的成果；其中身为史观派大师之一的郭沫若的《甲骨文研究》和《金文丛考》在列，但像《中国古代社会研究》等史观性质的著作则付诸阙如，详见第 53—54 页。

③ 严耕望：《治史三书》，沈阳：辽宁教育出版社，1998 年，第 173 页。

国学术史上的立足之地正一块块地被抽掉。曾经在近 50 年学坛上占统治地位的史观派正面临、正经历一场比较深刻、比较严峻的危机,大概是眼下人们有目共睹的基本事实。这一事实似乎在昭示着:史料派一统天下的局面好像又要或已经到来。有人说,到了 90 年代,中国史学"已经开始向中国现代史学的起步阶段回归,其主要特征就是'回到傅斯年'"①。

国学复兴改变了史料学派的地位和命运,却并未改变史料学派的立场和性质。它始终是以史料工作为中心内容,把史料视为第一性的东西。这种立场所导致的缺陷是史料派自身难以克服的。因此,国学复兴尽管矫正了史观派占主流时出现的某些偏失,但并未真正完成将历史学引入正途的使命。同时,它与史观派仍处于一种无形的两极对立状态之中。尽管双方的偏颇之处都不难识破,但要消弭这种对立却决非易事。因为两派的恩怨纠葛渗透了太过复杂的学术的和社会的、历史的和现实的因素,要排除这些因素几乎是不可能的。这就是说,不论选择这两条道路中的哪一条,中国史学都无法真正走向成熟。那么,是否可以在两者之外开辟第三种学术路向,从而超越两极对立的僵局,使中国史学步

---

① 谢泳:《回到傅斯年》,《二十一世纪》(香港)2000 年第 10 期。在此文中,谢泳还说:傅斯年领导的史语所,开创了中国史学的新格局,为中国现代史学奠定了非常好的基础,但因为后来中国史学的发展被马克思主义史学一统天下,不但使已有良好训练的学者不能在学术上再做出更大的学术成就,而且使新一代学者的学术训练走上了歧途,在这一阶段所展开的"五朵金花"的讨论,现在看来大体上是浪费了几代学者的才华。中国现代史学的道路是曲折的,绕了五十载,还得回到傅斯年。

入正常的轨道呢？

2. 执两用中的社会经济史研究

事实上，在 20 世纪后 50 年的中国史学界，除了占主流地位的唯物史观派和基本上被边缘化的史料派之外，或在这两大学派的夹缝之间，一直还存在着另外一种会通取向，这一取向既兼取两派所长又扬弃了他们各自的偏执，执两用中，不偏不废。

早在史观与史料两派的地位即将发生逆转的 1949 年，邓嗣禹就曾经在美国著文分析过两派的长短之后表达过一种希望。他说：近若干年的中国史家可分为两派：一派致力于微观专题研究，如一人的死期，一地的勘定，一个术语或专有名词的解释，似乎题目越专越好。他们常常费很大力量去搜集资料，绕许多复杂的弯路去证明一个细小的问题，以此显示其专精和博学。结果没出现几部杰出的大作。这些学者可能受到了伯希和的负面影响。在邓氏看来，许多中国学者，尤其是那些住在北平城内拥有查阅之便、总想撰著详尽的狭小专题论文的学者，不能称作史学家，而应称作博物学家。而 1930 年后，社会发展史一派开始受到欢迎。一般而言，这些学者不如北平学者博学，也没掌握那么充足的材料，但这些史家通晓马克思主义的历史观……他们的新思想多，而所掌握的史实相对较少。这两派一直都互相鄙视。博物学家学识渊博，但思考消化少；社会发展史家通常思考多,而学识占有少。邓嗣禹主张:两派应通力合作,因为只有思想与史实的完美结合,才能算是信史。[1]

会通取向在中华人民共和国初 30 年间的存在,则基本上处于一种似断非断、不绝如缕的状态。在这一期间,具有会通自觉的史家屈指可数。其中影响最大的一位可能是傅衣凌。傅之下,则要数梁方仲(1908—1970)了。在民国时期以"一条鞭法"研究闻名中外史坛的梁氏,50 年代出版了又一经济史名著《明代粮长制度》,[2]这一历经二十多年努力写成的专著,既有细密的考证,又有相当宏观的概括。而《中国历代户口、田地、田赋统计》一书,既被认为"是一部内容丰富具体化了的计量经济学,又是一部大型的经济史研究的基本工程的巨著"[3]。而该书的导论,则是对中国相关经济史现象出色的理论分析,显示了深厚的思辨功力。梁氏反对"就事论事",主张"小题大做":要在"一滴水中见太阳";既认为正确的概括一定要建立在专题研究的基础上,又认为细密的专题研究不能代替综合的

---

① 见邓嗣禹:《近五十年的中国历史编纂学》,美国《远东季刊》第 8 卷第 2 期(1949 年 2 月)。另外,巴勒克拉夫对兰克学派的批评也同样击中了邓这里所说的"博物学家"的要害:这一学派由于排除"人类面临的重大理论问题[可以]作为历史研究的正当对象而给历史学的学术水平"带来了"严重危害"。他们"崇尚'为研究过去而研究过去',割断了历史学与生活的联系,否认从过去的经验中进行概括的可能性……不仅割断了历史学与科学的联系,也割断了历史学与哲学的联系"。导致这一类型的历史研究"缺乏洞察力",乃至"迂腐穷酸地追逐细枝末节"。(〔英〕巴勒克拉夫:《当代史学主要趋势》,杨豫译,第 21、10 页)

② 梁方仲:《明代粮长制度》,上海:上海人民出版社,1957 年。

③ 梁方仲:《中国历代人口、田地、田赋统计》,上海:上海人民出版社,1980 年。周秀鸾:《梁方仲——中国经济史学的开拓者》,汤明檖、黄启臣主编:《纪念梁方仲教授学术讨论会文集》,广州:中山大学出版社,1990 年,第 37 页。

概括。① 这一时期的又一名家是杨宽,他的《古史新探》《中国古代陵寝制度史研究》《中国古代都城制度史研究》和《中国古代冶铁技术发展史》等,②也均视野宏阔,细密扎实。此外,秦汉史名家陈直,这一期间着力探讨民间的历史,写下了《汉代人民的日常生活》《汉代戍卒的日常生活》《汉诗中的习俗语与古器物之联系》等读来让人甚感清新的作品。③ 上述史家的作品,大都有概念有理论,但绝无或较少当时流行的教条和八股气味,大都有考证有材料,但绝不局限于材料。而把这两方面结合最好的史学家当数这一时期的唐长孺了。他的《魏晋南北朝史论丛》及其《续编》《三至六世纪江南大土地所有制的发展》等论著,④一秉当年陈寅恪的学术门径,兼采唯物史观派的许多术语,同时又不避烦琐考证之讥,⑤会通的风格一望而知。

"文革"结束之后,会通取向迎来了自己大发展的最好时机:"教条主义的马克思主义"得以深刻反省,唯物史观派史家在抛弃空疏

<hr>

① 周秀鸾:《梁方仲——中国经济史学的开拓者》,第29页。
② 杨宽:《古史新探》,北京:中华书局,1965年;《中国古代陵寝制度》,上海:上海古籍出版社,1985年;《中国古代都城制度史研究》,上海:上海古籍出版社,1993年;《中国古代冶铁技术发展史》,上海:上海人民出版社,1982年。
③ 《汉代人民的日常生活》,《西北大学学报》1957年第4期;《汉代戍卒的日常生活》,见陈直:《两汉经济史料论丛》,西安:陕西人民出版社,1958年;《汉诗中的习俗语与古器物之联系》,见陈直:《文史考古论丛》,天津:天津人民出版社,1988年。
④ 唐长孺:《魏晋南北朝史论丛》,北京:生活·读书·新知三联书店,1957年;《魏晋南北朝史论丛续编》,北京:生活·读书·新知三联书店,1959年;《三至六世纪江南大土地所有制的发展》,上海:上海人民出版社,1957年。
⑤ 在《魏晋南北朝史论丛续编·跋语》中,唐说,该书中诸篇文章"考证流于烦琐","曾经想作一次修改",但"由于错误属于整个思想体系的问题,很难以一些枝节的修改来弥补"而作罢。

的学风后正向史料进军；史料派受到近 30 年的熏陶，已自觉不自觉地完成了理论思维的初步训练，至少想退回到纯正的乾嘉学统里已不可能；西方史学观念乘对外开放之机，已经开始影响中国史学的走向，特别是西方的社会史、经济史作品，更在强力诱导着中国史家效法。① 历史研究不能没有理论和范式的导引，尤不能缺乏材料考证的基础，已成这时学界的共识。近 20 年来最富价值的学术成就可以说大都是在会通的基础上完成的。

应该承认，会通宏观与微观、会通学术与时代、会通理论与材料、会通中国与西方、会通历史学与经济学等社会科学，这一理想的治学特征在 1949 年后特别是最近 20 年的社会经济史研究上充分体现出来。其中，傅衣凌、吴承明和李伯重堪称这一方面三个前后相继的代表人物。

傅衣凌早年受过社会史论战的熏陶，这场论战所提出的"问题"，可以说塑造了他一生的学术历程。② 正由于此，他自然地成为《食货》的作者，③特别是他坚持运用《食货》所力倡的"地志学的方法"："以民俗乡例证史，以实物碑刻证史，以民间文献（契约文书）证

---

① 其中最具影响力的大概要数美国学者黄宗智的《华北的小农经济与社会变迁》（北京：中华书局，1986 年）及《长江三角洲小农家庭与乡村发展，1368—1988》（北京：中华书局，2000 年）两部著作了。

② 傅衣凌一生的学术研究基本是围绕着"中国封建社会为何长期迟滞"这一问题而展开的，而这一问题正是由社会史论战所引发。

③ 见《傅衣凌自传》，《中国当代社会科学家》第 4 辑，北京：书目文献出版社，1983 年。

史。"①从而开辟出一条"进行社会调查，把活材料与死文字结合起来"的治史之路。1944 年出版的《福建佃农经济史丛考》一书就是这条治史之路上的最初成果。此书以偶然发现的一大箱、数万张明清以迄民国时代各种土地文书及租佃契约为基本依据，"提出一些过去尚未为人论及的看法，并为中国社会经济史的地区研究开拓一个新的领域"②。该书虽然因为战争环境而在国内流传不广，"但很快被介绍到日本，成为战后日本史学界重建中国史学方法论的一个来源；而后又由日本史学者的媒介，传播到美国，成为美国五六十年代新汉学研究方法的一个重要组成部分"③。特别是他在该书中所倡导的区域社会经济史的选题设计，现已成为海内外学术界占主流地位的治史模式。

1949 年后，傅衣凌又出版了《明清时代商人及商业资本》（1956）、《明代江南市场经济试探》（1957）、《明清农村社会经济》（1961）、《明清社会经济史论文集》（1982）、《明清社会经济变迁论》（1989）等名作。④ 他对社会经济史的最大贡献在于，在《食货》《中国社会经济史研究集刊》和"史学研究会"之后，最终完成了这一领域

① 傅衣凌：《我是怎样研究中国社会经济史的》，《傅衣凌治史五十年文编》，厦门：厦门大学出版社，1989 年，第 39 页。
② 傅衣凌：《治史琐谈》，《傅衣凌治史五十年文编》，第 36 页。
③ 杨国桢：《序言》，《傅衣凌治史五十年文编》，第 2 页。
④ 《明清时代商人及商业资本》，北京：人民出版社，1956 年；《明代江南市民经济试探》，上海：上海人民出版社，1957 年。

的"范式"构筑,并在此基础上形成了一个学统清晰、特色鲜明的学派。这一社会经济史研究的"范式"是:在研究方法上,把经济史与社会史的研究有机地结合起来,从社会史的角度研究经济,从经济史的角度剖析社会,在复杂的历史网络中研究二者的互动关系;把个案追索与对宏观社会结构和历史变迁大势的把握有机地结合起来:既"善于透过片断的史料显示历史的归趋,又能从历史的趋向中看出具体史料的意义";特别注意发掘传统史学所弃置不顾的史料,以民间文献(契约文书、谱牒、志书、文集、账籍、碑刻等)证史,尤重田野调查所得,喜欢以今证古;强调借助史学之外的社会科学理论,尤其是社会学的理论与概念;特别注意地域性的细部研究、特定农村经济社区的研究;等等。[1]

从上述特征上看,"傅衣凌的研究方法更接近于法国年鉴学派的经济社会史"[2]。换句话说,傅氏的研究已深预国际史坛的主潮之流,有人甚至认为:"他在日、美汉学界[已]被尊为一代大师"[3];"在海外,治中国明清经济史的学者往往把他的著作当作案头必备之书"[4]。在这一认识的基础上,学界承认在中国已出现一个"傅衣凌学派":"傅衣凌学派是解放以后形成的少有的几个学派之一,学术

---

① 杨国桢:《序言》,《傅衣凌治史五十年文编》,第2页。
② 杨国桢:《吸收与互动:西方经济社会史学与中国社会经济史学派》,侯建新主编:《经济—社会史:历史研究的新方向》,北京:商务印书馆,2002年,第8页。
③ 杨国桢:《序言》,《傅衣凌治史五十年文编》,第2页。
④ 叶显恩:《跋》,《傅衣凌治史五十年文编》,第357页。

风格独特，有成果，有传人，其弟子是沿着先生的足迹走的。"①尽管我们无法一一确指该学派的所有成员及其与傅衣凌学术路向的关系，但杨国桢、李伯重、陈支平、陈春声、郑振满、曾玲等人的学术成就明显发源于傅衣凌，则是学界公认的事实。②值得注意的是，傅衣凌学派的社会经济史研究现在正从社会学取向向人类学取向调头，换句话说，这一学派现在有可能正从社会经济史蜕变为社会文化史，从社会经济史学派蜕变为历史人类学派。而这一点则又与法国年鉴学派的最新动向步调一致。这从一个侧面反映了这一学派的国际化程度。

当社会经济史研究中的"傅衣凌学派"正向社会史、文化史急转弯的时候，以吴承明为核心的学者圈子却正向经济学等社会科学最新进展靠拢。假如说傅派学者更重视新材料的话，吴派学者在重视新材料的同时则更重视新理论与新方法。

从学源上看，吴派可能与当年的"北平社会调查所经济史组"的经济史研究取向有某种传承关系。这批学者在方法上有一个突出的特点，那就是格外注意对可计量资料的收集处理和统计手段在经济史研究中的充分运用。《中国历代户口、田地、田赋统计》和《中国近代海关税收和分配统计（1861—1910 年）》这两部经济史巨著的

---

① 这是林甘泉先生在"纪念傅衣凌教授逝世十周年学术座谈会"上的发言中提及的，见刘秀生：《深切缅怀傅衣凌先生》，《中国社会经济史研究》1998 年第 4 期。

② 杨国桢：《吸收与互动：西方经济社会史学与中国社会经济史学派》，侯建新主编：《经济—社会史：历史研究的新方向》，第 15 页。

作者梁方仲和汤象龙都隶属于这一学术共同体中绝非偶然。[1] 而吴承明在现阶段可以说是中国计量史学的杰出代表。[2] 从这一点上说，他是梁、汤史学的忠实传人。但与梁、汤不同的是，他基本上走的是社会经济史之路，因为他与傅衣凌尽管学源不同，但都在倾力思考同一个问题：中国的近代化转型肇始于何时？ 这一近代化进程为何如此迂缓如此曲折？ 再进一步地说，他们都在一段时间内探讨著名的"资本主义萌芽"问题。傅当然是这一问题讨论中的一派的代表，吴则是这一问题"研究成果的集大成者"。[3]《中国资本主义发展史》系列著作的《中国资本主义萌芽》卷，集中展示了吴在此一问题上的系统主张和高深见解。然而这还不是他最主要的东西。

吴承明对中国社会经济史研究示范性、久远性的贡献在以下两端：首先他撇开了纠缠不休的"萌芽"问题，从"市场"问题入手，开辟了一条更为宽广更为切实的研究中国向近代转型问题的新路向。80 年代初，当主流学界还在重生产轻流通的圈子里打转的时候，吴氏已经着手研究市场即流通问题了。从 1983 年起，他发表了论明

① 见崔国华：《沉痛悼念汤象龙教授》，《经济学家》1998 年第 3 期。
② 吴承明在计量史学方面的代表性作品有：《中国资本主义的发展述略》《中国民族资本的特点》《论我国半殖民地半封建国内市场》等。均见《中国资本主义与国内市场》，北京：中国社会科学出版社，1985 年。
③ 李伯重：《理论、方法、发展趋势：中国经济史研究新探》，第 19 页。

代、清代、近代市场的系列论文。[①] 他研究市场，先着眼于商路、商镇、商品运销等市场网路，后转向人口、价格、货币量、商品量等市场要素，进而分析市场的周期性变化，最后落脚在其对社会变迁的影响上。他的市场研究是以中国现代化的宏大背景为基点的。认为中国传统社会自身蕴藏着众多向近代化转型的能动的积极的因子，是他一系列相关研究的基本预设。他的市场研究则是对这一预设的实证考察。比这一点更重要、影响也更长久的，是吴氏对社会经济史方法论的探索。他在这方面刊发了一系列专门论作[②]，这些论作反映了他多方面的高深的理论素养。通过这些论作，可以说吴氏已构建起一个社会经济史研究的方法系统，指示了一条跨学科研究经济史的康庄大道。其中，吴氏的经济学理论训练之纯正有口皆碑。他的经济史研究之所以如此地道，之所以有如此多的重要发现和创见，主要得力于此。如果说傅衣凌的研究更带有社会学色彩的话，那么吴氏的研究更富于经济学色彩。而吴氏对历史学本性的体认和感悟，他对材料地位的强调和重视，又丝毫不亚于职业历史学

---

① 这些论文包括：《明代国内市场和商人资本》，《中国社会科学院经济研究所集刊》第 5 集(1983 年 2 月)；《论清代前期我国国内市场》，《历史研究》1983 年第 1 期；《近代国内市场商品量的估计》，《中国经济史研究》1994 年第 4 期；《十六与十七世纪的中国市场》，《货殖：商业与市场研究》第 1 辑，北京：中国财政经济出版社，1995 年。

② 其中包括：《中国经济史研究的方法论问题》，《中国经济史研究》1992 年第 1 期；《论历史主义》，《中国经济史研究》1993 年第 2 期；《论二元经济》，《历史研究》1994 年第 2 期；《经济学理论与经济史研究》，《经济研究》1995 年第 4 期；《究天人之际，通古今之变》，《中国经济史研究》2000 年第 2 期；《经济史：历史观与方法论》，《中国经济史研究》2001 年第 3 期；以及《西方史学界关于中西比较研究的新思维》，《中国经济史研究》2003 年第 3 期等。

家,《论历史主义》一文所提供给人们的绝不是一个普通史家所能提供的智慧。在历史学与经济学的科际整合上,在运用西方经济学理论研究中国史上,吴承明堪称中国经济史研究之泰斗。

既汲取傅派区域社会研究之所长,又兼具吴派专精经济史之优点,还深刻介入国际史学主流之中,李伯重的一系列社会经济史研究论作代表了当下社会经济史领域最富有活力的部分,[①]其中,《江南早期工业化,1550—1850》和《发展与制约:明清江南生产力研究》两书,已激起学术界的巨大反响。[②] 从问学伊始,李伯重就一直把精力集中在江南区域社会经济史的探索上,从未游离过,从这个角度看,他可以说深得傅衣凌区域史研究之真谛,在"明清江南"这个特定的时空内,他已经做到了"精耕细作"。但他不是一个学术上的"农夫",他的落脚点始终在中国社会的近代变迁上。在江南区域社会内,他探讨最深入的是经济史,尤其是生产力经济史,而对农业生产力的研究,创获最多:多"见前人所少见,发前人所未言"[③]。专家

① 其主要成果有:《唐代江南农业的发展》,北京:农业出版社,1990 年;*Agricultural Development in the Yangzi Delta*,1620—1850(《江南农业的发展,1620—1850 年》),英国麦克米兰出版公司与美国圣马丁出版公司,1998 年;《江南的早期工业化,1550—1850》,北京:社会科学文献出版社,2000 年;《发展与制约:明清江南生产力研究》,台北:联经出版事业公司,2002 年;《理论、方法、发展趋势:中国经济史研究新探》及《多视角看江南经济史,1250—1850》,北京:生活·读书·新知三联书店,2002 年等。

② 相关情况参见:〔日〕斯波义信:《发展与制约:明清江南生产力研究·序》;吴承明:《生产力经济史和区域研究——序〈发展与制约:明清江南生产力研究〉》;以及马敏:《据之于实情:建立中国史学新典范的若干启示——以李伯重〈江南的早期工业化(1550—1850)〉为例》,《历史研究》2003 年第 1 期。

③ 吴承明:《生产力经济史和区域研究——序〈发展与制约:明清江南生产力研究〉》。

断定,李在生产力经济史研究中所体现的方法论,为"中国经济史的研究……开拓了一条道路"。[①] 而与欧美史学的前沿探索同步互动,与国际同行及时对话,将西方学界最新的社会科学理论、方法、概念和成果引进社会经济史研究领域中,则是李伯重最重要的特色。李伯重可以说已经深度介入欧美中国史研究的潮流之中,甚至在以一个中国学者的特有优势引领这种潮流。他对近代化起源的"英国模式""江南道路"和"江南早期工业化"以及与此相关的"资本主义萌芽"和"过密化"等理论的思考与驳议,应该说是深入的,甚至是带有颠覆性的。他的见解在海内外都引起了学术波澜。

中国社会经济史研究是眼下中国史学界的重要潮流。对整个中国史学界来说,这一潮流已有的具体成果或许是次要的,主要的是这一潮流所体现的左右 20 世纪中国史坛的两大史学取向之间的那种合流或会通的趋势。在重材料尚考证的同时,并不轻理论卑方法,仍是这一趋势最重要的特征。现在看来,不是在社会史的其他领域而只有在社会经济史研究中,才能恰到好处地将这两个方面均衡地结合起来,才能实现历史学的社会科学化。尤其重要的是,社会经济史的研究者在这个问题上所表现出的高度的理论方法自觉。

社会经济史学派像史料学派那样,甚或比史料学派更强调和突

---

① 吴承明:《生产力经济史和区域研究——序〈发展与制约:明清江南生产力研究〉》。

出材料的地位和意义。在这方面，吴承明表现得最为充分。他认为：“史料是史学的根本”，应该“绝对尊重史料，言必有征，论从史出”；他甚至倾向于肯定傅斯年的“史学本是史料学”的命题，认为从方法论上说，此一命题道出了“治史必须从治史料始”的“根本”，①并无大错。他还说，“治史要从考证开始”②。经过与理论、史观作用的比较，他认定，“历史研究的唯一根据是史料”③，“治史的唯一根据是你认为可以代表史实的史料，结论只能由实证得出”④。而其他任何史观和理论都是方法，而不能充当根据，“不能从中得出任何结论”⑤，“不能从历史发展规律或经济学的模式中推导出历史来”⑥。由于“史料并非史实”，所以必须考证，对“一个史学工作者来说，不先在史料考证上下一番功夫，没有鉴别考证史料的经验和修养，径行下笔为文，不是真正的史家”⑦。他因此十分推崇实证主义：“史料考证是治史之本，实证主义不可须臾或离”⑧，“实证主义是研究历史

① 吴承明：《中国经济史研究的方法论问题》，《中国经济史研究》1992 年第 1 期。
② 吴承明：《治史要从考证开始——序徐新吾〈中国近代经济史考证和探索〉》，见吴承明：《中国的现代化：市场与社会》，北京：生活·读书·新知三联书店，2001 年，第362 页。
③ 吴承明：《治史要从考证开始——序徐新吾〈中国近代经济史考证和探索〉》，《中国的现代化：市场与社会》，第 363 页。
④ 吴承明：《中国的现代化：市场与社会（代序）》，《中国的现代化：市场与社会》，第13 页。
⑤ 同上。
⑥ 吴承明：《治史要从考证开始——序徐新吾〈中国近代经济史考证和探索〉》，《中国的现代化：市场与社会》，第 363 页。
⑦ 同上。
⑧ 吴承明：《经济史：历史观与方法论》，《中国经济史研究》2001 年第 3 期。

的基本方法，不可须臾或离"①，"实证主义可说是史学的第一原则"②。在他看来，实证主义根本不存在过时的问题："就方法论而言，有新老、学派之分，但很难说有高下、优劣之别"；"新方法有新的功能，以至开辟新的研究领域；但就历史研究来说，我不认为有什么方法是太老了，必须放弃"。③ 这一派学人也清醒地认识到，历史学并不仅仅局限在史料上，尤其是不能仅仅局限在归纳法的使用上。在吴承明看来，历史研究当然主要使用归纳法，因为这一研究"必须从分散的零星的材料入手"。他认为归纳法是有缺点的，"归纳法的最大缺点是，除非规定范围，所得结论都是单称命题，难以概括全体"，这就需要演绎法来施展作用。④ 这一派学人就从这里开始超越主张"材料不够一点也不越过去说"的史料派学人，大步迈向能突破材料局限的理论。

像马克思主义史学家一样突出理论，甚至比他们还更加重视理论，是社会经济史学派的另一典型特征。近 20 年来的社会经济史学家们完全继承了史观派重视理论的优秀传统。上述代表人物，无

---

① 吴承明：《经济史：历史观与方法论》，《中国经济史研究》2001 年第 3 期。在另一篇名为《经济发展、制度变迁和社会与文化思想变迁的关系》的文章中，他还指出："历史研究（不是写历史）是研究过去的、我们还不认识或认识清楚的历史实践，如果已认识清楚，就不要去研究了。因此，实证主义是不可须臾或离的治史方法。"见《吴承明集》，第 349 页。

② 吴承明：《历史实证主义与经济分析——九卷本〈中国经济通史〉总序》，见《吴承明集》，第 337 页。

③ 吴承明：《中国经济史研究的方法论问题》，《中国经济史研究》1992 年第 1 期。

④ 吴承明：《论历史主义》，《中国经济史研究》1993 年第 2 期。

论是傅衣凌,还是吴承明,抑或是李伯重,包括其他人,均十分重视理论,原因可能在于他们均不同程度地受惠于"理论":正是理论使他们超拔于一般史家之上。"资本主义萌芽理论"之于傅衣凌、"计量经济学理论"之于吴承明、"早期工业化理论"之于李伯重,都是昭昭在目的事实。因此,他们认为:"方法论在史学研究中应当占有与历史资料同等重要的地位。"①"理论是断不可少的",因此,"不应当号召学者退回到纯粹的考证工作上去"。② "对于新理论、新方法的出现,应持欢迎的态度。"③由于格外看重理论的价值,他们对 1949年后马克思主义理论占主导地位的历史也甚多持平之论。典型的如:"解放以后,我国史学界接受了马克思主义,并以马克思主义理论作为指导,从而改变了以往'有史无论'的情况。从'没有理论就没有历史'的意义上来说,这是一大进步,和国际史学变革的方向是一致的。其次,马克思主义是人类创造出来的精神财富之一,我国史学界接受了马克思主义史观,和近几十年来国际史坛中马克思主义的影响不断增进的趋势也是一致的。因此全盘否定我国近 40 年形成的马克思主义史学也是轻率的。"④他们与史观派的区别是,他

① 李伯重:《"选精""集粹"与"宋代江南农业革命"——对传统经济史研究方法的检讨》,见《理论、方法、发展趋势:中国经济史研究新探》,第 126 页。

② 李伯重:《"过密型增长"理论与中国经济史研究——黄宗智〈长江三角洲小农家庭与乡村发展,1368—1988 年〉评介》,见《理论、方法、发展趋势:中国经济史研究新探》,第 79—80 页。

③ 李伯重:《对新领域、新内容、新理论、新方法的辛勤探索——斯波义信〈宋代江南经济史研究〉评介》,见《理论、方法、发展趋势:中国经济史研究新探》,第 173 页。

④ 同上书,第 176、161 页。

们并不把"唯物史观"或马克思的经典经济学理论置于最优越甚至更优越的地位上，他们认为所有有助于他们认识研究对象的理论在身份上都是平等的。[①] 他们打出的一面最鲜艳、最醒目的治学旗帜是"史无定法"。

"史无定法"源出于吴承明。[②] 这一治学箴言的提出，是中国现代史学走向成熟的直接证明。"史观派"长期以来一直认定"唯物史观"是唯一科学的历史观，这就排除了其他社会科学理论引入历史研究的可能性；"史料派"则坚决认定"史学只是史料学"，考据是唯一科学的方法，这则从根本上排除了任何社会科学理论进入历史学的可能性。"史无定法"论一出，上述两极端应该俱消失于无形。历史学家为何非要在一棵树上吊死呢？不吊死在史观上，就吊死在材料上，对马克思主义不认可，就非要"回到乾嘉去"，或"回到傅斯年去"，对"乾嘉学派"反感，就要"回到马克思去"，为何非要"不归杨，则归墨"呢？吴承明认为："在方法论上不应抱有倾向性，而是根据所论问题的需要和资料等条件的可能，作出选择。"史料学和考据学的方法、历史唯物主义的方法、社会学的方法、经济计量学的方法、

---

① 　这就是笔者不把他们笼统视为"马克思主义史学家"的基本原因。

② 　在《经济史：历史观与方法论》(《中国经济史研究》2001 年第 3 期)一文中，吴提出："我主张'史无定法'。研究经济史，唯一根据是经过考证的你认为可信的史料，怎样解释和处理它，可根据所研究问题的性质和史料的可能性，选择你认为适宜的方法，进行研究。不同问题可用不同方法；同一问题也可用多种方法来论证，结论相同，益增信心，结论相悖，可智置疑。"另外，在《经济发展、制度变迁和社会文化思想变迁的关系》中，他也说到："'史无定法'，需根据时空条件，问题性质和史料的可能，选用适当的经济理论作为分析方法。"见《吴承明集》，第 350—351 页。

发展经济学的方法、区域经济史的方法,乃至系统论的方法,都在选择之列。[1] 这一派学人还认为,在历史研究中,是否使用理论,取决于我们到底是对一般现象还是对具体经过感兴趣:"如果我们感兴趣的是一般现象,那么就与理论(经济学理论或其他社会理论)有关。否则,通常就与理论无关。"[2]而且在吴承明看来,在研究具体历史问题时,一切理论都可视为方法论:思维的方法或者论证的方法,[3]没有例外。"在经济史的研究中,一切经济学理论都应视为方法论。"[4]即使这样,也"不能把全部经济史建立在某种单一的经济学理论上"[5]。用任何单一理论或单一模式解释历史都不行。这就是所谓"史无定法"的基本含义。祛除了包括唯物史观在内的所有社会科学理论,特别是所有经济学理论的意识形态属性,把所有这些理论都还原为从事历史分析的具体工具,从而为大规模引进和使用西方社会科学通则洞开方便之门,这可能就是"史无定法"论所将起到的革命作用、解放作用。历史学将有望走在更少束缚、更为开阔的道路上。

---

① 吴承明:《中国经济史研究的方法论问题》,《中国经济史研究》1992年第1期。
② 〔美〕约翰·希克斯:《一种经济史理论》,第2页。转引自李伯重:《理论、方法、发展趋势:中国经济史研究新探》,第144页。
③ 吴承明:《经济史:历史观与方法论》,《中国经济史研究》2001年第3期。
④ 同上。
⑤ 吴承明:《历史实证主义与经济分析——九卷本〈中国经济通史〉总序》,见《吴承明集》,第339页。

3. "新史学"归来:社会史研究的繁荣

新时期以来的社会经济史研究代表了一种在史观、史料之间执两用中的健康取向,不过,它自身也存在一定的偏弊。其一,经济史或多或少地带有一种经济决定论的意味,它突出甚至夸张了经济因素在社会历史发展进程中的作用,而对政治、文化等其他方面重视不足,因此它反映的历史面貌是不完整、不全面的。其二,经济史关注的焦点是社会结构、社会制度,主要是经济结构、经济制度等客体因素,在一定程度上埋没、忽略了人的主体作用,也就是说,它的重点在于结构的历史而不是人的历史,这样它就无法深入历史最隐秘的部分——人的心灵世界。① 因此,仅仅有经济史是不够的,时代呼唤一种更全面、更具包容性的"新史学"出现,社会史研究遂应运而生。除了经济史本身固有的弱点之外,对经济史目前的发展趋势也不可不察。在经济史的基本史实大致厘清、一般过程初步勘定之后,它开始从描述转向分析,步入更高级的阶段,因而其发展和突破越来越依赖于经济学理论的进步。现代经济史研究逐渐超越史学范式的支配,日益向经济学靠拢、受经济学主导,其历史学属性有所弱化,与一般历史学的距离正在拉大,或者可以说,作为一个专门领

---

① 关于此点,请参王学典主编:《史学引论》,北京:北京大学出版社,2008 年,第15—50 页。

域而存在、而且随着经济学理论的快速发展而日趋专业化的经济史,充当了即将大举回归的"新史学"的一支先锋队和生力军,而社会史才是"新史学"的主力和中坚。

社会史的复兴是改革开放以来的中国历史学界一个非常引人注目的现象。作为一门显学的"社会史"最能代表 20 世纪后 20 年史学研究的新趋势、新潮流,可以说是当代史学一个标志性领域。伴随着社会史的全面复兴,20 世纪初梁启超倡导的"新史学"理想也终于找到了归宿。

其实,20 世纪 50—70 年代也存在社会史研究,但尚未形成风气,而是依附、寄身于当时若干学术热点问题的研究。此时主要是一种社会形态史、社会发展史。50 年代以后历史研究的"五朵金花"——汉民族的形成、中国历史分期、封建土地所有制、农民战争和资本主义萌芽,后四个均与马克思主义社会史有关。讨论这些问题在一定程度上深化了从马克思主义的观点出发对中国传统社会形态、性质及其发展的认识,但出发点和归宿在诠释一种理论模式,生产方式之外的丰富社会生活史研究少见,诸种社会科学的研究方法难觅,社会史研究基本陷于停滞状态。[①] 此外,需要特别指出的是,改革开放以前这种以社会性质为中心关怀的社会史与马克思主义的关系极为密切。可以说,这段时期的社会史研究基本上是在马克思主义的理论指导下进行的,社会史研究与马克思主义史学是一

---

① 常建华:《中国社会史研究的回顾与展望》,《光明日报》2001 年 3 月 20 日。

种连体共生关系。

纯粹的社会史研究虽未完全绝迹，但已风光不再，零星出现的寥寥几部作品，只可算作1949年前之余烬。20世纪50年代，社会学、政治学等学科被取消，经济学、人类学被替代。社会史的理论源泉就这样被切断了，几乎完全失血的社会史被迫进入了休眠期。作为一个专门领域的社会史学事实上已经不复存在了。值得注意的是，面对如此困境，仍有少数学者在马克思主义史学的滔滔洪流之中，坚持从事比较纯粹的社会史研究。例如，杨宽对先秦礼制、宗法、家族的剖析，陈直对汉代社会生活的探讨，唐长儒对魏晋南北朝士族社会史的考察，以及吴晗对古人日常生活的点滴呈现，包括前面已重点讨论过的傅衣凌的社会经济史研究，等等，这些星星之火尽管难成燎原之势，却有存亡续绝之功，维持社会史传统于不坠。

1986年，社会史迎来了它的春天。社会史以一种独立的姿态开始在中国学术界复兴。1986年10月，由南开大学、天津人民出版社、《历史研究》编辑部等单位共同发起，在天津召开了第一届中国社会史研讨会。这次会议大致上可以看做是学术界有计划地恢复社会史研究活动的开始，吹响了社会史复兴的号角。会前，冯尔康、乔志强等在《光明日报》《百科知识》上先后发表了关于开展"社会史研究"的论文。会后《历史研究》集中刊发了一组讨论"中国社会史研究对象和研究范围"的论文，并且还在《历史研究》1987年第1期发表评论员文章《把历史的内容还给历史》。这在学术界引起了热烈响应。这标志着中国历史学研究理论和方法的新的转向。

由此开始,中国社会史研究日渐繁荣,成为中国史研究领域中最令人瞩目也创获最丰富的方向。

社会史在沉寂了 30 年后的再度崛起是 1949 年以来历史学发展出现的一次战略性调整,但这并不意味着它是一个纯粹的学术事件,恰恰相反,它是以当代中国社会生活、社会结构的剧烈变动为背景的。改革开放以来,整个国家社会的注意力逐步转移到现代化建设上来。特别是到了 1984 年,在中共十二届三中全会上,中央制定了关于经济体制改革的决定,以城市为重点的经济体制改革拉开序幕,改革大潮以汹涌澎湃之势席卷全国。由此迅速推开的社会改革波及了社会生活的方方面面,渗透到每个人的日常生活之中。改革也对人们的思想观念、道德标准、价值取向产生了前所未有的冲击和震撼。于是社会生活的变化成为人们热切关心的问题,而社会史研究正是以社会生活为中心的,能够为理解当下的历史巨变、社会转型提供一种参照。在这样一种大的历史背景下,社会史的名誉得到恢复,并蓬勃开展起来。可以说,社会史的重新启动,是时代的呼唤,是对正在进行的社会变革的一种响应和共鸣。

现在看来,社会史的复兴,不只是产生了一个新的学科分支,开辟了一个新的学术领域,应用了一种新的研究手段,而是具有全局性、整体性意义,对于更新人们的研究传统和研究模式具有根本性的作用。社会史与以往的经济史、政治史、文化史等专史不是一种并列平行的关系,而是处于一个更高的层次,在更高的平台上能够将各种专史加以整合,并且能够实现与其他社会科学门类的整合。

可以说,社会史代表一种全新的史学研究模式,是对以往历史学的再造。再进一步说,社会史的复兴实质上是一种范式革命。既然社会史是一种范式,其主要方法论特征是什么呢? 在我们看来,最主要的有两点:一是跨学科研究,一是民间取向。

　　跨学科特征或称"新的综合",被视为社会史研究最主要的特征之一。① "所谓跨学科研究,是指研究对象、领域之间的交融,两个或多个学科之间有交叉点(重叠部分),这个交叉点常常是学术研究的生长点,新学科、新观点由此产生;同时还指各学科研究法的借鉴。"②跨学科研究是社会史的优势之一,更是"当代社会史研究的最重要的特征之一"③。社会学、经济学、政治学、地理学、心理学、医学、人口学、文化学、统计学、民俗学、民族学等学科的理论方法都值得社会史研究借鉴,只有这样,才能达到社会史所追求的理想目标——总体史,"总体史是一种宏观的理想,为达到这一目标必须在方法论上有切实的突破,于是微观研究与跨学科研究方法的运用成为社会史学最为显著的方法论特色。"④同时,"社会科学尤其关心的是分析现实社会,社会史学者借鉴社会科学,有助于把历史与现实连接起来,从而具有时代感"⑤。近年来社会史学界极力倡导进行跨学科研究,实现多学科的综合。

---

①　池子华、王银:《近年来社会史理论研究述评》,《江海学刊》2004 年第 3 期。

②　冯尔康:《简述文化史与社会史研究的结合》,《历史教学》2001 年第 8 期。

③　行龙:《开展中国人口、资源、环境史研究》,《山西大学学报》2001 年第 6 期。

④　毕苑:《中国社会史研究中的几个问题》,《青海社会科学》2001 年第 4 期。

⑤　常建华:《社会史研究的立场与特征》,《天津社会科学》2001 年第 1 期。

20 世纪 80 年代复兴伊始,为走出理论匮乏、模式单一的怪圈,社会史就致力于多学科方法的引进和应用。到 90 年代中期以后,社会史学的发展突破了单纯注重开拓研究领域的思维,在理论资源方面日益表现出与社会科学对话的趋势。正如论者所指出的:"中国社会史研究的进展,很大程度上在于源源不断接受社会科学的理论与方法,改变观念,与时俱进。因此,坚持与社会科学的对话与结合,应当是社会史研究的基本立场。"①社会科学理论如市民社会和公共领域理论、国家—社会理论、区域社会研究理论大量引入社会史研究领域,为社会史研究提供了新的解释框架。例如,马敏、朱英采用"市民社会"范式对近代商会和绅商的研究,王先明采用社会流动与社会分层概念对近代绅士阶层的研究,冯尔康采用社会结构概念对中国传统社会结构演变的研究,王笛关于长江上游地区公共领域的研究,都表现出强烈的跨学科倾向。

巴勒克拉夫早已指出:"历史学家首先应当面向人类学和社会学去寻找新方向是毫不足怪的。在所有的社会科学中,社会学和人类学在观点上与历史学最为接近。"②在中国社会史研究中,社会学和人类学也成为学者们借力最多的学科。在社会史复兴之初,学者们尤其注重社会学与社会史的"嫁接"。社会学的理论、方法、概念、

———————

① 常建华:《社会科学与中国社会史研究历程》,《中国社会历史评论》第 10 卷(2009 年)。

② 〔英〕巴勒克拉夫:《当代史学主要趋势》,杨豫译,第 76 页。

范畴也广为社会史研究所借鉴。社会学是改革开放以后最先恢复的社会科学学科,社会学的研究对象与社会史接近,"重建的社会学及其广泛的社会学研究,也是促使社会史研究复兴的一个有力因素"①。一些学者甚至因为社会史主要借鉴社会学,而将社会史学看作是社会学研究理论与方法应用于历史学研究的学科。②《中国社会通史》副主编之一朱汉国即认为:"社会史作为社会学与历史学的交叉学科,是历史学的一个分支学科。它区别于其他社会科学的一个显著特点,即是从社会学的视角来观察人类历史上的社会。"③乔志强、陈亚平也说:"中国近代社会史研究的深化已显示出对社会学理论和分析模式强烈的依赖性。那些比较成功的新领域、新观点都是熟练地掌握和运用社会学方法的结果。""社会学中先进的研究方法和理论模式,也改变了传统史学研究手段落后、研究理论单一的缺陷,使历史学对具体社会现象的理解也进一步深化。"④

从历史社会学走向历史人类学,是 20 世纪 90 年代中期以来社

---

① 陆震:《关于社会史研究的学科对象诸问题》,《历史研究》1987 年第 1 期。

② 石谭:《社会史学研究方法评析》,《西北大学学报》1986 年第 4 期。

③ 朱汉国:《关于社会史研究的若干问题——以民国时期的社会史研究为例》,《史学月刊》1998 年第 3 期。

④ 乔志强、陈亚平:《社会史的研究对象、知识体系及其学科地位》,周积明、宋德金主编:《中国社会史论》(上),武汉:湖北教育出版社,2000 年,第 55 页。王先明注意到这一趋势的负面影响,即史学特征的失落,社会史理论架构大体移用社会学框架,使动态发展的"历时态"较强的社会历史变成了"历史上的社会"。社会史逐步成为社会学的历史投影,社会史正在远离史学而趋近于社会学。王先明:《走向社会的历史学——社会史理论问题研究》,开封:河南大学出版社,2010 年,第 89 页。

会史领域内发生的一个方向性调整。近年学术界对历史人类学的关注日益增强。① 从事历史学的学者开展历史人类学的研究,以华南的学者为最早。从 20 世纪 80 年代开始,陈春声、刘志伟、郑振满等与国外人类学学者萧凤霞、科大卫等人开展合作研究。2001 年 2 月"中山大学历史人类学研究中心"正式成立,强调从中国社会历史的实际和中国人自己的意识出发,理解传统中国社会发展的各种现象,在理论分析中注意建立中国人文社会科学研究自己的方法体系和学术范畴。同时,重视民间文献和口述资料的收集和整理,努力使研究中心成为中国历史人类学研究主要的资讯资料中心之一。它标志着人类学与历史学,尤其是与社会史学科整合的一种努力。2001 年 7 月中山大学举行"历史人类学的理论与实践学术研讨会",倡导开展历史人类学研究,会议上也有张小军、刘永华、常建华等人专门讨论历史人类学理论的文章。2003 年《历史人类学学刊》出版,成为中国第一份历史人类学的学术杂志。

在方法层面,历史人类学主张同时运用历史学和人类学的理论和方法,实现相互交叉和双向借鉴。"就历史学而言,历史人类学的特征应该是'从民俗研究历史'。这就是说,我们研究历史首先要从民俗入手,考察不同时期、不同地区的民众的思维习惯和行为习惯,然后把各种民俗现象和宏观历史进程联系起来,揭示民俗所具有的历史意义。在方法论方面,历史人类学应该同时运用历史学和人类

① 仲伟民:《历史人类学:跨学科研究的典范》,《光明日报》2005 年 6 月 30 日。

学的理论和方法。这是因为,历史学擅长对于历史文献的解读和对于历史过程的分析,而人类学擅长对于民俗现象的考察和对于社会文化的分析,只有把二者结合起来,才有可能做到'从民俗研究历史'。"[1]或者说,历史人类学,可以是人类学的历史化,也可以是历史学的人类学化,其前提是民族志方法与历史方法的结合。历史学和人类学可以形成视角互补的优势。人类学的文化论告诉我们,不应轻易地强调历史的不连贯性,而应重视文化(即在历史过程中创造出的结构)在历史过程中可能发挥的持续影响;历史学的过程论则告诉我们,尽管文化的最主要特征在于它的持续性,但它在历史中的影响力(即文化成为意识形态支配力量的影响力),是由特定历史时期中特定的权力(政治、经济和社会力量)格局所规定的。历史学和人类学的辩证,或过程与文化的辩证,不仅为我们提供了新的历史叙述方法,而且也为我们反思支配意识形态开拓了一条新的途径。[2]

与社会学界的冷淡态度不同,一些人类学学者主动将自己的研究同历史学结合起来。王铭铭的《社区的历程——溪村汉人家族的个案研究》一书,以"国家—社会"作为分析框架,以福建溪村陈氏家族社区的经济、文化、社会演变史作为叙述架构,力图从一个家族社区变迁的历史中展现社会的大场景。他强调以经验性的地方史料

---

① 郑振满、黄向春:《文化、历史与国家》,《中国社会历史评论》第5卷,北京:商务印书馆,2003年。

② 杨念群、黄兴涛、毛丹:《新史学》,北京:中国人民大学出版社,2003年。

为基础来自下而上地重新审视地方史的具体过程,类似于社会史的探讨。[1] 而其《逝去的繁荣:一座老城的历史人类学考察》一书,讲述明清以来的泉州城市变迁史,"开拓历史、文化、权力三个概念之间的关系空间,从而为历史人类学的运用提供一个具体研究的范例"。[2] 作者对历史人类学的尝试具有重要的理论与方法的意义。总之,人类学界对历史学研究予以积极的关注和参与,使得社会史的跨学科研究进入了一个新的境界。

受人类学影响,社会史研究的对象和手段也有所更新。人类学重视社区研究,历史学借鉴社会或文化的人类学,也重视田野调查,强调区域或地域的社会史。田野调查方法为历史研究开辟出一片新天地。"人类学研究方法的最大魅力,就是可以使学者获得在书本上根本无法得到的对社会现实问题的亲切体验,从而就能够纠正许多似是而非的理论偏见,使研究更加符合实际。"[3]"在田野调查中,可以搜集到极为丰富的民间文献……可以听到大量的有关族源、开村、村际关系、社区内部关系等内容的传说和故事,对这些口碑资料进行阐释,所揭示的社会文化内涵往往是文献记载所未能表达的。……努力从乡民的情感和立场出发去理解所见所闻的种种事件和现象,常常会有一种只可意会的文化体验,而这种体验又往

---

① 王铭铭:《社区的历程》,天津:天津人民出版社,1997年。

② 王铭铭:《逝去的繁荣——一座老城的历史人类学考察》,杭州:浙江人民出版社,1999年。

③ 钱杭、谢维扬:《传统与转型:江西泰和农村宗族形态——一项社会人类学的研究》,上海:上海社会科学院出版社,1995年,第12—13页。

往能带来新的学术思想的灵感。"①通过田野调查,走进历史现场,可以发现文献记录的缺失,发现大量没有任何记录的碑刻资料、契约文书以及相关历史事件的传说,通过这些田野调查资料,结合各种文献资料,我们就可以最大限度地感知一定历史时期内区域社会中民众生活的状态。② 所以,田野调查方法的广泛采用,根本上改变了过去历史学家以书本文献的研读为中心的工作方式。

运用人类学研究社区历史成为一种时髦。"小社区的典型研究对于理解一个社会内部多种因素的相互关系,从总体上把握社会发展的趋向,具有其他研究所不能取代的意义。而在小社区研究中,田野调查(即人类学家所强调的'参与体验')的方法就成为最基本的工作方式,如果把社区(在实际工作中,可以是一个自然村,也可以是一片有相近文化特征或社会经济联系的地域)理解为构成社会的基本单位,那么通过实地深入观察而获得对社区内部各种社会关系和各种外部联系的了解,对于深化整个社会史的科学认识是有积极意义的。这种小社区的研究实际上已带有揭示'整体历史'的意义,而且这种在较深层次上对复杂社会关系的总体把握,也只有在小社区的研究中才有可能。……在中国社会史研究中,倡导小社区研究和田野调查的根本目的,在于社会史理论的本土化。"③

---

① 陈春声:《中国社会史研究必须重视田野调查》,《历史研究》1993年第2期。
② 〔美〕萧凤霞、包弼德等:《区域·结构·秩序——历史学与人类学的对话》,《文史哲》2007年第5期。
③ 陈春声:《中国社会史研究必须重视田野调查》,《历史研究》1993年第2期。

20 世纪 90 年代中期以来,华南、华北两地的学者开始展开广泛的田野(社会)调查,极大促进了区域社会史的研究。"历史学与其他社会科学的结合"成为中外社会科学学者相互合作的追求。[①]陈春声、郑振满、刘志伟等学者为代表的华南学派使历史人类学研究大放异彩。在华北,区域社会研究和社会调查方法也产生了大批学术成果。如从瀚香主编的《近代冀鲁豫乡村》(北京:中国社会科学出版社,1995 年)、魏宏运主编的《二十世纪三四十年代冀东农村社会调查》(天津:天津人民出版社,1996 年)、乔志强主编的《近代华北农村社会变迁》(北京:人民出版社,1998 年)等。[②] 总的说来,"走进田野"、微观区域研究方法使历史学与社会学、人类学等学科表现出水乳交融的趋势。

社会史研究的另一重要特征就是民间取向。社会史本质上是"民间史",是对以往国家史、政府史的某种反拨。除了学术自身发展的逻辑之外,这种"民间"意义上的社会史的繁荣,实质上是国家与社会正在剥离这一历史大趋势在学术选题上的集中体现。原来,我们一直认为社会可以而且应该完全包融在国家体制之中。现在我们才清楚地看到,这一现象事实上是国家对社会的同化的结果。现在,民间社会正从体制笼罩下逐渐剥离出来。比如,经济领域最

[①] 史克祖:《追求历史学与其他社会科学的结合——区域社会史研究学者四人谈》,《首都师范大学学报》1999 年第 6 期。

[②] 王先明、魏本权:《20 年来中国社会史研究的历程与走向》,《天津社会科学》2005 年第 3 期。

先独立出来，社会生活领域也正在独立出来，各种社团正在形成。各种民间力量的存在，是社会史研究最强大的社会依托，也是社会史学长期繁盛的最主要的原因。一种相对强大的民间社会正在崛起。只要这一趋势继续下去，社会史的繁荣就一定会继续下去。一篇关于地方精英崛起的文章指出，现在地方社会的社会声望、上升机会等主要稀缺资源几乎都已经被新崛起的企业家、商人等地方精英所垄断，基层社会的管理者正在与这些精英互通有无。这将导致地方区域社会发生极大变动。[①] 20 世纪 90 年代以来，宗族史、家族史、区域社会史研究的勃兴，与这种所谓的"地方的觉醒"恐怕有深刻的关联。

与此相联系，最近对乡村社会史的研究亦已形成一个新的势头。对中国乡村特别是对现当代乡村进行社会史的考察，已成为21 世纪初叶中国历史知识的一个增长点。现在，毁灭和新生、未来和历史正同时在乡村交织。乡村的问题可以说蕴涵着中国当前最深刻的问题，乡村趋势的转移意味着中国最深刻的转移。而且，今后中国社会转型的成败，不是取决于城市，而是取决于乡村。乡村的问题，对于中国的学界始终存在着巨大的吸引力。它已经征服了社会学界的学者，也将会征服历史学界、政治学界的学者。发掘乡村的问题，不仅仅是中国历史学界的知识增长点，很可能也是整个

---

① 孙立平：《改革前后中国大陆国家、民间统治精英及民众间互动关系的演变》，《中国社会科学季刊》（香港）1994 年春季卷。

中国社会科学的知识增长点。比如,秦晖对"关中模式"的探讨、陈春声对华南乡村社会民间信仰的人类学阐释、马新对两汉时期乡村社会结构的研究,都是较为成功的例子。

值得强调的是,一些传统的研究对象可以、也完全应该在新的研究方法的框架内得到新的阐释,例如"农民战争",它本来是一种民间现象,一种下层民众的本能反抗,一种发源于乡村的暴动,但过去却把它纳入政治史范畴来研究,这样乡民的生存状态与心理状态都没有得到应有反映,而且每一次农民暴动都写得千篇一律,因为研究者要把农民暴动与历史发展动力联系起来。人们对这样的研究早已审美疲劳。但是,以往农民战争史研究所内含的"从下往上看"的遗产,特别是对历代农民战争史资料整理的遗产,却不能忽略,而应将这些遗产放在社会史,特别是乡村社会史的范畴内重新予以消化,以期使这枝"明日黄花"绽放异彩。

例如,20世纪90年代的义和团研究发生的最重要变化,就是视野的转换,主要是将义和团置于社会史视野之内。如路遥所言,过去我们"往往惯于纯从'反帝斗争'的视角和"阶级斗争视角"去观察义和团,结果往往导致"把奇幻诡异的历史画面简单化",而无法揭露历史深处的隐秘。更好的做法是:"在考察这一复杂的历史事件时……应从社会结构、文化心态、民俗传统、地域环境以及各种社会力量之间相互关系等多层次、多观角去探幽。"换句话说,应把义和团从过去的政治或意识形态平台移置到现在的社会史的学术平台上去观察和评价。一旦这种"移置"完成,传统的义和团运动就会呈现出更丰富的面貌。这些社会史主题下的研究,给学界更深入、更精细、更恰切、更平实地从学术层面上估价义和团运动的性质与意义提供了众多有说服力的细节,在很大程度上修正了传统的历史画面。①

　　除了上述两大特征之外,社会史研究还有一个比较重要的方面值得强调,即对于理论与史料关系的认识和处理更为圆融。社会史研究不拒绝理论,也离不开理论。② 但与改革开放前相比,社会史研究应用的理论越来越多样化,而不再局限于马克思主义学术谱系之内,甚至可以说,社会史的发展,很大程度上是由于在马克思主义学术谱系外广泛采集社会科学理论而取得的。从社会史的兴起开始,中国近代史研究的理论和方法日新月异,大量引入西方学者的理论模式,如施坚雅的"区域经济理论"、萧公权与周锡瑞等的"士绅社会"理论、罗威廉的"市民社会"分析、黄宗智的"经济过密化"分析、杜赞奇的"权力的文化网络"及乡村基层政权"内卷化"的研究、吉尔兹的"地方性知识"、艾尔曼的"文化资本"解释方法等。③

　　在史料应用上,与民间取向相关联,社会史研究对民间史料进行了前所未有的挖掘和解读。社会史学在技术方法上的一个重要特点,是以民间史料为主,即主要利用非官方的历史记述材料,如家

---

　　①　详参王学典：《20 世纪中国史学评论》,第 286 页。
　　②　参见赵世瑜：《社会史研究呼唤理论》,《历史研究》1993 年第 2 期.
　　③　当然,一些研究中存在照搬西方理论的现象。详见黄国信、温春来、吴滔：《历史人类学与近代区域社会史研究》,《近代史研究》2006 年第 5 期。

谱族谱、文集笔记、报刊传单、戏剧唱本、蒙学读物、民间善书、神话传说、民谚俚语、野史小说，以及实地调查，即使利用一些官方资料，也主要是从中搜求有关民间的记述，如方志、判案记录及近代以后的社会调查报告中的民间情况。这当然是由社会文化史主要关注民众这一特点所决定的。① 郑振满则指出："对民间文献的兴趣和对资料的重新理解，催生了历史人类学。"②

　　总体来看，复兴后的社会史在理论和史料两方面都有相当大的推进。正因如此，复兴的社会史才取得了下述一批有代表性的专题研究成果：如葛剑雄等对中国人口史及移民史的研究③，冯尔康、常建华等对宗族社会、清代社会生活的研究④，刘泽华对传统社会"士"的研究⑤，彭卫、宋德金等对婚姻史的研究⑥，朱凤瀚、谢维扬对商周

①　李长莉：《社会文化史的兴起》，《天津师范大学学报》2003 年第 4 期。
②　〔美〕萧凤霞、包弼德等：《区域・结构・秩序——历史学与人类学的对话》，《文史哲》2007 年第 5 期。
③　参见葛剑雄：《中国人口发展史》，福州：福建人民出版社，1991 年；葛剑雄等：《中国移民史》（六卷），福州：福建人民出版社，1997 年；以及葛剑雄主编《中国人口史》（六卷），复旦大学出版社，2001 年。
④　参见冯尔康等：《中国宗族社会》，杭州：浙江人民出版社，1994 年；冯尔康《中国古代的宗族与祠堂》，北京：商务印书馆，1996 年；常建华：《宗族志》，上海：上海人民出版社，1998 年；冯尔康、常建华：《清人社会生活》，天津：天津人民出版社，1990 年；另外，徐扬杰的《中国家族制度史》（北京：人民出版社，1992 年）则是这方面通史性质的著作。
⑤　参见刘泽华：《士人与社会・先秦卷》，天津：天津人民出版社，1988 年；《士人与社会・秦汉魏晋南北朝卷》，天津：天津人民出版社，1992 年，以及阎步克：《士大夫政治演生史稿》（北京：北京大学出版社，1996 年）等相关著作。
⑥　参见彭卫：《汉代婚姻形态》，西安：三秦出版社，1988 年；宋德金：《金代的社会生活》，西安：陕西人民出版社，1988 年及陈鹏：《中国婚姻史稿》，北京：中华书局，1994 年。

家族形态的研究①，马新、齐涛对汉唐乡村社会的研究②，唐力行等对商人，特别是对徽商的研究③，马敏等对晚清"绅商"和"商会"的研究④，陈支平、郑振满等对福建家族势力的研究⑤，陈春声等对华南民间信仰的研究⑥，蔡少卿、路遥等对近代帮会和秘密社会的研究⑦，李文海对近代灾害的研究⑧，乔志强等对近代华北乡村社会的研究⑨，胡新生对先秦巫术的研究⑩，高世瑜对古代妇女的研究⑪，赵

---

① 参见朱凤瀚：《商周家族形态研究》，天津：天津古籍出版社，1990 年；谢维扬：《周代家庭形态》，北京：中国社会科学出版社，1990 年。

② 参见马新：《两汉乡村生活史》，济南：齐鲁书社，1997 年；齐涛：《魏晋隋唐乡村社会研究》，济南：山东人民出版社，1995 年。

③ 参见唐力行：《商人与中国近世社会》，杭州：浙江人民出版社，1993 年；《商人与文化的双重变奏：徽商与宗族社会的历史考察》，武汉：华中理工大学出版社，1997 年。

④ 参见马敏：《官商之间：社会剧变中的近代绅商》，天津：天津人民出版社，1995 年；《过渡形态：中国早期资产阶级构成之谜》，北京：中国社会科学出版社，1994 年。

⑤ 参见陈支平：《近 500 年来福建的家族社会与文化》，上海：上海三联书店，1991 年；《福建族谱》，福州：福建人民出版社，1996 年；郑振满：《明清福建家族组织与社会变迁》，长沙：湖南教育出版社，1992 年。

⑥ 参见陈春声：《灶神崇拜与社区地域关系——樟林三山国王的研究》（收入《中山大学史学集刊》第 2 辑，广州：广东人民出版社，1994 年），《商人庙宇与"地方化"——樟林大帝庙、天后宫、风伯庙之比较》（香港"商人与地方文化"学术研讨会论文，1994 年 8 月）及徐晓望：《福建民间信仰源流》（福州：福建教育出版社，1993 年）等相关成果。

⑦ 参见蔡少卿：《中国秘密社会》，杭州：浙江人民出版社，1989 年；《中国近代会党史研究》，北京：中华书局，1987 年；蔡少卿主编：《中国秘密社会概观》，南京：江苏人民出版社，1998 年；路遥：《山东民间秘密教门》，北京：当代中国出版社，2000 年。

⑧ 参见李文海：《近代中国灾荒纪年》，长沙：湖南教育出版社，1990 年；《近代中国灾荒纪年续编》，长沙：湖南教育出版社，1993 年；《灾荒与饥馑：1840—1919》，北京：高等教育出版社，1991 年；《中国近代十大灾荒》，上海：上海人民出版社，1994 年。

⑨ 参见乔志强主编：《中国近代社会史》，北京：人民出版社，1992 年。

⑩ 参见胡新生：《中国古代巫术》，济南：山东人民出版社，1998 年。

⑪ 参见高世瑜：《中国古代妇女生活》，北京：商务印书馆，1996 年；《唐代妇女》，西安：三秦出版社，1988 年。

世瑜对庙会、寺庙与民间文化的研究等[①],都是其中引人注目的成果;《中国社会史论》一书则较为充分地汇集了学界在本领域内所付出的努力以及所能企达的高度。[②] 所有这些成果都既非传统的史料派所能范围,亦非原有的史观派所能涵盖,严格地说,它们都是跨学科、跨学派的产物。而最近杨念群倡导的"新社会史"研究及其所提供的范本,已把社会史研究带入一种更加国际化、社会科学化的新境界,展示了这一学科的广阔前景。

社会史是改革开放后兴起的一股重要史学思潮和流派,它不是无中生有、空穴来风,而是与现代中国史学的若干潮流有所瓜葛、有所交涉,特别是它与中华人民共和国成立以来居于主流地位的马克思主义史学的关联,实在无法回避。社会史复苏之初,它与马克思主义史学相互缠绕,关系非常密切。复兴的社会史起初是对原有的马克思主义史学研究模式的补充,基本上仍属于马克思主义史学范围。但学者们的具体看法存在不小的差异。田居俭旗帜鲜明地主张社会史研究应以马克思主义为指导原则。他认为,马克思主义最先指出"不仅要分析社会生活的经济方面,而且必须分析社会生活的各个方面",其理论方法是中国社会史研究的指南。[③] 这可能是最

---

① 参见赵世瑜:《狂欢与日常——明清时期的庙会与民间文化》,北京:生活·读书·新知三联书店,2002年。

② 周积明、宋德金主编:《中国社会史论》(上下卷),武汉:湖北教育出版社,2000年。

③ 田居俭:《深入开展社会史之我见》,《光明日报》1989年5月3日;《关键还是以马克思主义为指导》,《历史研究》1993年第2期。

正统的意见了。常建华的分析更为细致，他指出，马克思主义社会理论主要表现在广义的宏观社会史方面，所建构的社会历史理论模式为"骨架"的社会史，没有具体"社会生活"的系统论述，它还需要补充作为"血肉"的狭义社会生活、生活方式的内容。20世纪80年代以前的中国社会史研究带有宏观社会史和通史的特点，依据的是马克思主义的"社会经济形态演进"的理论，是生产方式发展史。80年代初中国学术界开始重新思考社会史研究的问题，试图建立以社会生活、生活方式为主要内容的新社会史。① 这就是说，马克思主义对社会史的影响是有一定范围和限度的，80年代以后的社会史更像是对传统马克思主义史学的一种修正和补充。

事实上，马克思主义与社会史有一种内在的关系。甚至可以说，正是马克思主义催生了近代的社会史研究。这一点在西方史学界也是如此："从历史学本身的发展进程来看，正是马克思、恩格斯最先自觉地从事'社会史'研究，并确立了科学的社会史研究范式、方法、角度，从而为西方社会史学的兴起提供了历史的和理论的印证。无论是从'社会史'学术概念的提出，还是从社会史研究范围和方法来说，马克思、恩格斯都是先行者。"从历史学的角度现在可以说，马克思的社会史研究是唯物史观建立的学术前提，唯物史观在马克思、恩格斯的社会史研究中得以丰富、发展和修正；强调马克思主义对社会史学科建设具有指导性的意义，在社会史学理论体系的

---

① 常建华：《中国社会史研究的回顾与展望》，《光明日报》2001年3月20日。

构建中,马克思主义还将展示其独特的理论魅力和威力。具体来说,系统、科学的马克思主义理论是我国社会史学全面健康发展的思想武器;马克思、恩格斯关于社会史学术概念和许多有关社会史研究的具体论述,对于开拓社会史研究领域,创建社会史理论体系,具有直接的理论启迪意义;任何新的研究方法及其理论概念的引入,都不能取代马克思主义的理论指导作用。[①]

当然,有的学者也觉察到社会史与马克思主义之间的部分紧张关系。蒋大椿指出,随社会学复兴而兴盛的社会史热潮,形成了对传统唯物史观的强大冲击。流行的唯物史观的主要不足之一是忽视作为社会历史主体的人。而社会史的研究取向正是侧重研究社会历史主体的人。新时期中国社会史学的三种基本理论主张,以冯尔康为代表的社会生活、社会关系说,以乔志强为代表的社会构成、社会生活、社会功能说,都主张社会史是一门着重研究历史主体——人的专门史。以陈旭麓为代表的学派则将社会史视为一种通史研究的视角和理论模式,这种对社会史的理解,也是不满于传统唯物史观社会历史视域的不够全面,而力求扩充历史研究领域,其所扩充的历史内容,主要也正是社会主体人的生存和生活方式的发展。社会史研究者没有采取与传统唯物史观对立的态势,而主要

---

① 王先明:《马克思主义与社会史理论》,周积明、宋德金主编:《中国社会史论》(上),武汉:湖北教育出版社,2000 年,第 120—152 页。

采取扩充历史研究领域内容的方式以强调历史主体人的研究。[①] 可以说，社会史学的兴起，是对传统马克思主义史学的纠偏补弊。

20 世纪 80 年代东山再起的社会史并非对马克思主义史学的挑战和反叛，而仍属于广义的马克思主义史学的一部分。它反对僵化教条的传统模式，给马克思主义史学注入了新的生机。社会史的勃兴可以说是马克思主义史学内部的一次自我调整。不过，后来社会史学的开放性、综合性越来越强，不拘守马克思主义一家，广泛吸取各种社会科学理论。终于，附庸蔚为大观。目前的新一代社会史研究者，忙于引进和应用流行的西方理论学说，表面上已经远离、淡忘了马克思主义，似乎社会史与马克思主义史学再也没有任何瓜葛了。其实不然。尽管目前社会史学呈百花齐放之势，马克思主义不再具有绝对性影响，但马克思主义的理论传统仍然存续，经济生产、阶级结构的研究依旧是社会史学中不可或缺的一个方面。[②] 社会经济史的长期繁荣就是一个有力的佐证。

20 世纪 50—70 年代以社会形态史、社会发展史为主导的社会史学基本属于史观派之一支，20 世纪 80 年代尤其是 90 年代以来的社会史学的学派性大大弱化，很难确切归入史观派或史料派，但有一点非常明显，就是它接续了 20 世纪初梁启超倡导的"新史学"

---

① 蒋大椿：《当代中国史学思潮与马克思主义历史观的发展》，《历史研究》2001 年第 4 期。

② 老一代社会史学者仍然坚持主张社会形态史的研究。参见何兹全：《研究人类社会形态、结构及其发展规律是社会史研究的主流》，《天津社会科学》2001 年第 4 期。

理想,并成为实现这种理想的主要载体。这点目前已成学界的共识。"20 世纪的中国社会史研究始终以新史学的面目出现,其研究视野之新、研究对象之新、研究方法之新,推动了历史学的前进。""'新'是社会史学的生命。"①"社会史学'概念,就是对于本世纪史学发展'新方向'及其在研究对象、方法、理论、范畴上具有新特征的'新史学'进行概括的一个具有实在内容的学术定义。"②社会史使中国的历史学研究内容实现了三大转向:由精英的历史转向普通民众的历史、由政治的历史转向日常社会生活的历史、由一般历史事件转向了重大的社会问题。③ 显而易见,这与 20 世纪初梁启超的"新史学"追求的目标基本一致,他们属于同一谱系。而且,"新史学"的推展是以社会史为突破口的。

二者的关联性还体现在对总体史的强调上。从中国近代史学发展的内在理路看,从梁启超当年所提倡的"新史学"到如今的"新史学",其实存在某种承继关系和内在渊源。概而言之,是从单一的王朝史、政治史向文化史、经济史和社会史等"综合"的历史发展。20 世纪初,梁启超"新史学"的实质,即是要突破以王朝兴替为中心的旧史藩篱,拓宽史学的视野,重新厘定"什么是历史",发起所谓"史界革命"。梁氏主张"新史学"应从"君史"转向"民史",写"国家"与"国民"、写"群"与"社会",而这种史学的特征应为"会人类全体而

---

① 常建华:《20 世纪中国社会史研究》,《中国社会史论》,第 217 页。
② 王先明:《关于社会史的学科定位问题》,《社会科学战线》1998 年第 3 期。
③ 王先明:《中国近代社会史研究的历程及走向》,《历史教学》2007 年第 7 期。

比较之,通古今文野而视察之。内自乡邑之社团,外至五洲之全局,上自穷古之石室,下至今日之新闻"都在研究之列。这为 20 世纪下半叶以"整体史"为职志的社会史开启了先河。① 这也就是说,作为流派和范式意义上的社会史与"新史学"是分不开的。"新史学"思想的实践必然导致社会史,也必然导致从社会史的角度去改造传统的政治史、经济史等。②

社会史并不完全等同于现代"新史学",而是绵延不断的"新史学"思潮的一部分。"新史学的整体观把社会看成是一个内部包括多种结构要素的、相互联系的、相互影响的、多层次的统一体。既为宏观、综合的总体史研究提供了思想前提,产生出像《15 至 18 世纪的物质文明、经济和资本主义》这样的鸿篇巨制,又给各种专题的、微观社会史研究的发展扫清道路","新史学开创的史学研究新范式,是对传统历史学的'事件叙述'编史学方法的一场革命。新史学把社会学、人类学、心理学、经济学等社会科学的研究方法引进社会史研究,发展出综合的、整体把握和分析社会的方法论体系,社会史的整体研究才得以实现",但"社会史研究在方法上倚重新史学范式,并不意味着新史学就等于社会史"。③

应当看到,社会史已成为历史研究的主导性方向,在很大程度上重新塑造了历史研究的基本格局。以中国近现代史来说,20 世

---

① 马敏:《商会史研究与新史学的范式转换》,《华中师范大学学报》2003 年第 5 期。
② 赵世瑜:《再论社会史的概念问题》,《历史研究》1999 年 2 期。
③ 陈亚平:《社会史研究的整体性刍论》,《天津社会科学》2002 年第 3 期。

纪 50—80 年代的中国近代史研究,政治史范式代表了主流方向,基本以帝国主义侵略和封建压迫与中国人民反帝反封建"两个过程"作为基本线索和分析框架,具体表现为"三大高潮、八大运动"的革命史叙事脉络。20 世纪 80 年代复兴的中国近代社会史,研究的理念、视角和方法均发生了根本性变化,打破了以往简单化、教条化的"革命史"和"阶级斗争史"模式,建构起新的知识体系,并由此丰富、深化、扩展了中国近代史的内容,实现了由"革命史"向"整体史"或"社会史"的转型。这一变化具有"革命性"的意义。如果说"革命史"代表了 80 年代之前的中国近代史研究的主流趋向的话,那么,社会史就标志着"新时期"中国近代史研究的主要方向和发展趋势。社会史的兴起,对于整个中国历史学而言,具有划时代的意义。① 正是社会史研究,完成现代中国史学的一次革命性的范式转换,使"新史学"理想终于找到了自身的归宿。

总之,复兴的社会史是发轫于 20 世纪初的"新史学"在更高层次上的回归,是当下的"新史学"。与早期的"新史学"着力于理念的传播和现成叙事框架的套用不同,近年的社会史研究已经有了难以计数的实际成果作支撑,在逐步发现中国社会历史自身的独特性。"新史学"随着社会史研究的完善而日趋成熟。从更长的时段来看,社会史研究从属于史撰传统。特别是在社会史兴起之际,人们多怀

---

① 王先明:《中国近代社会史研究的历程及走向》,《历史教学》(高校版)2007 年第 7 期。

抱从新的视角重写历史的雄心。[①] 同时,社会史学使历史研究回到了历史过程本身。社会史学虽高度重视史料的发掘和清理,但不以此为满足,而是借助现代社会科学理论的指引,努力解读史料文本背后隐藏的历史本相。社会史学是以人类社会历史生活为中心的研究。社会史学与"新史学"同向同行,使历史研究回归主干道上来。

《新史学》发表 100 年后,2002 年学界举办了"中国需要什么样的新史学——纪念梁启超《新史学》发表一百周年"的活动。这一活动旨在推动人们要继续沿着"科际整合"的"新史学"之路往前走。参加这一活动的有来自文史哲、政经法以及社会学人类学民俗学等九大学科的学者,这大概颇能体现梁氏早年引众多学科之公理公例入史的"新史学"要义。这说明,以梁启超为代表的"新史学"并没有在拉开中国现代史学的帷幕之后就匆匆退场,更没有在随后崛起的"新汉学"的冲击和倡导者的纷纷易帜之下销声匿迹,相反,它早已

---

①　赵世瑜在关于 20 世纪中国社会史研究综述中提到,近 20 年来的社会史著作,其中通史性著作有龚书铎总主编,曹文柱、朱汉国副总主编的《中国社会通史》8 卷(太原:山西人民教育出版社,1996 年),断代通史著作则有李泉、王云、江心力编著的《中国古代社会史通论》(天津:天津人民出版社,1996 年)、乔志强的《中国近代社会史》(北京:人民出版社,1992 年)、马新的《两汉乡村社会史》(济南:齐鲁书社,1997 年)、齐涛的《魏晋隋唐乡村社会研究》(济南:山东人民出版社,1995 年)、张研的《清代社会的慢变量》(太原:山西人民出版社,1999 年)及陈旭麓的《近代中国的新陈代谢》(上海:上海人民出版社,1992 年)、张静如的《北洋军阀统治时期中国社会之变迁》(北京:中国人民大学出版社,1992 年)。此外,还有一批相当有水平的断代史或专门史著作,虽未自诩为社会史研究,没有按照某些社会学概念分类,但实际上论及的内容却也与前者异曲同工,如晁福林的《夏商西周的社会变迁》(北京:北京师范大学出版社,1996 年)、朱瑞熙的《宋代社会研究》(郑州:中州书画社,1983 年)、李文海的论文集《世纪之交的晚清社会》(北京:中国人民大学出版社,1995 年)等。从严格意义上说,这些著作实际上具有重写过去的通史或断代史的意义。

以另外的形式进入中国现代史学的主流之中,并参与塑造了这一主流史学,因为它代表着现代史学一个光辉的有生命力的方向。

不过,学术演化中的轮回常常与变革相伴随。100年后中国史学的发展毕竟翻开了新的一页,而不是简单地退回到最初的起点。20世纪的主导学术理念和研究模式面临挑战,如历史进化论、历史目的论、历史决定论和历史科学性遭受严重的质疑。在后现代思潮的激荡之下,西方学术正在经历一场深刻的变动,中国史学也将会随之出现大幅度的调整。进入21世纪以后,中国史学产生了一些引人注目的新变化,社会史学的发展出现了一些新的动向,其中"新文化史"和"新社会史"格外显眼,得到众多学者的广泛关注和热烈呼应。

结　语

在结束了对20世纪中国史学的发展历程，特别是"新史学"和"新汉学"的百年轮回的回顾之后，让我们回到本书引言中提到的"史学是什么"的问题上来。大致而言，史观派和史料派所塑造的"新史学"和"新汉学"，分别代表了一个完整的现代史学结构的两翼：一是历史研究的新范式，一是文献整理的新范式；一重依据"公理公例"的"演绎"，一重"有一分材料说一分话"的"归纳"；一在历史本身的探究，一在历史知识的检讨；一在开辟新途接轨国际，一在传承古典上接传统。因此，虽然在势力上两者往往此消彼长，但在本质上，实乃相辅相成、互为补充、缺一不可。尽管如此，这两翼之间似乎仍有轻重缓急、主要次要、直接间接之别，历史研究必须以研究历史本身为依归，对文献的清理和辨证，最终是为了捕捉隐蔽在文献背后的事实和相关的历史文化信息。应该看到，史料学派所致力的"古籍整理""文本考据"和众多的"史料学"范畴内的工作，仍会长久地甚至永远地存在下去——以"文献"为中心的各种工作事实上是没有止境没有尽头的，其基础性作用毋庸置疑。但是，以"文献"为中心的各种工作不应成为现代史学的主流和正统，不应成为现代史学的最高价值和终极理想。因为虽然史学离不开"文献"和"史料",但史学毕竟不是"史料学"和"文献学"。历史研究的根本宗旨是从属于对历史本体的说明和调查,是对研究对象的过去和现在作出贯通性解释,也就是司马迁所说的"通古今之变",若能从中抽象出具有普适性意义的"公理公例"当属更高境界。

在这一方面,胡适晚年弟子唐德刚对作为史料派主帅胡适的反省,对我们这里所谈论的问题具有深刻的启示意义。唐氏认为,"史学里本有'史实'和'释史'两个重要部门。史学家治学的目的第一便是在追求真实的历史;第二便是把可靠的历史事实'概念化',以期逐渐摸索出历史事实演变中可能存在的'客观规律'"①。唐德刚据此得出,当年"胡适的正当工作,应该是在新兴底社会科学的光芒照耀之下,把三千年中国的历史经验作一总结,从而抽出一条新的东方法则来,以成一家之言。然后有系统地引导我们底古老社会走向现代化的将来"②。但胡氏不作此图,却沉迷于"拿证据来"的学问。但这种学问研究的并非历史本身。史料和史观相辅相成缺一不可,在性质上却仍有若干不容忽视的差异。诚然目前传统的文史考证学大行其道,但绝不可贬低社会科学化史学。毕竟,史学的终极指向是对历史本身的叩问和探寻。

史观派和史料派所致力的"新史学"和"新汉学",是既各有所长又互相激荡的两种史学形态——它们本身并非互相排斥乃至无法

① 唐德刚:《当代中国史学的三大主流——在中国留学生历史学会成立会上的讲辞原稿》,《史学与红学》,桂林:广西师范大学出版社,2006年,第1页。
② 唐德刚:《胡适杂忆》,第58页。

兼容，它们实际上代表了中国现代史学演进的两条基本路径。当代
史学的发展和演变，仍以"新史学"和"新汉学"为背景。史观派和史
料派经过一个多世纪的演化和沉淀，如今已经发生深刻蜕变并各有
归宿。也就是说，在当今的史学界或学术界，我们已经难以寻觅当
年典型的史观派和史料派。这两种史学形态已经融入当代的知识
形式中去了。包括当年轰轰烈烈的"马克思主义史学"如今也已面
目全非，很难指认。具体说来，由梁启超所开创的"新史学"，中经
"唯物史观派史学"，如今已经开花结果为"中国社会经济史研究"
"中国经济史研究""明清江南经济史研究""区域社会史研究""乡村社
会史研究""历史人类学研究""新社会史研究""妇女史研究"和"新文
化史研究"等史学分支，这些史学分支大都受到海外中国学，特别是美
国中国学的强烈范导。以海外汉学中的"妇女史研究"为例，从时间线
上划分，则有先秦、两汉、魏晋、唐、宋、晚清帝国时期和民国的分段；从
研究对象上说，则除了"江南闺秀""缠足""内闱女塾师""女性旅行者"
这些大热的题目外，过去较少为人所知的产婆、女同性恋、悍妇和海外
女留学生等中国女性的生存生活状态，也开始在多种社会史著作中呈
现。从 20 世纪 90 年代开始，海外中国妇女研究进入了一个"先进
阶段"。①

　　但也必须看到，这些史学分支也大都秉承了"唯物史观派史学"

---

　　①　鲍晓兰：《美国的中国妇女研究动态分析》，李小江、朱虹、董秀玉编著：《平等与
发展》，北京：生活·读书·新知三联书店，1997 年，第 361—84 页。

的遗产:第一,"经济"是社会历史变化的初始因素,仍是眼下各类经济史学的基本预设;第二,写"自下而上"的民众史、民间史、社会生活史,仍是各类社会史研究者的工作旨趣;第三,从具体的研究路径看,各类社会史和各类经济史,均以国际上尤其是欧美学者所发现的"公理公例"为"参照",来探讨中国具体的"经济现象"和"社会现象",换句话说,在"归纳"与"演绎"这两条路径中,他们与那些先驱者们一样,更偏重于以"公理公例"为依据的"演绎"——"以社会科学治史"或"社会科学化史学",从根本上讲,所遵循的是"从一般到个别"的"演绎"路径。而这一路径的最初开辟,不能不追溯到梁启超的"新史学"和所谓的"马克思主义史学"或"唯物史观派史学"。

如同"新史学"已经严重分化与蜕变一样,"新汉学"所发生的变化也同样深刻而剧烈。在当今的中国文史学界,已经没有人继续认为文史研究应该"不立一真惟穷流变",专注于文献了,尤其是已经没有人继续主张"史学就是史料学"了。那么,当年胡适、顾颉刚、傅斯年引领的史料考订之学究竟花落何处了呢?它也同样分化到若干具体知识门类中去了。事实上,史料学派最重要的学术遗产已经归并到当今的"古籍整理"学科中来了。① 也就是说,当今的"古典文

---

① 胡适早把"乾嘉汉学"的主要业绩概括为"有系统的古籍整理"。见《胡适的自传》,见葛懋春、李兴芝编:《胡适哲学思想资料》下册,第215页。翦伯赞也指出:"乾嘉学派也留下了光辉灿烂的成绩。这种成绩,直至现在还被视为中国学术中之最珍贵的遗产。他们对于史学的贡献,也有不朽的劳绩,特别是对于史料的搜集和考证。不过,他们的努力也就止于史料的整理而已。""所谓乾嘉学派的史学,其全部内容,就是史料的考证与整理;而史料之考证与整理,又偏于文献学方面。"《正在泛滥中之史学的反动倾向》,《文萃》1947年第15、16期合刊。

献学"和"历史文献学"专业所致力的"古籍整理"工作,以及与这种
"古籍整理"相关度较高的文字学、音韵学、训诂学、辨伪学、校勘学、
版本学、目录学、金石学、年代学、史源学等,可以说是当年史料派事
业的主体部分。

　　两汉时期的"经学"、乾嘉时期的"乾嘉汉学"、"五四"时期的"新
汉学"所致力的文献整理,则一直被视为当时学问的主体甚或全部。
历史地看,这本无可指责,特别是在"两汉经学"和"乾嘉汉学"当令
时期,因为除此之外,当时基本上没有其他学问可言。但最晚到"五
四"前后,情况即已发生了巨变:"文本考据"已变为现代学术构成中
的一个部分、治学过程中的一个初始和基础环节,在"文本考据"之
外和之后,一个更大的学问世界已经显露出来,这就是对"文本"生
存于其中的社会生活本身的研究——梁启超"新史学"所面对的主
要对象。这也是现代历史研究何以会从以书本为本位转向以问题
为中心了。①　面对这一学术变局,当时的一部分人,如梁启超、郭沫
若、陶希圣等立即投身到了新的研究中去,开辟了中国社会经济史
研究的新领域;另一部分人如胡适、顾颉刚、傅斯年等则以特有的傲
慢和自负,千方百计维持"文本考据"的正统地位和主流身份,淡化
甚至鄙视对社会生活的研究。直至今天,一些视"文本考据"为学问
正统的学人仍对"社会史"等相关研究持有这种"傲慢"和"自负"。

---

　　①　参见陈雯怡:《从"以书为本位"到"历史问题"的探索——陈述在史语所时期的
学术发展》,台北"中研院"历史语言研究所编印中央研究院历史语言研究所七十周年纪
念文集《新学术之路》,1998 年,第 508 页。

如同"两汉经学"的主要业绩是整理和编辑文献,"乾嘉汉学"的主要业绩是"整理古书"一样,接踵其后的"新汉学"及整个史料派的主要业绩也是传承古学,并在"历史演进观"的指导之下致力于文献年代的考订和相关史实的清理,煌煌七大册《古史辨》,是这一方面业绩的结晶和标志,也是"新汉学"及史料派典范的集中展示,更是今天"古籍整理"的先驱——虽然今天的"古籍整理"已走向更技术化更专业化更形式化的道路。但我们必须承认,"古籍整理"及其辅助学科仅是今天的文史学术大框架中的一个组成部分——是文史研究的初步工作,文史研究的主体部分应是对古典文献所著录所附着所反映的原始事实和观念事实的探究。

总之,作为一种研究传统的"新汉学"及史料考订之学并没有退隐,而是有了明确的学科归属,终于修成正果了。它与历史学分流,另起炉灶而为文献学一科。落户于文献学的"新汉学"及史料考订之学已经独立化、专门化了,形成了自身的一套价值理念和技术规范,拥有自己的领土,基本实现自治。文献学是一门工具学问,与文、史、哲诸科不是一种并列关系,而是一种交叉关系,它涉及多个领域,很多学科都有文献整理研究这样一个基础层次。自立门户的文献学不必依附于史学,或试图吞并史学,而是已经成为史学友好的邻居而不再是相互争夺地盘的对手了。这或许是"新汉学"及史料考订之学最好的归宿。

史观派与史料派之间学术取径的差异,来源于它们的发祥地之间的差异。综观20世纪中国现代史学的发展流变,可以发现,它实际上存在着"海外"和"本土"两个发祥地。中国现代史学是循着两条路径而不是一条路径产生、形成并一步步发展起来的：一条是由海外移植而来，一条是从本土经学亦即乾嘉学派一步步蜕变而来。准此而言，由外烁而形成的史学就是典型的史观派的"新史学"，由内生而形成的史学，则为史料派的"新汉学"或新考据学。

　　由这种"路径依赖"所致，史观派的"新史学"一直与海外史学的演变密不可分。梁启超等的"新史学"最初主要外烁于"东洋史学"，之后到了 20 世纪 20 年代末 30 年代初，则更多地接受了"西洋史学"的影响——先是美国鲁滨逊的"新史学"，继之以马克思的社会经济史和唯物史观，再往后则接受了苏联史学的支配，至于近 30 年，中国"新史学"派的后裔们则又重新回到了西洋史学，特别是美国中国学的轨道上——中国社会史研究的"复兴"与深入，每一步都和美国中国学的典范性导引密切相关。① 这本没有什么可奇怪的，史观派的新史学本身从根上起就含有西方史学的基因——"以社会科学治史"为本质特征的社会经济史是西方的史学传统，它在中国出现，完全是横向移植的结果。所以它在此后的发展也不能不依靠"西方"，因为在"新史学"所研究的对象和问题上，"西方"总是先我们一步。

---

　　① 唐德刚认为中国史学现代化是由"中国学""逐渐导引出来的"，20 世纪 30 年代是"现代西方中国史学派收获最丰盛的季节"。而改革开放后，中国史学再次受到了"中国学"的深刻影响。参见唐德刚：《当代中国史学的三大主流——在中国留学生历史学会成立会上的讲辞原稿》，《史学与红学》，第 8 页。

如果说史观派从一开始就眼光向外的话,那么,史料派的"新汉学"从一开始就立足本土,特别是本土的文籍考订。因为文籍考订、古典整理在中国有着源远流长的传统,至少从孔子即已发端,到汉代则进入第一个高潮,"现存的古书莫非汉人所编定"。直至清代,由秦火和年代久远所造成的古籍的错简残缺才基本达到可读的程度,"清代三百年的学者已把古书整理得很清楚了"。但"清代学者信而好古,他们在'汉人近古,其说必有所据'的前提之下工作",[①]所导致的是汉学特别是东汉之学的复兴。用西汉之学打破东汉之学,进而再用战国之学打破西汉之学,"用了文籍考订学的工具冲进圣道王功的秘密窟里去",从中"夺出真正的古文籍",以"替文籍考订学家恢复许多旧产业",[②]则是"整理国故"运动特别是"古史辨"的宗旨所在。史料派的"新汉学"所接续的主要就是这种源远流长、再度复兴的"文籍考订学"。所以,它对中国传统而言,基本上是一脉相承、顺流而下,立足本土自是其必然的选择。

史料学派的"新汉学"主要植根于本土传统,并不意味着就与西学完全隔绝,相反,它也极力依傍西学,如胡适的"新汉学"派时刻不忘标榜自身与西学的契合。而傅斯年领导的史语所从事的历史语言学及考古发掘,也主要是受到西方古典学的启发。连"古史辨"派

---

① 顾颉刚:《古史辨第四册顾序》,见《顾颉刚古史论文集》,第 239、241 页。
② 顾颉刚:《古史辨第二册自序》,见《顾颉刚古史论文集》,第 209 页。

也不能完全摆脱与日本汉学的牵连。① 向西方学习、与国际接轨成为转型期中国史学的强大动力。正如许冠三所说：所有新史学流派"莫不因应于西潮的冲击而生，或以洋为师……或以洋为鉴或挟洋以自重"②。所以，西方史学构成中国史学嬗变的重要背景，从而也是观测衡估中国史学发展状况的基本参照系。因此，我们有必要对20世纪西方史学（包括西方汉学）演变的基本趋势有所认识，对西方史学在中国学术界传播的基本状况有所把握。③

依据目前学术界对西方近现代史学史的研究和认知，在20世纪前四分之三的时间里，西方史学经历了一场根本性、方向性的变动，即兰克史学的地位日益动摇，新史学派崛起和壮大。随着学派的升降浮沉，历史学研究的风气和模式也大大改观，研究范围由政治史拓展为社会史、民众史，方法也由史料考证向社会科学化过渡，这些变化标示了此时历史学领域的新趋势。

兰克史学是西方传统史学的集大成者，19世纪的西方几乎是兰克史学的一统天下。然而到19世纪末20世纪初，兰克式传统史学的弊端日益显露，批评和质疑之声也越来越大，越来越广，遍布欧美各国，汇成一股强大的潮流。德国兰普勒希特的"新型文化史"、法国亨利·贝尔的《历史综合杂志》、美国鲁滨逊的"新史学"，都充

---

① 参见陈学然：《中日学术交流与古史辨运动：从章太炎的批判说起》，载朱渊清主编：《新史学发覆》，上海：中西书局，2019年，第66—148页。

② 许冠三：《新史学九十年》自序，长沙：岳麓书社，2003年，第2页。

③ 参见李孝迁：《西方史学在中国的传播》，上海：华东师范大学出版社，2007年。

当了新史学的先锋。正如伊格尔斯所言,20 世纪初,"在世界许多国家几乎同时出现对德国'科学'史学派统治的有意识的挑战"[①]。1929 年,吕西安·费弗尔和马克·布洛克创办《经济社会史年鉴》,法国乃至整个西方世界最有代表性的流派——年鉴学派由此诞生。这标志着西方史学开始进入一个新的时代。以年鉴派为代表的新史学开疆拓土,步步推进,最终从边缘进入中心,成为西方史学的主力军。可以说,19 世纪是兰克学派的世纪,20 世纪则是新史学的世纪。

与西方史学的这种新旧更替相对应,20 世纪的西方汉学也正酝酿着一场变革。20 世纪初国际汉学的泰斗是法国的沙畹。沙畹"使其有效的研究方法系统化并将文献学(即小学)的新正统观念传播给了下一代研究工作者。这种文献学的方法和学术研究在大多数的研究领域里占据了无可争议的主导地位,直至第二次世界大战"[②]。此时,汉学家们主要运用语文考据方法,研究兴趣集中在文字学、考古学等领域。到了 20 世纪三四十年代,由费正清奠基的美国中国学开始脱离欧洲汉学走向独立,一种新的取向诞生了。它与传统汉学风格迥然不同。美国中国学"属于地区研究范畴,是一门以近现代中国为基本研究对象,以历史学为主体的跨学科研究的学

[①] Georg. G. Iggers and Harold T. Parker, *International Handbook of Historical Studies*, London: Methuen & Co Ltd, 1980, pp. 4-6.

[②] 〔美〕韩大伟:《西方古典汉学史回顾:传统与真实》,《清华汉学研究》第 3 辑,第 86 页。

问。它完全打破了传统汉学的狭隘的学科界限,将社会科学的各种理论、方法、手段融入汉学研究和中国历史研究之中,从而大大开阔了研究者的研究视野,丰富了中国研究的内容"①。美国对中国的研究使用多种学科的方法,如历史学、政治学、经济学、人类学、社会学、地理学、语言学、心理学等方法,研究内容也从以前的古典文献和古代历史为主,转为以当代中国问题和中国近代史为主。美国称中国学为"中国研究"(Chinese Studies),而不再沿用欧洲的"汉学"(Sinology)之名,最终完成了由传统向现代的转型。当时的美国中国学"凭借雄厚,朝气弥漫,骎骎乎有凌驾欧人之势"②。

二战以后,国际汉学发生了重大转向。美国中国学增高继长迅速上升,法国汉学在世界汉学的中心地位被美国所取代。与此相应,学术风格也发生了根本转换,重视考古和文献考证的传统方式日渐式微,社会科学化成为汉学研究的主导趋势。③

不过,有的学者认为,从欧洲汉学蜕变为美国中国学是一种倒退。④

① 侯且岸:《费正清与中国学》,李学勤主编:《国际汉学漫步》上卷,石家庄:河北教育出版社,1997年,第13页。

② 莫东寅:《汉学发达史》,北平:文化出版社,1949年,第150—151页。

③ 王晴佳注意到,"在哈佛大学,只有研究中国近代、现代史的教授,才在历史系任职,而研究中国传统文明的学者,则在'(远东)东亚文明与语言系'供职"。王晴佳:《中国文明有历史吗——中国史研究在西方的缘起、变化及新潮》,《清华大学学报》2006年第1期。其实不独哈佛,今日美国高校已大多如此。

④ 桑兵指出:"与巴黎汉学相比,美国中国学仍有两方面根本倒退,其一是对中国文化与历史的认识重新回到封闭与停滞的观念。其二,将中国研究由对人类文化的认识,重新降为功利目的的工具。"以及"在表面的独立之下,长期存在简单移植和模仿欧洲社会人文科学理论模式的弊端"。《国学与汉学——近代中外学界交往录》,杭州:浙江人民出版社,1999年,第21—22页。

但我们应该看到,美国中国学毕竟植根于西方学术传统,美国中国学家在语言文化方面也存在先天形成的隔膜,其研究不能令我们完全满意实属正常。而且,在我们看来,美国中国学的正面价值和建设意义远远大于它自身的缺陷。美国中国学不但运用了新的研究工具,开辟了新的研究领域,使学术与现实的联系更加密切,更值得一提的是,由于社会科学的渗透,中国学研究的概念化、理论化程度大幅度提升。美国中国学家提炼出的一系列用以把握、分析中国社会历史现象和问题的概念、范畴,尤其是中层理论,具有极强的诠释效力,如黄宗智的"过密化"理论,为人们认识历史提供了深刻的洞察力。[①] 这是以往实证取向的欧洲传统汉学无法比拟的。仅此一端,已足以使美国中国学领先、凌驾于欧洲传统汉学之上。

如果将 20 世纪前四分之三时段内中西史学的发展做一对比,不难发现:尽管具体过程千差万别,各有曲折,但其总体趋势是一致的,都是由传统史学向新史学转型过渡。其中,由梁启超肇端的史观派"新史学",与法国年鉴学派何其相似!二者从治史理念、为学旨趣到作业方式都如出一辙。他们都力图使历史研究社会科学化,都是对以考证史料、编年纪事为学术宗旨的传统史学的颠覆。

"现代史学近百年来一马当先的是社会经济史。"[②]"自从 19 世

---

① 杨念群就指出美国中国学这种概念化倾向并予以充分肯定,见杨念群:《昨日之我与今日之我——当代史学的反思与阐释》,北京:北京师范大学出版社,2005 年,第 9—11 页;《中层理论——东西方思想会通下的中国史研究》,南昌:江西教育出版社,2001 年,第 42、204 页。

② 唐德刚:《胡适杂忆》,北京:华文出版社,1992 年,第 148 页。

纪末年以来",历史研究的"重点已经转移到经济史和社会史",^①有
学术史家断言:"十九、二十世纪之交,法国的、比利时的、美国的、斯
堪的那维亚的、甚至于德国的历史学家们就已经开始批判兰克式的
范型,并召唤着一种能解说各种社会经济因素的历史学了。"^②这说
明,整个 20 世纪的国际学术潮流是属于新史学的,新史学本身就是
这一潮流的产物。"新史学"后来以唯物史观派史学为形式的东山
再起,也绝非偶然。唯物史观派在"民国时期的'新汉学'之外,又开
启了一个新的知识方向,铸造了一个'年鉴派史学'那样的知识范
式"^③。因此,史观派的新史学代表了一种富含生机的新潮流。而史
料学派恰与以兰克集大成的西方传统史学相契合,二者皆重客观实
证,以史料为中心。但在 20 世纪初,西方兰克史学已是强弩之末,
受到来自各方面的质疑和挑战,是一种衰落中的旧潮流。因之,"新
汉学"、史料派虽为民国时期的学术主流,20 世纪 90 年代"新国学"
又铺天盖地卷土重来,但它们都绝非新潮流。

　　史观派的"新史学"符合国际学术潮流的根源在于它顺应了社
会历史潮流、社会历史大势。随着辛亥革命的成功、帝制的覆灭,随
着"五四"时期"劳工神圣"口号的提出和"平民主义"观念的普及,尤
其是随着"工人罢工"和此后的"湖南农民运动"在历史舞台上的出
现,普通民众的作用于是被发现,民众在历史上的地位也因此同时

---

① 〔英〕沃尔什:《历史哲学——导论》,何兆武、张文杰译,第 185—186 页。
② 〔美〕伊格尔斯:《二十世纪的历史学》,何兆武译,"绪论"第 6 页。
③ 王学典:《翦伯赞学术思想评传》,北京:北京图书馆出版社,2000 年,第 378 页。

进入了人们的视野，"历史的范围扩大了，历史的基础雄厚了，历史民主化了"①。与这一点相应，发生在西方的下述变化也以同样的逻辑在现代中国展开："在经济方面，工业革命的发生和进展，使西洋由中古式的农村经济社会踏进了近代工商社会。马克思看出生产技术和生产方式的改变对于文化进展的重要性，创唯物史观学说，指出了经济因素的重要性。历史学家受到了时代思潮的影响，渐放弃以前专以政治军事为主的历史而以经济的发展为主要的脉络了。"②中国社会经济史研究的兴起显然也以经济事实特别是由农业经济向工业经济的转型对日常生活的日益显著的改变作用为基础。随着现代化因素的增多和现代化进程的加快，随着机器大工业优势的显现，必然是学界对经济因素、生产工具作用的重视，这样，社会经济史研究的出现和繁荣就是难以阻挡的了。而研究经济史、社会史及其他相关的历史，不能不借鉴参考经济学、社会学、人类学及其他相关的"公理公例"，这样，"以社会科学治史"潮流的出现也就不可阻挡了。

在 20 世纪走向尾声之际，我们曾对未来中国历史学的前景做出展望：随着 21 世纪到来，新一轮的"新史学"将成为史学界主流。这种"新史学"将呈现下列特征：历史观念上的反机械决定论倾向，方法论上的科际整合倾向，课题选择上的向民间社会还原倾向。所

① 齐思和：《近百年来中国史学的发展》，《燕京社会科学》1949 年第 2 卷。
② 同上。

谓"反机械决定论"倾向,就是摆脱作为科学的"机器范式"投影的机械论世界观对人们头脑长达几个世纪的控制,正视不确定因素在具体历史进程中的作用,加强对历史上的"可能的世界"的研究,恢复人作为历史创造、历史选择主体的尊严。所谓科际整合倾向,主要是指加强历史学与人类学、社会学、心理学、经济学、政治学诸学科的交叉、互渗,使用上述学科的理论模型、基本概念、分析工具,诠释复杂的历史现象,力求获得历史研究的新结论。所谓"向民间社会还原"的倾向,就是历史学从主要研究政治史、事件史、战争史等转向对基层社会、民间社会、区域社会的研究,从把注意力胶着在精英集团、大人物转向对普通民众日常生活、衣食住行的关切,重现小人物们对历史变革的经历和感受。[①] 如今,20 世纪已经画上句号,21 世纪也走过了五分之一的行程,上述预言已大多成为现实,历史学发展的总趋势并未发生根本改变。中国的新史学终于进入一个健康、合理的轨道,它的运行也与世界史学潮流越来越趋近了。

---

① 王学典:《中国当代史学思想的基本定向——就二十世纪后半期中国史学主潮答客问》,《文史哲》1996 年第 6 期。

参 考 文 献

一、资料

1. 报刊

《建设》《动力》《食货》《前进》《文史》

《新生命》《新思潮》《新中华》《益世报》《大公报》

《读书杂志》《中国经济》《中国社会》《中国农村》《文化批判》

《文史杂志》《历史科学》《东方杂志》《自修大学》《二十世纪》

《中山文化教育馆季刊》《中国近代经济史研究集刊》《思想与时代》

《文史哲》《新建设》《新史学通讯》《历史研究》

《历史教学》《江海学刊》《人民日报》《光明日报》《文汇报》《进步日报》

2. 文集、专集

《梁启超史学论著四种》,岳麓书社,1998 年。

《章太炎全集》,上海人民出版社,1984 年。

刘师培:《刘师培全集》,中共中央党校出版社,1997 年。

傅杰编:《王国维论学集》,中国社会科学出版社,1997 年。

欧阳哲生主编:《胡适文集》,北京大学出版社,1998 年。

欧阳哲生主编:《傅斯年全集》,湖南教育出版社,2003 年。

《陈寅恪史学论文选集》,上海古籍出版社,1992 年。

《范文澜全集》,河北教育出版社,2002 年。

《吕振羽全集》,人民出版社,2014 年。

《朱谦之文集》,福建教育出版社,2002 年。

刘寅生、房鑫亮编:《何炳松文集》,商务印书馆 1997 年。

吴晗:《吴晗史学论著选集》,人民出版社,1984 年。

王传编校:《陈啸江史学论文集》,上海古籍出版社,2018 年。

《童书业史籍考证论集》,中华书局,2005 年。

梁方仲:《梁方仲经济史论文集》,中华书局,1989 年。

谷霁光:《谷霁光史学文集》(1—4 卷),江西人民出版社、江西教育出版社,1996 年。

夏鼐:《夏鼐文集》(上、中、下),社会科学文献出版社 2000 年。

张海鹏主编:《刘大年全集》,湖北人民出版社,2019 年。

左玉河主编:《黄敏兰史学文集》,社会科学文献出版社,2021 年。

杨倩如整理:《冉昭德文存》,山东大学出版社,2014 年。

顾颉刚等:《古史辨》(1—7),上海古籍出版社,1982 年。

高军编:《中国社会性质问题论战(资料选辑)》,人民出版社,1984 年。

中国农村经济研究会编:《中国农村社会性质论战》,上海新知书店,1935 年。

钟离蒙、杨凤麟主编:《中国现代哲学史资料汇编》(第 2 集第 4、5 册),辽宁大学哲学系,1981 年。

钟离蒙、杨凤麟主编:《中国现代哲学史资料汇编续集》(第 13、14 册),辽宁大学哲学系,1984 年。

三联书店编辑:《胡适思想批判(论文汇编)》(第一辑),北京:生活·读书·新知·三联书店,1955 年。

王学典、陈峰编:《二十世纪中国史学史论》,北京大学出版社,2010 年。

孝孝迁编校:《中国现代史学评论》,上海古籍出版社,2016 年。

侯建新主编:《经济—社会史——历史研究的新方向》,商务印书馆,2002 年。

台北"中央研究院"历史语言研究所七十周年纪念文集《新学术之路》,台北"中央研究院"历史语言研究所编印,1998 年。

3. 传记、年谱、书信

《胡适口述自传》，华文出版社，1989年。

罗志田：《再造文明之梦：胡适传（修订本）》，社会科学文献出版社，2015年。

顾潮：《我的父亲顾颉刚》，中国大百科全书出版社，2020年。

顾潮：《顾颉刚年谱》，中国社会科学出版社，1993年。

王学典、孙延杰：《顾颉刚和他的弟子们》，山东画报出版社，2000年。

马亮宽：《傅斯年评传》，中国社会科学出版社，2014年。

陆键东：《陈寅恪的最后20年》修订本，生活·读书·新知三联书店，2013年。

钱穆：《八十忆双亲·师友杂忆》，生活·读书·新知三联书店，1998年。

贾振勇：《郭沫若的最后29年》，中国文史出版社，2005年。

林甘泉、蔡震：《郭沫若年谱长编（1892—1978）》，中国社会科学出版社，2017年。

谢保成：《郭沫若学术思想评传》，北京图书馆出版社，1999年。

张传玺：《新史学家翦伯赞》，北京大学出版社，2006年。

王学典：《翦伯赞学术思想评传》，北京图书馆出版社，2000年。

朱政惠：《吕振羽学术思想评传》，北京图书馆出版社2000年。

杜运辉：《侯外庐先生学谱》，中国社会科学出版社，2013年。

苏双碧主编：《吴晗自传书信文集》，中国人事出版社，1993年。

黄仁国：《刘大年年谱》，人民出版社，2017年。

周秋光、黄仁国：《刘大年传》，岳麓书社，2009年。

彭剑整理：《章开沅口述自传》，北京师范大学出版社，2015年。

郭沫若：《海涛》，新文艺出版社，1951年。

侯外庐：《韧的追求》，生活·读书·新知三联书店，1985年。

陶希圣：《潮流与点滴》，台北传记文学出版社，1979年。

贺渊：《陶希圣的前半生》，新星出版社，2017年。

杨宽：《历史激流中的动荡和曲折——杨宽自传》，台北时报文化出版公司，1993年。

罗尔纲：《师门五年记·胡适杂忆》，生活·读书·新知三联书店，1995年。

葛剑雄：《悠悠长水：谭其骧传》，广东人民出版社，2014年。

赵俪生：《篱槿堂自叙》，上海古籍出版社，1999年。

童教英：《从炼狱中升华——我的父亲童书业》，华东师范大学出版社，2001年。

张耕华：《人类的祥瑞——吕思勉传》，华东师范大学出版社，1998年。

顾一群等：《王礼锡传》，四川大学出版社，1995年。

何炳棣：《读史阅世六十年》，广西师范大学出版社，2005年。

高增德、丁东编：《世纪学人自述》，北京十月文艺出版社，2000年。

张世林编：《学林往事》，朝华出版社，1998年。

《中国当代社会科学家》，书目文献出版社，1983年。

刘启林主编：《当代中国社会科学家》，社会科学文献出版社，1992年。

耿云志、欧阳哲生编：《胡适书信集》，北京大学出版社，1996年。

陈智超编注：《陈垣来往书信集》，上海古籍出版社，1990年。

王汎森、潘光哲、吴政上主编：《傅斯年遗札》，社会科学文献出版社，2015年。

李璜：《学钝室回忆录》，传记文学出版社，1973年。

李季：《我的生平》，上海亚东图书馆，1932年。

《李宗侗自传》，中华书局，2010年。

〔美〕马紫梅：《时代之子——吴晗》，中国社会科学出版社，1996年。

二、著作

杜维运：《史学方法论》，台北华世出版社，1979年。

张耕华：《历史学的真相》，东方出版社，2020年。

赵轶峰等：《历史理论基本问题》，东北师范大学出版社，1994年。

李泽厚:《中国现代思想史论》,东方出版社,1987 年。

郭湛波:《近五十年中国思想史》,山东人民出版社,1997 年。

伍启元:《中国新文化运动概观》,现代书局,1934 年。

张太原:《从思想发现历史:重寻"五四"以后的中国》,中华书局,2016 年。

陈平原:《中国现代学术之建立》,北京大学出版社,1998 年。

左玉河:《从四部之学到七科之学:学术分科与近代中国知识系统之创建》,上海书店,2004 年。

冯天瑜:《"封建"考论》(修订版),中国社会科学出版社,2010 年。

胡一峰:《中国"社会发展史"话语考论(1924—1950)》,花木兰文化出版社,2018 年。

刘龙心:《知识生产与传播:近代中国史学的转型》,台北三民书局,2019 年。

王学典:《二十世纪后半期中国史学主潮》,山东大学出版社,1996 年。

王学典:《20 世纪中国史学评论》,山东人民出版社,2002 年。

王学典:《新史学与新汉学》,上海古籍出版社,2013 年。

罗志田主编:《20 世纪的中国:学术与社会》(史学卷),山东人民出版社,2001 年。

罗志田:《权势转移:近代中国的思想、社会与学术》,湖北人民出版社,1999 年。

罗志田:《近代中国史学十论》,复旦大学出版社,2003 年。

蒋俊:《中国史学近代化进程》,齐鲁书社,1995 年。

许冠三:《新史学九十年》,岳麓书社,2003 年。

张书学:《中国现代史学思潮》,湖南教育出版社,1998 年。

王汎森:《中国近代思想与学术的系谱》,河北教育出版社,2001 年。

王汎森:《古史辨运动的兴起》,允晨文化实业有限公司,1987 年。

桑兵:《国学与汉学——近代中外学界交往录》,浙江人民出版社,1999 年。

桑兵:《晚清民国的国学研究》,上海古籍出版社,2001 年。

桑兵:《治学的门径与取法——晚清民国研究的史料与史学》,社会科学文献出版社,2014年。

瞿林东:《20世纪中国史学发展分析》,北京师范大学出版社,2009年。

谢保成:《增订中国史学史》,商务印书馆,2016年。

胡逢祥等:《中国近现代史学思潮与流派(1840——1949)》,商务印书馆,2019年。

李洪岩:《史学史话》,社会科学文献出版社,2000年。

李红岩:《中国近代史学论》,中国社会科学出版社,2011年。

李红岩:《马克思主义史学思想史》第4卷,中国社会科学出版社,2015年。。

桂遵义:《马克思主义史学在中国》,山东人民出版社,1992年。

陈启能等:《马克思主义史学新探》,社会科学文献出版社,1999年。

逯耀东:《何处是桃源——习史论稿》,幼狮文化事业公司,1977年。

张剑平等:《新中国历史学发展路径研究》,人民出版社,2012年。

林甘泉等:《中国古代史分期讨论五十年》,上海人民出版社,1982年。

张广志:《中国古史分期讨论的回顾与反思》,陕西师范大学出版社,2003年。

蒋海升:《"西方话语"与"中国历史"之间的张力——以"五朵金花"为重心的探讨》,山东大学出版社,2009年。

王彦辉,薛洪波著:《古史体系的建构与重塑——古史分期与社会形态理论研究》,开封:河南大学出版社,2009年。

陈峰:《民国史学的转折——中国社会史论战研究1927—1937》,山东大学出版社,2010年。

杜学霞:《史殇:二十世纪五六十年代的史学研究》,国家行政学院出版社,2013年。

洪认清:《抗战时期的延安史学》,安徽大学出版社,2006年。

洪认清:《中国史学思想会通·近代史学思想后卷》,福建人民出版社,

2018 年。

陈其泰主编:《20 世纪中国历史考证学研究》,北京师范大学出版社,2004 年。

朱发建:《中国近代史学"科学化"进程研究》,湖南师范大学出版社,2005 年。

李孝迁:《域外汉学与中国现代史学》,上海古籍出版社,2014 年。

李孝迁、胡昌智:《史学旅行:兰克遗产与中国近代史学》,上海人民出版社,2021 年。

陈勇:《钱穆与 20 世纪中国史学》,九州出版社,2017 年。

李政君:《变与常:顾颉刚古史观念演进之研究(1923—1949)》,中国社会科学出版社,2020 年。

周书灿:《徐中舒史学研究》,科学出版社,2022 年。

石莹丽:《梁启超与中国现代史学——以跨学科为中心的分析》,中国社会科学出版社,2010 年。

尚小明:《北大史学系早期发展史研究》,北京大学出版社,2010 年。

王东杰:《国家与学术的地方互动:四川大学国立化进程(1925—1939)》,生活·读书·新知三联书店,2005 年。

刘小云:《学术风气与现代转型:中山大学人文学科述论(1926—1949)》,生活·读书·新知三联书店,2013 年。

赵庆云:《创榛辟莽:近代史研究所与史学发展》,社会科学文献出版社,2019 年。

尤学工:《20 世纪中国历史教育研究》,中国社会科学出版社,2014 年。

王晴佳:《台湾史学五十年(1950—2000):传承、方法、趋向》,麦田出版社,2002 年。

王晴佳:《西方的历史观念:从古希腊到现代》,华东师范大学出版社,2002 年。

姚蒙:《法国当代史学主流》,三联书店(香港)有限公司,1988 年。

罗凤礼主编:《现代西方史学思潮评析》,中央编译出版社,1996 年。

徐浩、侯建新:《当代西方史学流派》,中国人民大学出版社,1996 年。

张广智主著:《西方史学史》,复旦大学出版社,2000 年。

张广智主编:《史学之魂:当代西方马克思主义史学研究》,复旦大学出版社,2011 年。

李勇:《鲁滨逊新史学派研究》,安徽人民出版社,2004 年。

〔美〕李怀印:《重构近代中国——中国历史写作中想象与真实》,中华书局,2013 年。

〔德〕罗梅君:《政治与科学之间的历史编纂——30 和 40 年代中国马克思主义历史学的形成》,孙立新译,山东教育出版社,1997 年。

〔德〕施耐德:《真理与历史——傅斯年、陈寅恪的史学思想与民族认同》,关山、李貌华译,社会科学文献出版社,2008 年。

〔英〕巴勒克拉夫:《当代史学主要趋势》,杨豫译,上海译文出版社,1987 年。

〔美〕伊格尔斯:《二十世纪的历史学》,何兆武译,辽宁教育出版社,2003 年。

〔美〕乔伊斯·阿普尔比等:《历史的真相》,中央编译出版社,1999 年。

〔日〕石川祯浩:《中国共产党成立史》,袁广泉译,社会科学出版社,2006 年。

王奇生:《革命与反革命:社会文化视野下的民国政治》,社会科学文献出版社,2010 年。

孙江:《镜像中的历史》,北京师范大学出版社,2018 年。

钱理群、黄子平、陈平原:《二十世纪中国文学三人谈·漫说文化》,北京大学出版社,2019 年。

陈徒手:《故国人民有所思:1949 年后知识分子思想改造侧影》,北京:生活·读书·新知三联书店,2013 年。

三、论文

周予同:《五十年来中国之新史学》,《学林》第 4 期,1941 年 2 月。

齐思和:《近百年来中国史学的发展》,《燕京社会科学》1949 年第 2 卷。

齐思和:《现代中国史学评论》,《大中》1 卷 1 期,1946 年 1 月。

余英时:《中国史学的现阶段:反省与展望》,载《史学与传统》,台北时报出版公司,1982 年。

余英时:《史学、史家与时代》,载《中国史学论文选集》(第 2 辑),台北幼狮文化事业公司,1983 年。

葛兆光:《〈新史学〉之后——1929 年之后的中国历史学界》,《历史研究》2003 年第 1 期。

罗志田:《史料的尽量扩充与不看二十四史——民国新史学的一个诡论现象》,《历史研究》2000 年第 4 期。

王学典:《"二十世纪中国史学"是如何被叙述的——对学术史书写客观性的一种探讨》,《清华大学学报》2008 年第 2 期。

王学典、孙延杰:《实证追求与阐释取向之间的百年史学》,《文史哲》1997 年第 6 期。

王学典、陈峰:《一个从无到有的独立学门——近三十年中国大陆史学理论研究》,《消解历史的秩序》,山东大学出版社,2006 年。

蒋大椿:《当代中国史学思潮与马克思主义历史观的发展》,《历史研究》2001 年第 4 期。

李振宏:《当代中国史学范式状况的评估与改善》,《天津社会科学》2018 年第 6 期。

李振宏:《六十年中国古代史研究的思想进程》,《历史学评论》2013 年第 1 卷。

陈峰:《陈寅恪"预流"说辨析》,《清华大学学报》2011 年第 5 期。

陈峰:《正统之外的典范:民国学者陶希圣对唯物史观的认知与运用》,《史学月刊》2020 年第 6 期。

陈峰、董彩云:《"革命学术"与"学术革命":共和国初期人文学术转型的双重解读》,《山东社会科学》2022 年第 4 期。

俞旦初:《二十世纪初年中国的新史学思潮初考》,《史学史研究》1982 年第 4 期。

王晴佳:《中国二十世纪史学与西方——论现代历史意识的产生》,《新史学》第 9 卷第 1 期,1998 年 3 月。

李伯重:《20 世纪初期史学的"清华学派"与"国际前沿"》,《清华大学学报》2005 年第 5 期。

李剑鸣:《欧美史学的引入与中国史家的话语权焦虑——一个当代学术史的考察》,《清华大学学报》2022 年第 1 期。

赵世瑜、邓庆平:《二十世纪中国社会史研究的回顾与思考》,《历史研究》2001 年第 6 期。

李根蟠:《二十世纪的中国古代经济史研究》,《历史研究》1999 年第 3 期。

向燕南:《20 世纪二三十年代中国新社会科学运动与史学发展的新境界》,《江海学刊》2008 年第 3 期。

曹天忠、杨思机《"现代史学派"与中国现代史学的"社会科学化"》,《思与言》第 2 期第 44 卷,2006 年 6 月。

杨念群:《中国人文学传统的再发现——基于当代史学现状的思考》,《中国人民大学学报》2015 年第 6 期。

杨念群:《中国历史学如何回应时代思潮(1978—2008)》,《天津社会科学》2009 年第 1 期。

王东:《中国当代史学的困境与误区》,《河北学刊》1996 年第 1 期。

王东:《放宽视野 拓展路径——马克思主义史学史研究二题》,《中共党史研究》2020 年第 3 期。

王东杰:《"故事"与"古史":贯通二十世纪二三十年代"疑古"和"释古"的一条道路》,《近代史研究》2009 年第 2 期。

王东杰:《走向多元动态的思想史》,《历史研究》2005 年第 6 期。

王东杰:《"价值"优先下的"事实"重建:清季民初新史家寻找中国历史"进化"的努力》,《近代史研究》2012 年第 3 期。

潘光哲:《学习成为马克思主义史学家——吴晗的个案研究》,《新史学》第 8 卷第 2 期,1997 年 6 月。

潘光哲:《郭沫若与〈甲申三百年祭〉》,《"中央研究院"近代研究所集刊》第 30 期,1998 年。

叶毅均:《范文澜与整理国故运动》,《近代史研究》2018 年第 1 期。

叶毅均:《走向革命:1920 年代范文澜急遽政治化的历程》,《中山大学学报》2019 年第 3 期。

陈其泰:《建国后十七年史学"完全政治化"说的商榷》,《学术研究》2001 年第 12 期。

卜宪群:《新中国 70 年的史学发展道路》,《当代中国史研究》2019 年第 5 期。

邓京力:《重新评价农民战争的历史价值》,《河北学刊》2002 年第 4 期。

李金铮:《向"新革命史"转型:中共革命史研究方法的反思与突破》,《中共党史研究》2010 年第 1 期。

黄道炫:《关山初度:七十年来的中共革命史研究》,《中共党史研究》2020 年第 1 期。

王和、周舵:《试论历史规律》,《历史研究》1987 年第 5 期。

王和:《再论历史规律——兼谈唯物史观的发展问题》,《清华大学学报》2008 年第 1 期。

赵世瑜:《再论社会史的概念问题》,《历史研究》1999 年第 2 期。

赵世瑜、邓庆平:《二十世纪中国社会史研究的回顾与思考》,《历史研究》2001 年第 6 期。

常建华:《社会科学与中国社会史研究历程》,《中国社会历史评论》第 10 卷,2009 年。

何兆武:《历史研究中的一个假问题——从所谓中国封建社会长期停滞论说起》,《百科知识》1989 年第 5 期。

晁福林:《探讨有中国特色的社会形态理论》,《历史研究》2000 年第 2 期。

段忠桥:《马克思从未提出过"五种社会形态理论"》,《中国人民大学学报》2006 年第 5 期。

冯天瑜:《唯物史观在中国的早期传播及其遭遇》,《中国社会科学》2008 年第 1 期。

吴英:《唯物史观与历史研究:近三十年探讨的回顾和展望》,《历史研究》2008 年第 6 期。

张越:《新中国建立后十七年"中生代"史家群体与马克思主义史学》,《史学理论研究》2012 年第 2 期。

张越:《对〈十批判书〉的评论与争议之回顾与认识——一个关于中国马克思主义史学评价问题的个案研究》,《学术研究》2010 年第 2 期。

贾振勇:《意识形态想象与郭沫若史学研究——以〈中国古代社会研究〉等为例》,《郭沫若学刊》2004 年第 2 期。

周文玖:《史家三巨擘同门而异彩——傅斯年、范文澜、金毓黻的交往及学术人生论析》,《史学史研究》2015 年第 2 期。

叶建:《李大钊〈史学要论〉与内田银藏〈历史理论〉的比较》,《史学理论与史学史学刊》2006 年卷。

许纪霖:《五四知识分子通向列宁主义之路(1919——1921)》,《清华大学学报》2020 年第 5 期。

赵利栋:《略论二十世纪二十年代中国马克思主义的思想资源》,《中国社会科学院近代史研究所青年学术论坛》2004 年卷,社会科学文献出版社,2005 年。

吴敏超:《"中国经济派"考》,《近代史研究》2010 年第 6 期。

吴原元:《美国史学家对中国马克思主义史学的探析》,《史学理论研究》2017 年第 4 期。

〔美〕Mary G. Mazur(马紫梅):《不连续的连续性:关于 20 世纪中国"通史"新综合的一些初步想法》,《史学理论研究》1997 年第 2 期。

〔美〕阿里夫·德里克:《马克思主义与中国历史》,载《后革命氛围》,中国社会科学出版社,1999 年。

〔美〕阿里夫·德里克:《现代的胜利:马克思主义与中国社会史》,载《后革命时代的中国》,上海人民出版社,2015 年。

〔德〕罗梅君:《中国史学和(西)德/西方史学:一种对话?——始于 1980 年代中国社会史转向》,《山西师大学报》2006 年第 3 期。

〔奥〕苏珊·魏格林-施维德齐克:《世界史与中国史:20 世纪中国史学中的普遍与特殊概念》,《全球史评论》第 3 辑,2010 年。

后　记

　　20 世纪是一个不同寻常的世纪,20 世纪的中国历史学也开启了前所未有、波澜起伏的巨变之路。本书即是试图对这一百年来史学形态的更替进行宏观层面的探讨。这种探讨既不同于常见的学术综述,也有异于数量浩繁的专题研究。也就是说,本书的主要目的是把握和厘清 20 世纪中国史学演变的线索和格局。这一工作的进行离不开一定的概念工具和阐释框架。当然,以往学界不乏关于中国近现代史学变迁的阐释框架。但既有的阐释框架基本上属于革命史模式,造成史学史叙事依附于革命史叙事,导致史学变迁成为政治斗争的投影,史学演化的内在逻辑难以完整呈现。在革命史模式失效之后,史学史叙事只能依照自然的时间顺序而展开。编年式的史学史表面上更加客观如实、包罗万象,但它毕竟接近于一种原生无序状态,缺乏必要的概括和抽象,以致众多的史学事件和史学现象如一盘散沙,无所附着。归根结底,学术史研究是为了确定当下的学术坐标并为未来学术发展导引方向。学术史不能仅仅满足于还原史实,还必须致力于分析、解释和判断。20 世纪史学史研究亟需一种替代性的阐释框架来填补革命史模式被废黜后出现的真空。因此,本书敢于不揣浅陋,尝试采用一种新的阐释框架来重新梳理和认识 20 世纪中国史学发展的基本轨迹和动力机制。

正如我们所预料的,本书初版问世后,引起不少学界同行的关注和评论,赞赏者有之,批评者有之。支持的意见给我们以鼓励,反对的意见给我们以反思修正的压力和动力。特别是同行学者的批评使我们清醒认识到目前的阐释框架存在的缺陷和不足。但任何理论框架都是不完美的,在发掘出一些细节和内容的同时,也会造成新的遮蔽和遗漏。这实属无可奈何之事。这里要声明的是,我们提出的阐释框架不具有排他性,不刻意强化与其他框架的对立,因为只有不同的阐释框架共存互补,才能真正丰富和深化对 20 世纪中国史学史的认知。我们热切希望学界同行能够创制出新的理论模式与我们进行对话,共同将此项研究推向纵深。

本书由王学典、陈峰合作撰写。全书的主旨、思路和结构均由王学典设计拟定。主体内容则由陈峰根据两人已有的相关论文加工整合而成。初版面世已逾十年,在王学典的建议下,陈峰吸收学界已有的研究成果做了较为全面的修订增补,同时根据同行的反馈调整了一些不恰当的认识和表述。此外,特别值得一提的是,在本书申请国家社科基金中华外译项目过程中,山东大学文学院刘晓艺研究员付出了大量心血。为适应海外读者需要,她为本书增加了若干英文材料,使本书的论述与海外学界的研究更加密切地衔接起来。本书已于 2020 年获得中华外译项目英文版立项,不久即可由荷兰博睿出版社在海外出版发行。

　　最后感谢策划出版本书的北京大学出版社杨书澜编辑和承担修订版编校工作的魏冬峰编辑，没有她们为人作嫁的辛劳，本书不可能以今天这样的面目问世。

作　者

2022 年 5 月于济南